Os 7 Segredos do Marketing

Num Mundo Multicultural

A Editora Cultrix e o grupo Meio & Mensagem se uniram para publicar o que há de melhor e mais destacado na área de *business*. Trata-se de livros dirigidos a profissionais de comunicação e marketing, assim como a executivos e estudantes de visão, que sabem da importância de se conhecer novos caminhos no mundo dos negócios e conquistar a excelência pessoal e profissional.

Extremamente criativas e inovadoras, essas obras apresentam ao leitor os desafios e oportunidades do campo empresarial, na ótica de seus maiores líderes. Alguns dos nossos autores dirigem seu próprio negócio e outros chegaram ao ponto mais alto de suas carreiras em grandes multinacionais. Mas todos, sem exceção, contam o que aprenderam em sua jornada profissional, levados pelo simples desejo de dividir com o leitor a sabedoria e experiência que adquiriram.

Esperamos que você, leitor, ciente de que vive num mundo cada vez mais exigente, ache essas obras tão inspiradoras e úteis quanto nós, da Editora Cultrix e do grupo Meio & Mensagem.

 meio&mensagem

G. Clotaire Rapaille

Os 7 Segredos do Marketing
Num Mundo Multicultural

Tradução
MARCELO DE POLLI

Consultoria Editorial
PAULO STANDERSKI
Professor da FGV-EAESP

EDITORA CULTRIX
São Paulo

Título do original: *7 Secrets of Marketing.*

Copyright © 2001 G. Clotaire Rapaille.

Todos os direitos reservados. Nenhuma parte deste livro pode ser reproduzida ou usada de qualquer forma ou por qualquer meio, eletrônico ou mecânico, inclusive fotocópias, gravações ou sistema de armazenamento em banco de dados, sem permissão por escrito, exceto nos casos de trechos curtos citados em resenhas críticas ou artigos de revistas.

O primeiro número à esquerda indica a edição, ou reedição, desta obra. A primeira dezena
à direita indica o ano em que esta edição, ou reedição, foi publicada.

Edição	Ano
1-2-3-4-5-6-7-8-9-10-11	03-04-05-06-07-08-09-10-11

Direitos de tradução para a língua portuguesa
adquiridos com exclusividade pela
EDITORA PENSAMENTO-CULTRIX LTDA.
Rua Dr. Mário Vicente, 368 — 04270-000 — São Paulo, SP
Fone: 6166-9000 — Fax: 6166-9008
E-mail: pensamento@cultrix.com.br
http://www.pensamento-cultrix.com.br
que se reserva a propriedade literária desta tradução.

Impresso em nossas oficinas gráficas.

ELOGIOS A
OS 7 SETE SEGREDOS DO MARKETING

"O Dr. G. Clotaire Rapaille é um dos homens mais especiais que já encontrei. Ele faz pesquisa de mercado da maneira mais original, diferente, revigorante e, em última análise, mais eficaz."
— Kendall Brown, BM United States White Plains

"Hoje, com tantos produtos semelhantes e muitas vezes próximos de se tornarem *commodities*, Rapaille oferece percepções únicas e críticas e um trampolim para separarmos os nossos produtos daqueles dos nossos competidores."
— David Tree, diretor de criação da DMB&B, Nova York

"Este livro fará por você o que o trabalho do Dr. Rapaille fez por nós. Obtivemos um entendimento muito melhor do conjunto de valores associados aos nossos produtos pelo consumidor americano."
— Tom Leonard, presidente da Samsonite USA

"Estamos em débito com o Dr. G. C. Rapaille, que acrescentou uma nova dimensão às nossas vidas e às de muitas outras pessoas. Ele nos deu novas ferramentas para descobrirmos o arquétipo americano da qualidade. Ele trouxe uma revolução em nosso entendimento do modo como os americanos funcionam, e além disso trouxe à tona os elementos críticos que faltavam ao lado humano da qualidade."
— Marilyn Zuckerman, gerente da AT&T

"O modelo que desenvolvemos para o conteúdo emocional da qualidade complementa as abordagens da engenharia, bem como a disciplina já existente para a melhoria da qualidade. Acreditamos que a indústria americana se depara com um imperativo crítico — ela precisa melhorar sua qualidade para sobreviver. Mas precisa também estruturar e

apoiar esta melhoria de maneiras que estejam alinhadas com o inconsciente coletivo dos empregados e cidadãos americanos."
— Ray Peterson, diretor de qualidade da AT&T Network Systems, Morristown, Nova Jersey

"O Dr. Rapaille nos forneceu um método único e poderoso para que possamos entender os nossos desafios de mercado num nível muito mais profundo e desenvolver estratégias eficazes que nos permitam progredir, em vez de somente sobreviver."
— William Dennison, presidente da California Forestry Association, Sacramento

"O Dr. Rapaille e o seu trabalho representam um modo fundamentalmente diferente de olhar para um produto ou conceito dentro de uma cultura. É como usar a Física das partículas subatômicas para descobrir os fundamentos do assunto estudado — quer se trate de um produto ou de uma idéia. O processo funciona."
— J. Paul Everett, gerente da Operations Improvement, Simpson (Seattle)

"O Dr. Rapaille ajudou-nos a obter resultados profundos. Usando descobertas derivadas do estudo dos arquétipos, a AT&T desenvolveu um processo de transformação que constitui um novo modelo americano para a melhoria contínua."
— Joshua Hammond, presidente da American Quality Foundation

"Clotaire Rapaille está levando o marketing aonde ele nunca foi."
— Jack Hitt, *New York Times Magazine*

"As aplicações da pesquisa de arquétipos culturais são de longo alcance. Assim como acontece quando aprendemos a ler, o mundo inteiro de repente se abre para nós com esta chave singular. Os estudos arquetípicos são um novo modo de ler a cultura, de olhar além da multidão sufocante dos detalhes superficiais para enxergar a estrutura subjacente."
— Jeremy Tarcher, editor, Los Angeles

"Os resultados dos estudos arquetípicos são muito precisos, ao contrário de muitos outros estudos, e respondem muito bem à questão: Se produzirmos este produto, qual será a reação do consumidor?"
— Sr. Scherrer, presidente da Gringoire-Pillsbury, França

"Acredito muito nesta abordagem. Trata-se de uma abordagem muito interessante, que não se compara a qualquer outra."

— Sr. Jean Drieu, Vice-presidente do Baufour Laboratories, Hong Kong

"A profundidade das descobertas, os detalhes e a precisão são muito maiores do que aqueles dos estudos tradicionais."

— Sr. Soucaret, presidente da Pfizer, França

"Os estudos arquetípicos nos dão uma boa imagem das atitudes predominantes, são muito úteis para ajudar-nos a entender o ambiente, impedindo-nos de cometer erros graves e ajudando-nos a evitar o posicionamento incorreto dos nossos produtos."

— Sr. Jean Claude Gaul, gerente geral da Rhône-Poulenc, Japão

"Uma revolução no entendimento do que motiva os empregados a buscar a qualidade. Rapaille descobriu uma estrutura lógica e cultural inteiramente única."

— James I. Lader, *The Quality Review*, Nova York

"Eu sempre preferi a mitologia à história porque a história
é feita de verdades que mais tarde se transformam
em mentiras, ao passo que a mitologia é
feita de mentiras que mais tarde se
transformam em verdades."

JEAN COCTEAU

Sumário

Apresentação: Decifrando o Código.. 13

Prefácio: Bem-vindos ao Mundo Multicultural 21

Introdução: Uma Nova Era para o Marketing e para a Comunicação 25

Segredo nº 1: A estrutura é a mensagem: As pessoas não compram produtos e serviços — elas compram relacionamentos.... 29

Capítulo 1: A Qualidade do Relacionamento 31

Capítulo 2: A Tecnologia não Muda a Estrutura 60

Capítulo 3: As 12 Leis da Comunicação Relacional 66

Capítulo 4: Arquetipologia: o Estudo dos Relacionamentos 77

Segredo nº 2: Culturas também têm um inconsciente: Os arquétipos culturais têm o poder de determinar o sucesso ou o fracasso do seu plano de marketing, de vendas ou de relações públicas. 85

Capítulo 5: O Poder dos Arquétipos Culturais............................. 87

Capítulo 6: A Lógica da Emoção 96

Capítulo 7: Marcas Emocionais.. 104

Segredo nº 3: Se você não souber a senha, não poderá abrir a porta: Decodificar o padrão mental do mercado-alvo pode abrir as portas da oportunidade 117

Capítulo 8: Abrindo Portas 119

Capítulo 9: Três Elementos Dominantes: Sexo, Dinheiro e Poder 132

Capítulo 10: Não Há uma Segunda Chance para a Primeira Experiência. 139

Segredo nº 4: Tempo, espaço e energia são os elementos constitutivos de todas as culturas: Cada cultura possui um DNA, e você pode "modificar geneticamente" sua cultura para obter excelentes resultados em marketing e desempenho de vendas. 149

Capítulo 11: O Código Central ou CNA 151

Capítulo 12: Elementos para Decifrar uma Cultura 166

Capítulo 13: A Cultura como Kit de Sobrevivência 174

Capítulo 14: Velhos Líderes, Novo Mundo 182

Segredo nº 5: Resolvendo o problema certo: Você deve projetar e criar novos produtos ou serviços para resolver os problemas certos dos consumidores 187

Capítulo 15: O Arquétipo da Criatividade 189

Capítulo 16: Desempenho Versus Criatividade 195

Capítulo 17: Respostas Arquetípicas a Sete Perguntas Sem Resposta 206

Segredo nº 6: Quanto mais global, mais local: A qualidade é o passaporte para os mercados globais, mas o código para qualidade difere de cultura para cultura, de mercado para mercado, de pessoa para pessoa. 221

Capítulo 18: Clareza de Objetivos 223

Capítulo 19: O Arquétipo da Qualidade 229

Segredo nº 7: A terceira guerra mundial é iminente — e é uma guerra cultural: A sensibilidade cultural é a chave para o sucesso e para a liberdade pessoal e coletiva 245

Capítulo 20: O Fim do Futuro como o Concebemos 247

Glossário de Termos Arquetípicos 259

Apêndice: Sete Pessoas que me Influenciaram 270

Sobre o Autor 293

Sobre a Archetype Discoveries 295

Apresentação

Decifrando o Código

Olhe para o mundo com um novo par de óculos.

Quando me perguntam "Com o que você trabalha?", respondo: "Sou um decodificador de culturas." Assim como as pessoas, as culturas também possuem um inconsciente. Esse inconsciente está ativo em cada um de nós, levando-nos a fazer coisas que nem sempre percebemos. Este livro é sobre a decifração do código desse inconsciente coletivo cultural. É sobre aquilo que nos move, que faz com que nos comportemos da maneira que nos comportamos; e também sobre as forças ocultas que nos fazem comprar determinados produtos, votar num determinado candidato ou escolher um hotel.

Este livro dá a você um novo par de óculos para olhar para o modo como você — e o resto do mundo — compra e vende, vive e funciona. Assim como usar um microscópio para ver micróbios mudou a maneira como se pratica a medicina e a decifração dos hieróglifos nos deu acesso repentino a uma quantidade incrível de informações que haviam estado ocultas por séculos, a arquetipologia — a nova ciência da decodificação de culturas — está mudando o modo como olhamos para nós mesmos, para outras pessoas e para as organizações.

Ao ameaçar a própria existência de culturas, bem como as etnias e a diversidade, a globalização do mundo está criando um ressurgimento da busca local por uma identidade mais profunda. Temos uma missão de importância crucial: prevenir uma Terceira Guerra Mundial cultural.

Também tenho uma missão pessoal. Para crescer, preciso ser capaz de usar as forças culturais inconscientes que formam a minha mente.

14 OS 7 SEGREDOS DO MARKETING

Para ser uma pessoa melhor, preciso decodificar minha cultura. Para libertar-me do meu próprio nascimento genético, em 1941, preciso entender como essas forças inconscientes — o poder, o controle, a felicidade, a criatividade, o desafio e a mudança — afetam meus pensamentos, emoções, comportamentos e hábitos.

Toda cultura possui, de fato, um código secreto. Neste livro, demonstro não apenas quais são os códigos secretos de várias culturas para coisas como qualidade, alimento, melhoria, porta, equipe, madeira e carros, mas também como decifrar esses códigos. Uma vez que tenhamos começado a decodificar culturas, poderemos começar a melhorá-las. Tenho a visão de um novo mundo, no qual as culturas têm direitos e formam relacionamentos positivos, criativos e sinérgicos umas com as outras.

Minha primeira impressão da América

Nasci em 1941, na França ocupada pela Alemanha, no início da Segunda Guerra Mundial. Os nazistas invadiram a França pouco antes do meu nascimento. Meu pai e meu avô haviam sido levados para fazer trabalho escravo na Alemanha. Minha percepção do mundo era a de que os alemães eram os chefes da brincadeira, e os franceses estavam apenas tentando sobreviver.

Ao longo de meus primeiros quatro anos de vida, os nazistas eram o objeto dos meus pesadelos de infância: arrogantes, gritando ordens e submetendo por meio de espancamentos os derrotados cidadãos franceses. Embora fosse uma criança, eu estava consciente de suas demonstrações de autoridade: os rituais de saudação, a voz estridente e dominadora dos suboficiais, a obediência incondicional dos disciplinados soldados rasos, as botas e os cintos reluzentes de couro preto e os ferozes motociclistas, negros e sinistros como anjos da morte. Acima de tudo, eu estava consciente da sua capacidade de provocar medo, bem como da deferência dos franceses em relação a eles e dos sussurros à mesa de jantar sempre que a guerra, a ocupação ou a "raça superior" surgiam na conversa. Essa é a realidade na qual nasci: o mundo era dirigido por homens durões, de botas e uniformes, que falavam uma língua ríspida que eu não entendia.

Para mim, o mundo se resumia a um grupo de pessoas que falava francês e outro grupo — o das pessoas no comando — que falava alemão. Era isso. Bem simples. Eu não fazia perguntas. A França era bilíngüe naquela época, e eu pensava que era assim que as coisas tinham de ser.

Talvez eu percebesse que minha mãe e minha avó estavam muito tristes, especialmente quando falavam do meu pai aprisionado, ou quando eu começava a perguntar por que meu avô, que tinha fugido de um campo de prisioneiros, precisava se esconder o tempo todo. No entanto, em grande medida eu aceitava a situação como realidade.

Até que certo dia, no verão de 1944, quando eu estava com 4 anos de idade, tudo mudou. Os alemães começaram a ir embora em caminhões, em bicicletas roubadas ou a pé, deixando para trás na fuga armas e uniformes. Eles não gritavam mais ordens para nós; na verdade, passaram a nos ignorar completamente. Minha reação foi: Por que o mundo está diferente hoje? Por que os alemães estão indo embora? De quem estão com medo? Eu meditava vagamente sobre essas questões enquanto andava com minha avó pela estradinha que levava à fazenda próxima, onde comprávamos leite.

Essa foi a minha primeira experiência com a noção de que a realidade é relativa — ou, como me disse um amigo outro dia, de que "a realidade é sujeita a mudanças sem aviso prévio".

Naquele dia, os soldados alemães estavam jogando suas armas e capacetes à margem da estrada, roubando bicicletas e correndo para fora dali. Pensei comigo mesmo: "Hoje o mundo está diferente."

De repente, vi um enorme monstro verde saindo da floresta. Era um tanque americano. Pensei: "Já sei por que os alemães estão fugindo. Estão com medo do monstro grande."

O enorme monstro emergiu da floresta, fazendo ruídos e arrastando-se sobre lagartas gigantes ao longo de uma das estradas de terra que levavam à fazenda. Ainda hoje, posso lembrar-me da emoção provocada por essa aparição fantasmagórica, o cheiro estranho do seu combustível e o ruído ensurdecedor do motor.

Por algum motivo, eu sabia que o monstro era meu amigo e que não iria me fazer mal. Minha avó não tinha tanta certeza, mas antes que ela pudesse me impedir corri em direção à máquina gigantesca.

O tanque parou perto de mim, a torre do canhão se abriu, e lá de dentro saiu um amistoso soldado americano. Era um homem grande de capacete e com um sotaque estranho. Ele não me parecia ameaçador de modo algum. Talvez fosse o uniforme camuflado com desenhos de folhas que o fazia ficar parecido com uma criatura de um dos meus livros de histórias. Ou talvez porque estivesse sorrindo. Ele falou comigo do alto do tanque, numa língua de som grave, anasalado e cantado, e tinha uma voz que era muito diferente das vozes alemãs que eu identificava com a superioridade e com o poder militar. Hoje, depois de ter vivido muitos anos nos Estados Unidos, eu diria que ele era do sul do país, talvez do Texas, mas na época eu não falava uma palavra de inglês e nunca ouvira música *country*.

Ele disse algo para outro homem enorme, que usava o mesmo disfarce e caminhava atrás do tanque. Então, antes que minha preocupada avó pudesse interceder, o homem que estava a pé ergueu-me até o que estava na torre, o qual me deu chocolates, chicletes e me levou para uma volta inesquecível dentro da barriga do monstro.

Logo avistei unidades do exército americano seguindo as estradas de terra à procura de tropas alemãs fugitivas, enquanto os soldados acenavam para os aldeões que os aplaudiam, distribuindo chocolates e chicletes para a multidão de crianças que cercava os jipes.

Depois da volta de tanque e dos chocolates, o homem grande devolveu-me à minha avó. Os soldados tinham outros assuntos importantes para tratar naquele dia. Enquanto acenava e observava o tanque sumir ao longe, eu dizia para mim mesmo: "Um dia irei com eles; um dia quero ser um deles."

Eu não sabia, mas uma estrada mental fora construída na minha mente. Essa experiência de infância — minha primeira experiência americana — teve influência definitiva sobre o rumo de toda a minha vida.

Marcas emocionais

A forte marca deixada por essa experiência prematura mudou a minha vida. Foi minha primeira impressão da América. Na época, pensei: "Puxa, quero ser um americano." Depois da guerra, meus companheiros franceses tentavam me explicar que De Gaulle havia liberado a França. Na escola, mostravam-me filmes do general liberando a França enquanto passeava pelos Champs Elysées, mas não havia americanos ali. Ninguém jamais conseguiu me fazer acreditar no triunfo de De Gaulle porque a minha experiência, minha primeira impressão pósguerra, era a de ter sido erguido para dentro de um tanque americano. Essa experiência, acredito, foi o motivo pelo qual eu hoje sou um americano. As emoções geradas durante esse evento estão entre as marcas mais fortes de toda a minha vida, e sempre estiveram comigo. Até hoje, quando me lembro da experiência, não apenas sinto as emoções, mas posso realmente ouvir, sentir os aromas, ver as cores e até mesmo sentir o gosto do chocolate dos soldados.

Foi apenas muitos anos depois que percebi o enorme impacto que essa experiência teve sobre mim, quando fui para os Estados Unidos e fiquei imediatamente apaixonado pelo povo e pela cultura. Tive uma sensação instantânea de estar em casa como nunca tivera na França. Na verdade, a sensação de que aquele era o lugar que eu havia procurado durante toda a minha vida era tão forte e inequívoca que percebi que, em algum lugar dentro de mim, uma escolha havia sido feita muito tempo antes. Sempre fui um americano, pelo menos desde o dia daquele passeio num tanque. Eu apenas não o percebera. Costumo dizer, brincando, que me tornei um dos *founding fathers*[1] em pleno final do século XX, porque escolhi tornar-me americano e atravessei o Atlântico, um imigrante quase totalmente sem dinheiro, no rastro da crise econômica francesa causada por um governo socialista-comunista. Além disso, aprendi uma nova língua, combati os selvagens em Manhattan durante dois anos, fui para o oeste atrás do sonho americano e tornei-me um cidadão. Tudo isso por causa de um passeio num tanque mais de meio século atrás.

Sem dúvida, a geração seguinte de franceses não herdou o meu ponto de vista, e eles não se relacionam emocionalmente com a minha história sobre o tanque. Ser politicamente correto na França de hoje implica associar os Estados Unidos com o poder capitalista e com o imperialismo. Eu, no entanto, fui marcado para sempre. Nenhuma emoção nova ou recente pode ter a mesma força dessa primeira impressão. Quanto mais reflito sobre isso, mais são reforçadas as minhas estradas mentais. É como o pequeno rio Colorado, desgastando pacientemente as rochas para esculpir o Grand Canyon e tornando-se um rio enorme no processo: não há tempestade ou inundação que possa mudar o seu curso.

Experiências emocionais

Em toda mente podemos encontrar semelhantes marcas poderosas. São experiências emocionais primordiais que moldaram nossa mente e nossa vida, transformando-as no que são hoje. Essas marcas variam de cultura para cultura, e são poderosos elementos constitutivos de nossa mente. Juntas, elas representam o nosso inconsciente cultural — a parte do nosso ser que nos faz sentir e reagir como america-

---

1. Literalmente, os "pais fundadores" dos Estados Unidos da América, responsáveis pela união das 13 colônias que viriam a formar o país, por sua independência do governo inglês e pela redação de sua Constituição, em 1787. [N. do T.]

nos, japoneses ou franceses. Não apenas as pessoas, mas também as culturas têm um inconsciente coletivo que pode ser decifrado.

A arquetipologia é a ciência que revela a beleza oculta desses códigos inconscientes que dirigem e dão forma à nossa vida. Pode-se pensar no processo de entender uma cultura como a decifração de um código: uma maneira de ler pessoas, lugares, arte, comércio, símbolos, eventos e história. O significado de elementos básicos como tempo, espaço, família, trabalho, dinheiro e morte variam imensamente de uma cultura para outra.

Por exemplo, a cultura americana enfatiza a ambição e a realização individuais, enquanto a japonesa valoriza a vida interpessoal e as atividades em grupo. Na cultura americana, o tempo é uma mercadoria como qualquer outra, e como tal pode ser economizado, gasto, negociado, vendido ou compartilhado. Em outras culturas, como a brasileira ou espanhola, o tempo é como um ambiente em aberto, uma atmosfera livre onde as coisas simplesmente acontecem. Numa cultura, as pessoas idosas são apreciadas; em outra, são desdenhadas. O que é e o que não é comida, o que é bonito e o que é feio: tudo isso é culturalmente determinado. Somos produtos da nossa cultura, filhos de forças em grande medida invisíveis, que dão forma aos nossos pensamentos e comportamentos desde o nascimento até a morte. E não entendemos quase nada do processo.

O que faço é explorar os elementos profundos e latentes da cultura — os arquétipos — que fornecem as pistas para decodificar os valores básicos de cada pessoa, as forças inconscientes que estão por trás da vida dela. Aplico essa pesquisa arquetípica a comportamentos, questões sociais e desafios de marketing.

A psicologia arquetípica, o estruturalismo antropológico, a teoria da aprendizagem e a pesquisa de marketing podem ser fundidos para decodificar padrões profundos de pensamento em culturas diversas. Trabalhando num nível inconsciente, esses padrões de pensamento determinam as ações e os sentimentos de toda uma cultura em geral, bem como a visão individual de realidade, segurança, conflito, amor, relacionamentos, papéis de trabalho, educação, sucesso, fracasso, estética — em suma, todas as atitudes que nos fazem ser quem somos. Ideais, valores e, em última análise, posturas políticas, políticas sociais e escolhas de consumo são determinados por arquétipos culturais.

Raízes do marketing

As descobertas de arquétipos culturais costumam receber o seu impulso inicial da pesquisa empresarial em marketing. Nos últimos 25 anos, realizei centenas de pesquisas arquetípicas de produtos e valores. Muitas empresas me consultaram, numa tentativa de entender os desejos inconscientes de seus consumidores, empregados e acionistas; para conceber novas estratégias de marketing, campanhas de publicidade e novos produtos; e para criar programas que incentivassem a inovação, a criatividade, a produtividade e a qualidade.

Todos os meus clientes têm à disposição as técnicas e os especialistas mais sofisticados do mundo nas áreas de publicidade, desenvolvimento organizacional e marketing. O que buscam em mim, e que não podem encontrar em nenhum outro lugar, é o processo de pesquisa arquetípica, que revela as forças inconscientes em atividade na sua base de consumidores ou de empregados.

Quando meus clientes contratam uma agência de publicidade, uma organização de pesquisa política ou uma consultoria de marketing, eles recebem informações que indicam se o público irá gostar ou não de determinado produto. No entanto, eles não obtêm um entendimento real das forças inconscientes que formam a base das informações que aparecem à superfície. Eles ficam sabendo *o que* as pessoas estão dizendo, mas não *por que* o dizem. Entender o "por que" é o elemento essencial para as decisões de negócios, porque permite predizer o que as pessoas farão.

Respostas às perguntas erradas

As grandes corporações dispõem de questionários, estatísticas e outras modalidades tradicionais de material de pesquisa. Elas têm respostas científicas, mas freqüentemente para as perguntas erradas. Por meio da pesquisa arquetípica, as empresas podem aprender quais as perguntas certas a fazer para chegar às respostas de que realmente precisam. De posse dessa informação, as empresas podem localizar com precisão as balanças inconscientes com que serão pesados seus produtos ou serviços ao chegarem ao mercado.

Em última análise, a descoberta do arquétipo cultural ajuda uma grande corporação a entender qual é realmente o seu negócio e o que terá sucesso — seja um produto, uma comunicação, um programa ou uma estratégia. Esse tipo de análise constitui um método novo e mais aprofundado de contato com o consumidor.

Com o entendimento das associações inconscientes feitas pelos consumidores com um produto ou serviço, as preferências e tendências de mercado passam subitamente a fazer sentido. Começamos a entender por que os consumidores compram ou não determinado produto e também o que desperta ou diminui o interesse dos consumidores nos campos da comunicação, propaganda, promoção ou relações públicas. Podemos então entender por que apenas as explicações racionais e científicas não convencem os compradores.

A propaganda deve falar à emoção, mas o que poucos anunciantes compreendem é que essa dimensão sentimental da propaganda tem uma lógica própria. É uma lógica cultural e inconsciente. Para que possamos acessá-la totalmente, ela precisa ser desenterrada por meio da pesquisa arquetípica. O que chegamos a entender por meio dessas descobertas é a "lógica da emoção" referente ao produto. Muitas empresas consideram esta abordagem uma "revolução no marketing", e estão treinando seu pessoal para usá-la como parte de uma abordagem sistemática ao marketing.

Prefácio

Bem-vindos ao Mundo Multicultural

Quanto mais nos tornamos globais, mais voltamos a ser locais.

Já entramos no século do multiculturalismo. Para onde quer que olhemos, as questões de nacionalidade, etnia e raça estão afetando os negócios, a política, a economia e as tendências sociais. A velocidade com que aprendermos a aceitar — e mesmo valorizar — nossas diferenças culturais pode fazer a diferença entre a vida e a morte para marcas, organizações e nações.

O fim da Guerra Fria pode ter decretado um fim temporário para a ameaça de devastação nuclear global; mas novas facções políticas, delimitadas por etnias, trouxeram de volta a ameaça de conflitos e lutas locais ao redor do mundo, agora numa posição de evidência ainda maior.

Vivemos num mundo onde há duas forças em conflito. Em primeiro lugar, somos testemunhas do rápido desenvolvimento de uma "cultura global" unificada, ocasionada pela necessidade política e ecológica, bem como pela internacionalização da mídia e das finanças. Ou seja, o mundo está ficando global. Esse processo pode ser percebido pela evolução da tecnologia, pela criação de uma rede global de telecomunicações e por um mercado de ações que não dorme nunca.

No entanto, também presenciamos o ressurgimento de "culturas locais", tais como as da Europa Oriental, e a subseqüente intensificação de políticas independentes. Portanto, de outro ponto de vista, o mundo está ficando local. Somos testemunhas de um incrível renascer do reconhecimento das identidades culturais e étnicas, junto com um reconhecimento das diferentes religiões.

Esses movimentos alimentaram conflitos em nível macroscópico em torno de questões de comércio internacional, enquanto ao mesmo tempo, em nível microscópico, manifestavam-se em guerras que não opunham simplesmente uma nação a outra, mas um grupo étnico a outro e uma tribo a outra dentro da mesma cultura.

Esse confronto de energias culturais, movendo-se ao mesmo tempo uma contra a outra e uma em direção à outra, cria uma grande demanda por um novo patamar de entendimento e tolerância entre culturas que incentivará uma série de atitudes e comportamentos. Estes, por sua vez, irão permitir que as diversas culturas vivam em paz, e não numa nova desordem mundial. Se compreendermos de um novo modo as raízes e os mecanismos das culturas, poderemos obter essa perspectiva mais esclarecida e necessária. Os Estados Unidos, que são um produto de diversas culturas e, ao mesmo tempo, a cultura dominante no mundo atual, devem em primeiro lugar aprender a entender a si próprios para só então ganhar uma perspectiva de outras culturas.

Ao redor do mundo, as pessoas em geral não percebem os efeitos do condicionamento cultural sobre acontecimentos de importância tão grande quanto o governo nacional e tão pequena quanto o modo como escovamos os dentes. Somos, individual e coletivamente, filhos da nossa cultura e vivemos num transe cultural que faz com que seja difícil ver quem realmente somos e por que fazemos o que fazemos.

Meu objetivo é fornecer uma nova visão das forças inconscientes que fazem de nós quem somos. Pela exploração de arquétipos culturais populares, de valores sociais e políticos e de produtos que usamos no dia-a-dia, podemos entender as ações de nossas organizações e nações, tanto no passado como no presente, e também ganhar maior controle sobre essas ações no futuro.

Felizmente, vivemos numa época em que o estudo do modo como as culturas operam para fazer das nações o que são e das pessoas quem são está se tornando um importante campo de atividade. Em várias disciplinas, os acadêmicos estão fazendo perguntas como: Que elementos em comum devem ser compartilhados numa sociedade multicultural para que ela seja uma sociedade unificada? Como podemos estar unificados e ainda assim permitir a diversidade cultural? Pertencer a uma sociedade deveria exigir adesão cultural a ela? "Multiculturalismo" tornou-se, ademais, a palavra de ordem nos negócios e no marketing.

Por que os arquétipos são tão importantes

Os arquétipos culturais são, na cultura em que nascemos, as leis que dizem respeito aos relacionamentos e às organizações humanas. Eles são parte da saúde de uma cultura, consciente e inconsciente, e representam o grau em que as pessoas reconhecem e vivem em harmonia com conceitos básicos como liberdade e proibição, oportunidades iguais e riqueza desigual, individualismo e uniformidade, justiça e violência. Ou os membros de uma cultura caminham em direção à sobrevivência, à estabilidade e ao crescimento ou o fazem em direção à desintegração e destruição.

As estruturas básicas da psique cultural e os padrões formais de seus modos de relação são padrões arquetípicos. Os arquétipos culturais não são inventados por nós; eles preexistem a nós. Eles podem ser modificados, em certa medida, por fatores históricos e geográficos. Esses padrões se revelam nas artes, nas religiões, nos sonhos e nos costumes sociais de cada cultura.

A natureza dos arquétipos não é apenas antropológica e cultural, mas também espiritual. Eles transcendem o mundo empírico do tempo e do espaço. Esquemas biológicos, por exemplo, são estruturas universais, comuns a todos os membros, mas as forças empregadas por uma cultura na luta pela sobrevivência são arquétipos culturais. São forças organizadoras do mito, da religião, da arte, da arquitetura, das narrativas épicas e do teatro, mas também de rituais básicos como a limpeza diária e os hábitos alimentares. A imagem arquetípica é cultural porque o seu efeito amplifica e despersonaliza, e também porque faz ressonância com o inconsciente coletivo.

Os arquétipos culturais são forças auto-evidentes e autoconfirmantes. Eles não mudam ou se deslocam. Eles fornecem um norte para a nossa vida, à medida que navegamos pelas "correntes" e pelos "riachos" que nos cercam. Eles estão sempre indicando o caminho e, se soubermos entender o que dizem, não ficaremos perdidos ou confusos, e não seremos enganados pelas diferentes vozes, pesquisas de opinião, tendências ou questionários, que freqüentemente diferem entre si. Os arquétipos culturais são válidos em todas as épocas, em todos os lugares. Eles emergem sob a forma de mitos, heróis, rituais, esportes, negócios, política, produtos, serviços, valores ou idéias, e com o tempo cristalizam-se na linguagem e na lei.

Os arquétipos culturais são as "lentes" pelas quais olhamos para o mundo. Nós avaliamos, atribuímos prioridades, julgamos e nos comportamos a partir do modo como vemos a vida através dessas lentes. Quando as pessoas alinham seus valores pessoais com seus arquétipos culturais, vivem em harmonia com a sua cultura. Uma grande lição deixada pela história é que a prosperidade das pessoas corresponde ao grau em que conseguem operar em harmonia com seus arquétipos culturais.

O estudo dos arquétipos culturais provou ser um modo eficaz de abordagem para práticas de marketing em todo o mundo. Os indivíduos tornam-se mais eficientes e as organizações ganham poder de decisão quando são guiados e governados pelo respeito aos arquétipos culturais.

Ao contrário dos valores, que são subjetivos e internos, os arquétipos são objetivos e externos, e operam em obediência a forças culturais que não dependem de quaisquer condições. Em outras palavras, os valores são como os mapas. Os mapas não são o território real, mas apenas tentativas subjetivas de descrever ou representar territórios. Quanto mais nossos valores — ou mapas — corresponderem a nossos arquétipos culturais — os territórios reais —, mais úteis eles serão.

Neste livro, realizo uma exploração da natureza da cultura, com o propósito de compreender as diferenças culturais enquanto expressões de arquétipos culturais — as atitudes e os valores coletivos arraigados de determinada cultura — dando ênfase especial para a administração e o marketing. Estou tentando compreender o comportamento coletivo no que diz respeito a escolhas políticas, valores sociais, decisões de marketing e preferências do consumo.

Espero que, ao ler este livro, você entenda a maneira como as culturas funcionam, e também que venha a apreciar os pontos fortes e os pontos fracos de sua própria cultura, reconhecer suas limitações e assumir uma perspectiva de simpatia para com outras culturas e para com aquilo que elas podem oferecer. Entendendo a sua própria cultura e outras, você terá as ferramentas para um maior sucesso, tanto na vida profissional como na pessoal.

Introdução

Uma Nova Era para o Marketing e para a Comunicação

Este é o início do século XXI. Basta assistir ao noticiário para confirmar esta sensação. O mundo passou por uma transição histórica, passando de uma grande época para a seguinte. A era passada era definida pela guerra de ideologias de diferentes nações.

A nova era exige novos conceitos e novas ferramentas intelectuais. A nova ferramenta para a compreensão desta era é o arquétipo cultural — uma maneira de decifrar o código de uma cultura e identificar as forças que influenciam as escolhas que as pessoas fazem. Essa ferramenta pode ser usada no marketing, na política e na administração para aumentar a percepção de como essas forças governam muitas de nossas ações. Nesse processo, essa ferramenta pode ajudar a libertar-nos dessas forças.

A pesquisa tradicional classifica o que as pessoas fazem. Os arquetipologistas não se satisfazem com essa abordagem. Eles querem entender por que as pessoas fazem o que fazem. Quais são as forças culturais que levaram ao domínio germânico na Europa ou ao domínio japonês no Pacífico? Essas forças não desaparecem: são apenas reprimidas temporariamente, tornando-se sombras da personalidade cultural. Então, quando as circunstâncias tornam-se apropriadas, elas reaparecem.

Precisamos compreender esse reaparecimento dos arquétipos culturais em todo o mundo. Do ponto de vista político, precisamos saber se veremos guerras tribais tomarem conta da Europa e da América do Norte em nome do multiculturalismo. Na esfera do marketing, nos perguntamos se deveríamos incentivar a hipersegmentação dos mercados diante da globalização do mundo. Sem essa ferramenta arquetípica, as pessoas no mundo inteiro podem cair numa guerra de culturas ou etnias que promete ser tão dolorosa e perigosa quanto a guerra de ideologias. Se passarmos a perceber as forças arquetípicas dentro de nossas culturas, poderemos passar também a perceber essas sombras da personalidade cultural e alcançar um nível mais elevado de consciência global.

Este livro é um guia para administradores globais, uma bíblia para os líderes e, para aqueles que desejam tornar-se cidadãos do século XXI, um caminho para o aperfeiçoamento. Ao ajudar os leitores a entender os arquétipos culturais, este livro os ajudará a se tornarem parceiros culturais num mundo global.

Por que este livro é necessário: respostas para perguntas difíceis

Precisamos entender como as culturas funcionam. Precisamos nos livrar da neurose ou psicose cultural e nos curar das forças destrutivas do passado. O mundo precisa entender a mente americana. Precisamos redescobrir a América e voltar às raízes da nação, numa época em que tornar-se global é uma necessidade. Tenhamos a certeza de saber quem somos e fortaleçamos nossas bases para que possamos explorar novas fronteiras. Utilizemos o conhecimento científico da antropologia e do marketing para estudar como pensam as pessoas de culturas diferentes.

Nesta nova era de marketing multicultural, não temos outra escolha a não ser examinar nossas forças locais, inconscientes e culturais, bem como seus efeitos no mundo em geral. Esta nova época nascerá então da dinâmica entre as forças globais e as forças locais. Somente entendendo ambos os tipos de forças é que podemos começar a atinar para as oportunidades que nos aguardam e escapar das prisões da ineficácia do marketing, da violência étnica e da destruição de culturas em extinção. O reconhecimento das diferenças culturais nos liberta do fardo da patologia individual. Precisamos decifrar as culturas diferentes das nossas se quisermos ser parceiros de seus cidadãos.

O século XX foi dominado pelos conceitos de nacionalismo, individualismo, uniformidade e fronteira. Todas essas noções estão hoje obsoletas e foram substituídas por outras mais universais.

Nação	→ Cultura
Razão	→ Lógica da emoção
Liberdade	→ Responsabilidade
Uniformidade	→ Diferença
Independência	→ Interdependência
Fronteiras	→ Questões globais
Inimigos favoritos	→ Inimigos comuns

Precisamos de novos processos de tomada de decisão com os quais abordar este novo século. Para criar esses processos, precisamos antes seguir alguns passos.

Passo 1: Decifrar o código. Durante séculos, grandes pensadores tentaram explicar diferentes aspectos do mundo (do poder militar às leis econômicas, da riqueza ao conhecimento, da tecnologia à política) pelo uso da lógica e da análise racional. Sem negar a influência direta da economia, da política ou da tecnologia, eu afirmo que esses aspectos da vida são pré-organizados e predeterminados pelo inconsciente coletivo cultural. Devemos decifrar o código dessas forças para que nos entendamos melhor uns aos outros como indivíduos, bem como ao mundo em geral.

Passo 2: Realizar estudos arquetípicos da cultura. Devemos reconhecer a existência de forças culturais não de maneira demagógica ou política, mas realmente antropológica. Precisamos ter consciência dessas forças para evitar repetir os erros do passado.

Passo 3: Olhar para a cultura de um modo diferente. As culturas são obviamente diferentes. Cada uma dá sua própria e única contribuição ao tesouro mundial das soluções criativas. Cada uma tem seus direitos, da mesma forma que os indivíduos. Mas, além de ter direitos, as culturas têm também deveres e responsabilidades.

Passo 4: Vacinar a cultura. Como podemos vacinar um americano contra a "solução rápida" e um francês contra a arrogância? Em vez de deixar esses traços tomarem as rédeas, poderíamos ajudar as pessoas a ganhar consciência das forças que influenciam seu comportamento, para que possam estar livres para fazer escolhas melhores ou mais bem pensadas. Não precisamos ser manipulados por forças culturais; podemos optar por nos submeter àquelas que consideramos apropriadas.

Este livro responderá a várias perguntas: Que papel a cultura americana pode desempenhar na formação da cultura mundial em geral? Que forças irão moldar a cultura americana no futuro? Como os arquétipos culturais americanos unificam essa nação etnicamente diversificada? Por que os "sonhos impossíveis" têm um apelo tão grande nos Estados Unidos? Por que os americanos se desesperam quando acham que outras culturas os ultrapassam do ponto de vista tecnológico? Por que um caixa automático não é um banco? Por que, nos Estados Unidos, os anúncios nunca mostram portas vistas por dentro ou fechadas? Por que Hollywood é tão bem-sucedida na exportação dos arquétipos culturais dos Estados Unidos, enquanto o mesmo não acontece com Detroit? Por que os filmes e a música americana atraem os jovens no mundo inteiro? Por que os estrangeiros odeiam os americanos mas, ao mesmo tempo, querem ser como eles?

Os americanos têm uma chance de assumir o papel principal na formação do mundo no século XXI? Assistiremos ao fim da guerra cultural entre homens e mulheres nos Estados Unidos? Os soviéticos poderiam ser bem-sucedidos numa economia de mercado? Os japoneses entenderão algum dia os americanos? Por que o sol carrega um significado diferente para um alemão, um francês e um norueguês, e como essa diferença faz com que produtos relacionados com o sol devam ser vendidos de maneira diferente em cada país?

Por que a definição japonesa de qualidade é ininteligível para os americanos? Que aspecto das culturas alemã e japonesa levaram esses dois países a serem bem-sucedidos novamente? Estamos presenciando o nascimento de uma única cultura mundial? O que significa o ressurgimento da violência étnica? A diversidade cultural é uma vantagem ou um obstáculo? Qual é a dimensão biológica da cultura? As culturas também envelhecem e ficam senis? Existem nações obsoletas? Como podemos criar uma força global para lutar contra inimigos comuns, como a AIDS, a poluição e o terrorismo?

As mudanças aceleradas de hoje não são tão caóticas e aleatórias quanto somos levados a pensar. Não apenas podem ser encontrados padrões diferentes em comportamentos e atitudes específicos de determinadas culturas, mas também forças identificáveis que moldam os membros dessas sociedades. Uma vez que tenhamos entendido essas forças e a maneira como são organizadas, poderemos lidar com elas estrategicamente.

SEGREDO Nº 1:

A ESTRUTURA É A MENSAGEM

As pessoas não compram produtos e serviços — elas compram relacionamentos.

Notas, apenas um monte de notas, não fazem uma melodia. Da mesma forma, um grupo de pessoas não faz uma família, uma empresa ou um exército. Uma porção de palavras não faz um livro. Então, o que faz um livro? O relacionamento entre os elementos: a "gramática", não o vocabulário. Em última análise, a disposição da estrutura é o que determina o significado.

Fomos treinados da maneira errada. Fazemos as perguntas erradas — perguntas como "Quem é você?", "O que você sabe?", "O que é isto?" Em vez disso, deveríamos perguntar: "Com quem você está relacionado?", "Como você usa o seu conhecimento?", "Como *isto* é influenciado por *aquilo*?"

Olhamos para a vida como se ela fosse feita de pedra. Se é verdade que a estrutura é a mensagem, deveríamos olhar para o espaço entre as notas, para as tensões e forças em ação entre as pessoas, para a forma com que os elementos se interconectam.

A palavra mágica é *conexão*. As estruturas constituem um sistema de conexões. Uma família, uma empresa, um exército são sistemas de conexões. A vida, em sua dimensão biológica, é conexão. Morrer é ser desconectado.

Criatividade é a arte de fazer pela primeira vez conexões entre elementos, é a arte de descobrir relacionamentos até então desconhecidos.

Liderança. Quando as pessoas não vêem por que devem fazer determinada coisa, não sentem motivação para tal. O verdadeiro líder mostra às pessoas a conexão com o objetivo, dando mais sentido ao que fazem. O líder também se conecta com as pessoas por meio de imagens e emoções, dizendo a elas: "Sigam-me; permaneçam conectadas a mim."

Internet. A tecnologia mais avançada vai sempre na direção das conexões mais elevadas (mais rápidas, mais largas, mais amplas etc.) Em francês, *branché*[2] significa ser legal, estar conectado. Telefones celulares, *pagers*, Internet, e-mail, são todos manifestações da incrível necessidade que temos de estar permanentemente conectados.

Qualidade significa qualidade do relacionamento. Vemos que as pessoas não compram um produto ou um serviço. Compram um relacionamento, uma conexão.

Lealdade é uma conexão permanente, acompanhada de reinvestimento permanente no relacionamento para mantê-lo para sempre. A lealdade não se compra.

Equipe. A estrutura da equipe é o que importa. Quando dizemos que "uma equipe é mais do que a soma de seus elementos", queremos dizer exatamente isso. A conexão, a sinergia é o que faz uma equipe. Os mesmos elementos, sem essa dinâmica, não fazem uma equipe.

Recompensa e reconhecimento. A melhor recompensa não é dar dinheiro, mas mostrar uma nova conexão visando ao futuro. "Você tem sido tão bom que vou lhe dar esta nova ferramenta, que conecta você a esse novo futuro e a novas identidades potenciais." Isso é recompensa.

Culturas. Se olharmos para as culturas como sistemas de conexões, como estruturas dinâmicas que criam uma gramática humana para sobreviver e perpetuar nossos genes (manter a vida), veremos que as diferentes conexões históricas e geográficas criam soluções diferentes, estruturas diferentes, sistemas de sobrevivência diferentes.

Nova tecnologia. Algumas culturas estão abertas a novas tecnologias; outras, não. Algumas culturas são estruturas abertas; outras são estruturas fechadas. Algumas fornecem sistemas de referência, sistemas cognitivos que integram a novidade; outras, não. Olhando para as culturas com óculos estruturais, podemos ver quais sobreviverão.

Portanto, torna-se crucial explorar mais e entender melhor o que queremos dizer por *estrutura*, já que "a estrutura é a mensagem".

---

2. Palavra francesa que significa, literalmente, "conectado", mas que também é empregada como gíria no sentido apresentado no texto. [N. do T.]

CAPÍTULO 1

A Qualidade do Relacionamento

Esta é a chave do sucesso na administração e no marketing.

Quando começamos a procurar estruturas, começamos a ver padrões. Muitos administradores se concentram no desenvolvimento de produtos e serviços, melhorando seus processos e otimizando seus empregados para que forneçam os melhores produtos e serviços. Mas concentrar-se somente no conteúdo (produto e processo) e não na estrutura ou nos relacionamentos (pessoas) é uma visão míope.

As empresas tornaram-se muito analíticas e mecânicas em sua abordagem da qualidade de produtos e serviços. Elas aprimoram continuamente seus processos e produtos num esforço de atingir "zero defeitos", mas aperfeiçoar o produto e atingir "zero defeitos" não é o suficiente. Os compradores querem mais das empresas. Um produto perfeito não é percebido como valor agregado por parte dos compradores, por dois motivos: eles não acreditam que nada seja perfeito e imaginam se poderiam conseguir um preço melhor em outro lugar pelo mesmo produto.

O que conta é a qualidade do relacionamento entre a empresa e seus consumidores. Os consumidores querem — ou mesmo precisam — de relacionamentos de qualidade que sejam sinérgicos, sistêmicos, simbólicos e simbióticos.

Ao fazer vários estudos para grandes empresas em todo o mundo, descobri duas tendências significativas: primeira, os métodos tradicionais de atingir a qualidade tendem a transformar produtos e serviços em *commodities*; segunda, há uma demanda crescente por lealdade. Ho-

32 OS 7 SEGREDOS DO MARKETING

je, os empregadores, empregados e consumidores estão mais preocupados com o que realmente importa para eles mesmos: a lealdade, ou a qualidade de seus relacionamentos profissionais. A revolução da qualidade entrou numa nova fase. Chamo-a de PQRS.

P: Produto, Processo, Pessoas

O "P" na fórmula PQRS corresponde a produto, processo e pessoas.

Produto. Costumávamos pensar: "Os compradores compram produtos." Pensávamos que "zero defeitos" era o que queriam, por isso era o que fornecíamos. Contudo, isso quase sempre não é suficiente. Por exemplo, um restaurante pode ter "zero defeitos" no sentido de que lá ninguém nunca morre, mas este fato não é um incentivo para jantar lá. A ausência de defeitos não é suficiente para atrair e manter clientes.

Os consumidores esperam bons produtos, mas todos sabemos que a perfeição não existe. Todos os produtos são projetados por seres humanos, e seres humanos cometem erros. No entanto, se pudermos aprender com esses erros, eles podem acabar trabalhando a nosso favor. Por exemplo, a General Motors realizou certa vez uma pesquisa e descobriu que os consumidores cujos carros não tinham defeitos estavam menos satisfeitos do que aqueles cujos carros haviam apresentado um problema que fora consertado pela concessionária. A mensagem era clara: as pessoas que tiveram problemas com seus carros tiveram uma chance de perceber como são atenciosas as pessoas da GM. As que não tiveram problemas nunca tiveram uma interação pessoal com a empresa.

As duas primeiras leis da qualidade nos Estados Unidos são: 1) qualidade é percepção; e 2) o problema não é o problema; o problema é como lidar com o problema. Na mente americana, um problema é uma oportunidade fantástica de demonstrar integridade e preocupação.

Sem dúvida, precisamos de bons produtos que não quebrem. Não podemos nos dar ao luxo de ter produtos de má qualidade, porque precisamos alcançar ou superar a concorrência. Mas isso não é suficiente. Muitos compradores já pressupõem que todos os produtos são mais ou menos equivalentes. Eles visitam várias lojas, e o preço torna-se a questão principal. Muitos produtos genéricos alcançam pontuações muito boas no quesito "qualidade". Por isso, por que pagar mais por uma marca? A contradição torna-se muito evidente. Melhorando a qualidade dos produtos — ou seja, atingindo "zero defeitos" — tudo o que fazemos é acelerar a transformação desses produtos em *commodities*, perdendo a lealdade dos consumidores no processo.

As empresas não deveriam fazer propositalmente produtos com problemas para que possam mostrar aos consumidores que elas se importam. O que elas precisam é considerar um atributo a mais, além da qualidade do produto ou serviço: a qualidade do relacionamento entre o produto e o consumidor.

Muitos administradores pensam em produtos e serviços como objetos, sem considerar como os consumidores se relacionam com eles. Produtos estúpidos são projetados para funcionar sem quebrar. Produtos inteligentes são projetados para relacionar-se com os consumidores. O que torna tão especial o relacionamento com um bom amigo? É fácil conversar com essa pessoa; essa pessoa melhora a sua vida; e essa pessoa satisfaz a sua necessidade de pertencer a um grupo. Podemos aplicar esses mesmos três critérios a produtos.

*   *O produto ou serviço se comunica com os consumidores de maneira eficaz, numa linguagem que estes entendam?* Os produtos precisam falar com os consumidores numa linguagem que estes entendam. Isso não significa fornecer instruções em espanhol para consumidores que falam espanhol, ou fornecer instruções *customer friendly* que explique tudo em termos simplistas, ou ainda criar produtos que literalmente falem com os consumidores. O que isso significa está ilustrado nos exemplos seguintes.

A *Renault* planejava fazer com que um de seus modelos de automóveis falasse com os consumidores. A empresa me contratou para descobrir de que maneira o carro deveria falar com o motorista. O carro deveria dizer "Você deveria pôr gasolina no carro logo" com uma voz feminina ou masculina? O tom usado deveria ser casual ou de alerta? A resposta foi inesperada: os motoristas não queriam que o carro falasse com eles. Eles não queriam ser "menos inteligentes" do que o carro; o motorista deveria ser o mais inteligente, o que está no comando. Em vez de ouvir o carro dizer quando o tanque está vazio, os motoristas queriam acesso direto e rápido a essa informação, em qualquer momento que precisassem dela. Um marcador digital não atendeu a essa necessidade porque os motoristas acharam a informação difícil de ler e de processar rapidamente. Eles preferiram ter uma representação simples e visual da quantidade de gasolina restante no tanque.

Essa descoberta foi confirmada numa pesquisa realizada pela *Volvo*. Segundo a Volvo, "os instrumentos no interior de um Volvo são projetados ergonomicamente. Eles são atraentes ao olhar; eles têm mostradores analógicos, e não contadores digitais. As pesquisas nos convenceram de que os motoristas se sentem mais confortáveis com os já conhecidos mostradores analógicos do que com visores digitais." Tanto a Volvo quanto a Renault descobriram a maneira correta de comunicar a situação do combustível para os consumidores: por meio de um medidor visual.

Outro exemplo diz respeito à fabricante de relógios *Seiko*. Muitos anos atrás, a Seiko estava pensando em entrar com força total na produção de relógios digitais. Na época, todas as estatísticas de marketing e pesquisas com consumidores indicavam que o mercado estava pronto para os relógios digitais. A razão apresentada era que estes seriam mais precisos e mais exatos do que os relógios tradicionais de ponteiros. Mas antes de dar esse passo gigantesco, a Seiko me contratou para confirmar o que indicavam as estatísticas de marketing e os consumidores. O que descobri foi que, para um relógio ser inteligente, ele precisava adequar-se à mente do consumidor ou ao código que o consumidor utiliza para o tempo. No entendimento das pessoas, espaço e tempo são uma coisa só. As pessoas têm a experiência do movimento do Sol. A posição do Sol diz a elas quando é hora de se levantar (nascer do Sol), quando é hora do almoço (meio-dia) e quando é hora de ir dormir (noite). Tendo eu descoberto que as pessoas se sentiam desconfortáveis quando tinham um relacionamento com o tempo que não incluía um relacionamento com o espaço, comuniquei à Seiko que o mercado para relógios digitais era menor que o esperado. Hoje, a maioria dos relógios vendidos usa ponteiros. Mesmo que os relógios digitais sejam mais precisos, ainda assim não são inteligentes, pois não comunicam o relacionamento de tempo e espaço aos consumidores de um modo confortável para eles.

• *O produto melhora ou altera o modo como os consumidores trabalham ou vivem?* O relacionamento entre o produto e o consumidor é a dimensão mais importante, não o produto em si. Os consumidores se importam menos com a perfeição do produto do que com o relacionamento que têm com os produtos que compram. Em outras palavras, eles se importam se os produtos melhoram a vida.

No entanto, muitas empresas olham para os produtos de maneira isolada, mecanicista e simplista, sem com isso entender a influência que estes exercem sobre a vida dos consumidores. Algumas empresas, no entanto, estão indo na direção certa. Uma delas é a *Volvo*, cujo lema é "construindo uma reputação para a segurança". O modelo Volvo 900 é um produto altamente inteligente. Se observarmos um deles que tenha sofrido um acidente, veremos que as partes fronteira e traseira podem estar completamente destruídas, mas é bem provável que o compartimento do passageiro esteja intacto. O carro é inteligente porque a empresa o projetou de forma a fazer com que o corpo do carro — e não apenas o corpo do passageiro — receba o impacto. Segundo diz a empresa, "o automóvel Volvo foi projetado para espalhar e transferir a energia de um impacto através da carroceria e em volta do compartimento do passageiro. Por meio de uma estrutura única de elementos de carroceria entrelaçados, as forças da colisão são desviadas". Em outras palavras, a Volvo não tentou fazer um carro que não quebra — mas, em vez disso, um carro que quebra nos lugares certos. A finalidade real do carro é proteger os passageiros.

O *Velcro* é um produto inteligente no sentido de que ajuda as pessoas a realizarem tarefas que, de outra maneira, não conseguiriam fazer. Por exemplo, quando meu filho estava na idade de 4 anos, ele não sabia amarrar os cadarços dos sapatos. Mas quando ganhou sapatos que tinham abas de velcro, ele passou a conseguir pôr e tirar os sapatos facilmente. Portanto, um produto não precisa ser altamente tecnológico para ser inteligente. Na verdade, produtos de alta tecnologia podem ser bastante estúpidos. Muitos deles têm recursos que a maioria das pessoas nunca usa. Se os consumidores precisam pagar por um produto que tem recursos que não serão usados, algo está errado. Os engenheiros precisam determinar com que freqüência as pessoas usarão os penduricalhos que eles querem acrescentar. Produtos estúpidos podem conter muita inteligência de engenharia, mas são pobres no que diz respeito à inteligência pessoal, porque incluem recursos que não melhoram a vida das pessoas.

• *O produto atende às necessidades não-declaradas dos consumidores?* Um produto precisa atender às necessidades não-declaradas, e talvez inconscientes, dos consumidores. Muitas empresas tentam determinar as necessidades dos consumidores por meio de questionários e *focus groups*. Embora úteis, os resultados podem ser enganosos. O que as pessoas dizem em questionários e entrevistas pode ser muito superficial. Muitas vezes, dizem o que acham que você quer ouvir, dizem o que acabaram de ver na televisão ou ler nos jornais. Por isso, as empresas precisam ir além do que os consumidores dizem que precisam.

Os barcos, por exemplo, ao contrário de muitos apartamentos, são muito inteligentes no uso do espaço. Num pequeno espaço, o barco precisa ter acomodações para que as pessoas possam se sentar e dormir, preparar comida e comer, trabalhar e navegar, tomar banho e ir ao banheiro. O resultado é que todas as coisas precisam ter vários usos. Um banco pode servir como lugar para se sentar e suas almofadas como bóias salva-vidas, ou como colchões para uma cama. Se os construtores usassem a mesma abordagem em apartamentos, os moradores poderiam caber melhor dentro deles e viver melhor.

Uma comunidade de engenheiros, inteligente sob outros aspectos, ainda assim pode produzir produtos estúpidos ao não considerar as necessidades dos consumidores. O novo Aeroporto Internacional de Denver é o mais "estúpido" do mundo, porque não foi projetado levando em conta as necessidades dos usuários. Você demora no mínimo uma hora para chegar até o carro que acabou de alugar, e depois disso precisa dirigir 24 quilômetros até Denver. Atrasos na bagagem são comuns, graças ao novo sistema de manuseio de bagagem, "novo e melhorado". Sinais confusos geram a necessidade de um exército de assistentes para resgatar os passageiros perdidos no labirinto. As empresas vão na direção errada quando pensam apenas em termos de produtos ou serviços. Aquilo com que os consumidores realmente se importam é se o produto ou serviço se comunica efetivamente com eles, se muda a maneira como eles fazem as coisas, se atende às suas necessidades. As empresas precisam se preocupar mais com o modo como os consumidores se relacionam com seus produtos e serviços.

Processo. Na maioria dos programas de qualidade nós, americanos, não nos saímos melhor com os nossos empregados do que com os nossos produtos. A insistência em *fazer certo da primeira vez* é um erro evidente: os americanos não querem fazer certo da primeira vez. Eles precisam da experiência de aprender com seus próprios erros. As pessoas não moram nos Estados Unidos somente para fazer produtos com "zero defeitos". Moramos aqui para ter a oportunidade de descobrir o quanto somos bons e até onde podemos ir quando temos a chance de fazê-lo, ou quase sempre uma segunda chance. Moramos nos Estados Unidos porque queremos criar um novo mundo, não para produzir produtos com "zero defeitos".

Portanto, os processos de qualidade deveriam concentrar-se em como os empregados serão transformados, como se tornarão pessoas melhores e como podem descobrir suas identidades ao mesmo tempo que maximizam seu potencial. Os empregados deveriam receber novas ferramentas que os ajudem a atingir ambos esses objetivos.

A finalidade de um processo de melhoria não é apenas melhorar o resultado ou produto final, mas além disso melhorar as pessoas que realizam o processo. A maioria das pessoas trabalha continuamente para alcançar uma nova identidade, uma posição ou uma promoção. A vida é movimento, e as pessoas querem progredir e melhorar a si mesmas. As pessoas estão mais interessadas no seu crescimento pessoal do que em atingir processos com "zero defeitos".

As pessoas que preferem agir a reagir cometem erros. Por cometerem erros, sentem-se perturbadas, uma emoção forte que as leva a corrigir o erro e melhorar. Cometendo um erro, as pessoas aprendem mais rapidamente do que se tivessem cumprido a tarefa corretamente da primeira vez. Elas não apenas aprendem a fazer a tarefa corretamente, mas também mudam e crescem. Esse é o verdadeiro valor agregado no processo. Se as pessoas não tiverem a liberdade de cometer erros, elas não crescerão muito.

Todo processo de melhoria precisa adequar-se ao arquétipo cultural. Nos Estados Unidos, isso significa aprender fazendo, cometendo erros e tentando consertá-los. Para facilitar esse processo, as empresas poderiam ter um programa em que as pessoas se reunissem todas as manhãs para partilhar umas com as outras os erros que cometeram, o que aprenderam com eles e como outras pessoas poderiam se beneficiar com esse aprendizado. Isso seria muito mais eficaz que um ciclo de qualidade.

Muitas empresas têm processos e procedimentos rígidos e fixos. Se um consumidor diz "Eu quero isto", mas o pedido não se encaixa nos processos e procedimentos da empresa, a resposta é: "Desculpe, mas não é permitido." As empresas deveriam ter processos e procedimentos flexíveis que permitissem que os empregados sejam criativos e dizer "Vou ver o que posso fazer", em vez de "Desculpe, não posso fazer isso".

Por exemplo, na Ritz-Carlton Hotel Company, os empregados são treinados para nunca dizer "não" aos hóspedes e para tentar encontrar uma maneira de atender a seus pedidos. Os processos e procedimentos do hotel permitem que os empregados se adaptem à situação. Certa vez minha mulher, meu filho e eu estávamos hospedados no Ritz-Carlton em Palm Beach, na Flórida. Tínhamos uma reserva para o jantar no restaurante do hotel. Quando chegamos, o restaurante estava lotado, e nos informaram que haveria uma espera de meia hora. O encarregado sugeriu que tomássemos um drink no bar. Eu rejeitei educadamente a oferta, indicando que preferíamos comer e lembrando a ele que tínhamos feito uma reserva. Ele disse então: "Dê-me um minuto, e verei o que posso fazer para conseguir um lugar." Quando ele voltou, perguntou se nos importávamos em ser servidos num salão adjacente, onde se costumava servir o chá da tarde. Concordei. Quando chegamos ao local, já havia pessoas ocupadas com a arrumação da nossa mesa. Nós literalmente tivemos a nossa sala de jantar particular. Embora isso tenha sido um inconveniente para os empregados, eles cumpriram seu objetivo de nos fornecer uma "visita memorável". Processos flexíveis permitem a criatividade, a inovação e a adaptabilidade. Eles dão às empresas a oportunidade de criar um relacionamento sinérgico com seus clientes.

Pessoas. Os americanos descobriram há muito tempo que os consumidores eram importantes. Ouvimos freqüentemente coisas como "o consumidor é o número um" e "o consumidor tem sempre razão". Mas, na mente do empregado, a tradução imediata desses princípios é: "Então eu sou o número dois? Você, meu empregador, não se importa comigo? Preciso aceitar qualquer coisa que os clientes façam, só para que você possa ganhar mais dinheiro?" A mensagem oculta por trás da prioridade para a satisfação do consumidor é que ninguém se importa com os empregados.

Concentrar-se exclusivamente nos consumidores é, portanto, um erro. Os empregados vivem o tempo todo experiências que demonstram que o consumidor pode não ter razão. O importante não é quem tem ou não razão, quem é o número um ou o número dois. O importante é a qualidade dos relacionamentos empregador-empregado e empregado-cliente. Todos concordamos que os consumidores são importantes — na verdade, fundamentais para nossos negócios. Mas, se colocarmos os consumidores em primeiro lugar, fazemos os empregados sentirem que estão em segundo lugar.

Os empregados começam a pensar: "A empresa não se importa comigo. Apenas com os consumidores, porque eles trazem o dinheiro." Talvez pensamentos como esses sejam justificados. Certa vez ouvi de um executivo de uma empresa: "Não me importo mais com a lealdade dos empregados." Quando perguntei por que se sentia dessa forma, ele respondeu: "Os tempos mudaram. Não temos como manter nossos empregados felizes. Não somos responsáveis pela qualidade da vida deles."

Práticas de negócios que vêem as pessoas como objetos e números não funcionam porque vão contra a qualidade do relacionamento. Os empregados querem sentir e experimentar a lealdade em seus empregos. As pessoas não são *commodities* descartáveis.

Para construir um relacionamento de qualidade, precisamos ser ao mesmo tempo atenciosos e exigentes. Se não somos atenciosos, não podemos ser exigentes. Se mostrarmos que somos uma empresa atenciosa e exigente, induzimos o mesmo comportamento em nossos consumidores. Se mostrarmos valorizar a qualidade recíproca no relacionamento, formamos um relacionamento de alta qualidade, uma sinergia onde todos ganham e que é mais lucrativa para ambos os lados.

A expressão que se costuma usar para explicar esse relacionamento é *amor exigente*. Quando a Ritz-Carlton fala de "senhoras e senhores servindo senhoras e senhores", dirige-se em primeiro lugar aos seus empregados, induzindo neles um sentimento de respeito e orgulho de si mesmos. E, quando os consumidores são tratados como senhoras e senhores, eles são induzidos a comportar-se como tais.

Relacionamentos de qualidade são ao mesmo tempo atenciosos e exigentes. O conceito de ser atencioso e exigente pode ser visto na unidade familiar. Os pais costumam ser exigentes com seus filhos porque se importam profundamente com eles. Muitos pais exigem que seus filhos vão dormir numa determinada hora para que possam descansar o suficiente. Quanto mais você se importa, mais exigente precisa ser e vice-versa. Muitos pais buscam o equilíbrio adequado entre importar-se e exigir para que os membros da família se beneficiem e cresçam como resultado do relacionamento. Administradores exigentes de empresas também buscam o equilíbrio correto entre importar-se e exigir. Se forem exigentes sem serem atenciosos, os empregados e consumidores irão embora. Se forem atenciosos sem serem exigentes, os empregados e consumidores tirarão vantagem da situação. Se os consumidores assumem uma atitude de tirar vantagem, criam um problema atrás do outro. Horst Schultze, presidente da Ritz-Carlton, é o único na empresa que pode dizer a um consumidor: "Não queremos mais fazer negócios com você." Ele não faz isso com freqüência, mas, se for preciso, ele o faz.

Para instigar os consumidores, algumas empresas exageram no que prometem e oferecem. Uma vez que uma empresa começa a tratar seus consumidores como crianças mimadas, os consumidores se tornam crianças mimadas. E, então, o que eles fazem? Começam a tratar mal os funcionários porque, assim como crianças mimadas, eles esperam que os funcionários façam todas as suas vontades. Por exemplo, uma cadeia de varejo tinha uma política de devoluções sem fazer perguntas. A maioria dos consumidores não abusava dessa política, mas alguns se tornaram crianças mimadas, devolvendo artigos que obviamente haviam sido usados ou gastos. A noção de que o consumidor é o rei pode ser prejudicial para os empregados, para os consumidores e para a empresa.

Importar-se e *exigir* constituem dois lados da mesma moeda. Quanto mais você se importa, mais exigente precisa ser. A noção de que "o cliente tem sempre razão" criou um bando de clientes mimados que não dão valor aos esforços dos empregados. Assim, os empregados se sentem desvalorizados e não se importam muito com o serviço prestado ao consumidor.

QR: Qualidade do Relacionamento

O "Q" e o "R" em minha fórmula significam "qualidade do relacionamento". Minha percepção é que a qualidade de um relacionamento de negócios é muito importante para a maior parte das pessoas. Horst Schultze certa vez me disse que não vende quartos ou refeições; ele vende "experiências memoráveis". Para fazer isso, ele redefine o relacionamento entre clientes e funcionários. Ele não tem um *staff* que cuida dos clientes, mas "senhoras e senhores servindo senhoras e senhores". Sua mensagem é esta: "Ninguém é número um ou número dois; ninguém tem razão ou não tem razão. Estamos todos nisso juntos, e todos deveríamos nos importar uns com os outros."

A delegação de poderes funciona nos dois sentidos. Precisamos dar poderes tanto a nossos empregados como a nossos consumidores. Se não o fizermos, perderemos o nosso próprio poder. Um exemplo de perda de poder é a maneira como algumas companhias aéreas tratam seus clientes. Os clientes sabem que sua experiência será sempre horrível, e por isso tentam pelo menos conseguir uma passagem mais barata. Isso leva as companhias aéreas a embarcar numa guerra de preços, em vez de uma guerra de qualidade de serviços, porque não entendem que o problema que percebem não é o problema real. Poucas companhias aéreas aproveitam a fantástica energia emocional que seus clientes possuem. Em vez disso, apenas distribuem milhas de vôo, que significam mais experiências angustiantes.

A qualidade de um relacionamento deveria focalizar-se no *valor emocional* agregado. Isso é o que mais importa para os consumidores —

não o melhor produto ou o mais barato, mas aquele que traz o valor emocional agregado que eles procuram.

A cada vez em que entra num avião, você é tratado como uma criança que precisa ouvir várias vezes como afivelar seu cinto de segurança. Você é colocado para esperar como gado, durante horas, sem explicação de por que seu vôo foi cancelado. As companhias aéreas são especialistas em perda de poder. Elas são exigentes sem ser atenciosas. Elas não entendem a lei básica da qualidade que diz que o problema não é o problema em si, mas como você lida com o problema.

Quando produtos e serviços tornam-se *commodities*, as pessoas mudam de um fornecedor para outro, importando-se apenas com o custo. Numa guerra de preços não existe lealdade.

O objetivo dos negócios não deveria ser somente o lucro. O objetivo deveria ser também a vida. "Bio-lógico" significa lógica da vida. Num mundo mecanicista, as decisões sobre processos, procedimentos, produtos e serviços são baseadas em fatos, estatísticas e outras informações. Mas as empresas estão descobrindo que a qualidade depende em grande medida da percepção, o que significa que um produto ou serviço só tem qualidade se o consumidor a percebe. Construindo a qualidade do relacionamento, as empresas constroem lealdade. Muitas empresas distanciam-se de ter a vida como objetivo, e é por isso que muitas acabam saindo do mercado.

Como as empresas podem evitar esse destino? Já que a vida é baseada na biologia, elas precisam praticar princípios biológicos. Eis três desses princípios como exemplo.

1. Consumidores e empregados estão sob pressão para cuidar de suas necessidades físicas e emocionais em primeiro lugar. Você não discute com seu corpo quando ele diz que você está com fome ou que precisa ir ao banheiro. Quando você precisa descansar, você precisa descansar; e quando você precisa comer, você precisa comer. Essas respostas físicas automáticas podem beneficiar as empresas. Quando as empresas ajudarem consumidores e empregados a entender e lidar com suas necessidades físicas e respostas emocionais automáticas, eles serão leais a elas. Por quê? Mesmo que as pessoas sejam capazes de cuidar de suas próprias necessidades emocionais, elas ainda precisam de que alguém cuide de suas necessidades no nível emocional. Adultos ainda precisam de cuidados amorosos e carinhosos.

2. As emoções são mais fortes que o intelecto. Um dia, um de meus alunos me contou que queria se casar. Eu disse que isso era ótimo e perguntei quais eram os planos dele. Esse aluno, que era engenheiro, me apresentou uma longa lista de critérios que gostaria que fossem atendidos pela sua futura esposa. A lista continha itens como cor do cabelo e dos olhos, escolaridade, idade, altura e assim por diante. Vários meses depois, esse mesmo aluno anunciou que iria se casar. Perguntei: "Então você encontrou alguém que se encaixou em todos os seus critérios?" "Não", respondeu ele, "ela não se encaixa em nenhum dos critérios da lista, mas eu a amo." O córtex cerebral pode ditar um monte de critérios, mas o sistema límbico freqüentemente sobrepuja as decisões racionais. As empresas deveriam tomar nota disso.

3. A mente racional não age sozinha. Muitas empresas acreditam que devem dar aos consumidores muitas razões pelas quais eles deveriam comprar seus produtos e serviços. Mas os consumidores não decidem comprar um produto ou serviço no nível racional; eles decidem no nível emocional.

Por exemplo, por que você poderia querer comprar um Mercedes? Você pode dizer que é porque eles têm *air bags* duplos ou porque são construídos como tanques para proteger a sua família. Embora você possa listar boas razões para comprar um Mercedes, a realidade é que você não sabe o porquê. Emocionalmente, você poderia querer comprar esse carro por causa do prestígio de ter um ou porque ele representa o sucesso que você conseguiu na vida. *Aquilo de que os consumidores precisam são álibis intelectuais* para que possam sentir-se bem com suas decisões emocionais de compra. Álibis intelectuais ajudam os consumidores a sentir-se bem com sua lógica da emoção. Hoje, as empresas precisam entender e satisfazer as respostas automáticas de seus consumidores (necessidades biológicas), fornecer adequadamente a lógica da emoção (satisfazer suas necessidades emocionais) e além disso dar aos consumidores os álibis intelectuais corretos (satisfazer suas necessidades intelectuais).

S: Sinérgico, Sistêmico, Simbólico, Simbiótico

Em minha fórmula, o "S" representa as quatro dimensões desse novo relacionamento de qualidade: sinérgico, sistêmico, simbólico e simbiótico.

Sinérgico. Sinergia deriva do termo grego *synergia*, e descreve a capacidade de duas pessoas ou sistemas otimizarem-se um ao outro, atingindo o aprimoramento mútuo. A atitude correta é a seguinte: "Estamos nisso juntos; precisamos uns dos outros; podemos alcançar mais juntos do que separados; podemos obter mais do relacionamento do que colocamos nele no início."

O todo pode ser mais que a soma das partes. Um mais um pode ser igual a três ou mais. Na biologia, vida é sinergia. Por exemplo, o esquema biológico básico é mulher + homem = mulher, homem e bebê. Isso é 1 + 1 = 3. Isso é vida. A biologia nos dá o esquema básico. Se uma empresa é forte, é por ter conseguido traduzir esquemas biológicos em termos de forças culturais ou arquétipos.

Nós, enquanto vendedores, compradores, empregados e consumidores, buscamos obter mais com um relacionamento do que colocamos nele no início. Por exemplo, se eu compro um livro por US$ 20 e esse livro me ajuda a aumentar meu lucro em US$ 200.000, estou obviamente obtendo mais do que apenas meu dinheiro de volta. Além disso, de agora em diante falarei muito bem do livro; serei seu defensor e o promoverei. A editora, o autor e a livraria também receberão mais do que apenas os US$ 20 que paguei a eles pelo livro. As empresas precisam repensar a maneira com que realizam negócios. Negócios não são uma guerra; não se trata de uma disputa na qual ganha aquele que faz mais pontos. O assunto dos negócios é a vida real, é crescer juntos, é importar-se uns com os outros, é a exigência em ambos os lados de um relacionamento. É dar poder aos consumidores e também aos funcionários. Quando houver um problema, peça idéias e soluções aos consumidores. Vincule as promoções à satisfação dos consumidores e faça esse vínculo ficar bem conhecido. Dê a cada consumidor o poder de avaliar cada funcionário e publique os resultados.

Num relacionamento sinérgico as pessoas envolvidas são transformadas de modo a obter mais do relacionamento do que puseram nele originalmente. Na época do movimento da qualidade, as empresas eram incentivadas a ter uma relação contínua com os fornecedores e a pensar neles como uma continuação da empresa. Muitas empresas fazem isso hoje em dia, e ainda assim poucas delas pensam em seus clientes como fornecedores. No entanto, num relacionamento sinérgico os clientes tornam-se fornecedores, porque ambas as partes são transformadas pelo relacionamento. Com que tipo de loja você preferiria fazer negócios? Com uma que venda o computador mais atual, que ficará obsoleto dentro de seis meses, ou com uma loja que gerencie as suas necessidades de informática pelos próximos dez anos, fornecendo a você o computador mais adequado às suas necessidades em cada momento pelo melhor preço? Eu escolheria a segunda opção, mesmo que me custasse um pouco mais.

Os relacionamentos sinérgicos são o diferencial da Saturn Corporation. O *slogan* da empresa ("Um tipo de empresa diferente, um tipo de carro diferente") representa uma estratégia competitiva crucial, que existe desde a fundação da empresa, em 1985. A Saturn sabia que estava entrando num mercado saturado, e por isso tentou diferenciar-se sob dois aspectos: vender a empresa em vez do carro; e desenvolver um relacionamento com os consumidores. Em vez de concentrar-se em fatos, os quais tendem a entorpecer o raciocínio, a Saturn optou por uma abordagem diferente: tratar os consumidores com respeito.

Para criar um relacionamento com os consumidores, a Saturn reinventou a experiência de comprar um carro. Seus vendedores são treinados sobre como dirigir-se e tratar os clientes. Em primeiro lugar, eles apresentam os preços dos concorrentes para carros semelhantes. Eles sabem que as pessoas comparam preços — portanto, economizam o tempo dos clientes fazendo isso por eles. Segundo, não há uma política de descontos. O preço de cada modelo é o mesmo em todas as concessionárias Saturn. Terceiro, há um ambiente de vendas sem pressão. Em vez de pressionar os clientes, os vendedores os convidam para eventos em que podem encontrar-se e falar com proprietários de automóveis Saturn.

Depois que uma venda é feita, o relacionamento continua em dois níveis: o do varejo e o corporativo. Por exemplo, as concessionárias organizam eventos sociais e clínicas de mecânica para ensinar mais aos proprietários sobre seus carros e sobre como realizar pequenas tarefas de manutenção. Do lado corporativo, a empresa oferece um boletim informativo chamado *Visions*, além da *Saturn Magazine,* na Internet, e do patrocínio de eventos. O verdadeiro teste que pode dizer se a Saturn criou um relacionamento de qualidade com seus clientes ocorre quando os proprietários de um Saturn decidem comprar um novo carro. Só então é que a Saturn passa a saber se atingiu seu objetivo supremo: a lealdade do consumidor.

Sistêmico. Uma segunda característica de um relacionamento de qualidade é o seu aspecto sistêmico, o que significa que todas as partes do sistema são inter-relacionadas. Uma mudança em um dos elementos provoca alterações em todo o sistema e reorganiza o fluxo energético em todas as partes do sistema. Por exemplo, se o Lincoln Tunnel[3] é fechado, o tráfego é afetado em todos os pontos de Manhattan e ao redor da ilha.

---

3. Túnel que liga a ilha de Manhattan, na cidade de Nova York, à cidade de Weekawken, no estado vizinho de Nova Jersey. [N. do T.]

O que fazemos não é apenas vender um produto. Nós vendemos um novo elemento que irá trazer conseqüências para todo o sistema. Os médicos aprenderam que um sintoma também é parte de um sistema. Eles não podem apenas tratar o sintoma; precisam considerar o sistema como um todo, incluindo o que acontecerá depois que o sintoma deixar de fazer parte do conjunto. Se uma criança sofre de dores de cabeça e não quer ir à escola, curar a dor de cabeça não vai necessariamente resolver o problema com a escola.

Entender a abordagem sistêmica pode ser tão simples quanto arranjar um carro alugado para clientes cujo carro está na oficina ou uma creche para empregados com filhos pequenos. Se você mudar a maneira de olhar para as pessoas com quem interage, muitas idéias novas irão surgir para melhorar a qualidade dos relacionamentos — e eles terão seu valor multiplicado muito além das expectativas.

Produtos e serviços não existem isoladamente; são uma parte dos *sistemas* que existem na vida das pessoas. Da mesma maneira que os médicos percebem que precisam curar não apenas as doenças, mas o modo de vida dos pacientes, as empresas precisam abordar *todos* os elementos da vida pessoal, familiar e profissional de seus clientes. Ao vender um produto ou serviço para um cliente, a empresa possivelmente está mudando outros elementos na vida dessa pessoa.

Por exemplo, depois que você tira a sua carteira de motorista e ganha acesso a um carro, sua vida passa a ser completamente diferente. Com essa nova independência, você pode ir aonde quiser, quando quiser e com quem quiser. Embora dirigir não seja o único elemento da sua vida, ele afeta toda a sua vida. Mudar um elemento pode alterar todo o sistema. As empresas precisam começar a pensar em seus produtos e serviços colocados no contexto do cliente. Empresas que vendem apenas produtos e serviços que atendem às necessidades imediatas dos clientes estão em *relacionamentos de necessidade.* Para ter relacionamentos de qualidade com os clientes, as empresas precisam incentivar *relacionamentos de desejo.* Num relacionamento de desejo, ambas as partes se sentem seguras, e por isso optam por permanecer juntas.

Atualmente, a maior parte dos relacionamentos de negócios são relacionamentos de necessidade. Os empregados precisam de uma fonte de renda para viver, e por isso escolhem trabalhar para a empresa que oferece o maior salário e os melhores benefícios. Os consumidores precisam de determinado produto ou serviço, e por isso o compram da empresa que oferece o preço mais baixo e o mínimo de inconvenientes. Mas quando uma empresa sabe ser atenciosa e exigente e como cultivar um relacionamento de desejo, os consumidores e empregados *decidem* interagir com ela, pois sabem de que modo serão beneficiados e como irão crescer com seu relacionamento com a empresa ao longo do tempo. A lealdade é um resultado do relacionamento de desejo.

Às vezes, formar um relacionamento de desejo significa *não* vender um produto ou serviço para o cliente logo de saída. Por exemplo, quando minha família e eu nos mudamos para a Flórida, fui procurado por um corretor de imóveis que disse: "Eu gostaria de vender-lhe uma casa." Depois de responder a ele que eu precisaria vender minha casa na Califórnia antes de tudo, para evitar ter de pagar duas hipotecas, nunca mais tive notícias dele.

Então, encontrei uma corretora de imóveis que não estava tentando vender uma casa logo de cara, mas, ao contrário, procurava estabelecer um relacionamento conosco. Ela nos disse: "Eu sei que você precisa vender sua casa na Califórnia antes que possa comprar outra aqui, mas mesmo assim deixe-me ajudá-lo." Ela cuidou de nossas necessidades imediatas encontrando um apartamento que pudéssemos alugar, embora não tenha recebido comissão nenhuma por fazer isso. Uma semana depois, quando eu estava viajando a negócios, minha mulher ficou doente e precisou ir ao hospital. A corretora levou minha mulher ao hospital e a trouxe de volta para casa. Obviamente, ela estava estabelecendo um relacionamento conosco. E nós nos recusamos a comprar uma casa sem ela. Mesmo que eu tivesse encontrado uma casa por meus próprios meios, eu a teria comprado por intermédio dessa corretora, para que ela pudesse receber a comissão. Ela estava vendendo um relacionamento e não um produto, porque ela entendeu que o relacionamento é um investimento de longo prazo que rende dividendos à medida que o tempo passa.

Para entrar no reino dos relacionamentos de qualidade, as empresas precisam mudar mais do que apenas a sua atitude para com os consumidores. Além disso, precisam mudar o modo como treinam os funcionários e recompensam o desempenho. Os funcionários devem ser treinados para vender relacionamentos, não apenas um produto ou serviço. Perguntar aos consumidores "Quanto dinheiro você quer gastar?" sem antes conhecer suas necessidades equivale a passar a mensagem de que os vendedores tirarão deles o máximo de dinheiro que puderem.

Os melhores vendedores são os que constroem um relacionamento. Dessa forma, os clientes percebem que os vendedores se importam mais com eles do que com o próprio bolso; os vendedores entendem as necessidades e prioridades reais dos clientes; e os vendedores estarão lá, no lugar certo, quando as necessidades e prioridades dos clientes coincidirem com o que a empresa está vendendo.

Além de treinar os funcionários para vender o relacionamento, as empresas precisam ter certeza de que seus sistemas de recompensa por desempenho estão de acordo com isso. A maneira como uma empresa mede e recompensa o desempenho diz aos funcionários como eles devem se comportar. Logo, os resultados deveriam ser medidos em termos de quantos relacionamentos de longo prazo foram formados, e não de quantos produtos foram vendidos. Se as empresas estabelecem um sistema em que o capital é o relacionamento com os clientes, os empregados lutarão por isso. Os produtos e serviços de uma empresa não existem isoladamente, mas são uma parte dos sistemas existentes na vida das pessoas.

As empresas precisam se preocupar com os sistemas inteiros de seus empregados, não apenas com aquele elemento relacionado aos seus empregos. Por exemplo, sabendo que seus empregados têm uma vida fora do trabalho, o Maryland Bank, NA (MBNA) tomou as seguintes medidas: 1) instalou uma creche no local de trabalho para funcionários com filhos pequenos; 2) convidou uma firma de lavagem a seco para abrir uma loja no banco, para que os funcionários pudessem entregar ou retirar suas roupas no horário de almoço; 3) começou a chamar uma cabeleireira duas vezes por semana; e 4) pediu a uma farmácia da região que abrisse uma loja no banco, sem cobrar aluguel. Quando o proprietário da farmácia disse que não poderia dedicar um funcionário em tempo integral a cuidar da loja, o MBNA pediu aos seus funcionários aposentados que se voluntariassem para o serviço — e muitos ficaram animados com a oferta, pois poderiam rever seus velhos amigos. Embora não custe muito dinheiro oferecer esses vários serviços, o valor agregado para os empregados é incrível. A dimensão simbólica para os empregados é de que a empresa realmente se importa com eles. A empresa passa a ser não apenas um lugar aonde eles vão para ganhar dinheiro, mas onde podem cuidar de outros elementos de sua vida.

Outro banco decidiu reunir seus funcionários aposentados, formando um conselho consultivo. Os aposentados recebem um cartão de visitas (uma dimensão simbólica) que indica sua nova posição e ajudam a treinar os novos empregados. Esses aposentados recebem um pequeno pagamento, um novo cargo e a chance de encontrar novas pessoas e permanecer ativos no negócio. O banco se beneficia por ter empregados experientes treinando os novos. Novamente, é um programa que custa pouco, mas agrega muito valor para todos os envolvidos.

Outro benefício do uso da abordagem sistêmica vem sob a forma de novas oportunidades de negócios. Com a abordagem sistêmica, as empresas podem, além de tudo, aventurar-se em novos segmentos de mercado. Uma montadora de carros, por exemplo. Uma montadora vende carros? Não, ela vende a experiência de dirigir. O resultado disso é que muitas oportunidades de negócios tornam-se visíveis. Como muitos compradores não podem pagar à vista por um novo carro, eles precisam de financiamento. Como os compradores querem proteger seu investimento, eles precisam de um seguro de automóvel. Como não querem que o carro novo seja roubado, eles precisam de um alarme ou sistema de segurança. Como muitos querem conduzir seus negócios pessoais ou profissionais em movimento, precisam de telefone. Como precisam que o carro funcione, precisam de gasolina. Como querem ouvir música no carro, precisam de um sistema de som, de fitas cassete e de CDs.

Muitas montadoras já estão aproveitando essas oportunidades sistêmicas. A GM, por exemplo, tem sua própria financiadora, a General Motors Acceptance Corporation. Quanto mais uma empresa entende os sistemas de seus consumidores, mais possibilidades aparecem.

Adotar uma abordagem sistêmica também pode melhorar as chances de sobrevivência de uma empresa. Por exemplo, uma organização francesa chamada PLM operava os trens entre as cidades de Paris, Lyon e Marselha. De início, a PLM considerava a si mesma uma empresa de trens. Mas depois percebeu que oferecer aos consumidores a oportunidade de viajar de trem era apenas um dos elementos no sistema deles. Outros elementos incluíam o manuseio de bagagem, tomar táxis de e para a estação de trem e ficar em hotéis. Então, a PLM começou a adicionar produtos e serviços. Primeiro, abriu uma cadeia de hotéis nas três cidades. Depois começou a vender malas e a alugar carros. Certo dia, o governo francês decidiu estatizar o serviço de trens, e a PLM perdeu a permissão de operar seus trens. Ainda assim, a empresa não apenas sobreviveu como é hoje uma das mais lucrativas da França e da Europa.

Simbólico. Os relacionamentos atingem seu ápice quando ganham uma dimensão simbólica. Um símbolo é algo que unifica partes diferentes; é um elemento de uma cultura que está carregado com os códigos culturais e com a lógica da emoção. Por exemplo, se você compra um pedaço de tecido vermelho por US$ 0,50 e um pedaço azul pelo mesmo preço, e depois um branco, você terá comprado US$ 1,50 em tecido. Ninguém está disposto a morrer por US$ 1,50. No entanto, se você dispuser esses pedaços de tecido de maneira a formar a bandeira americana, você adicionará de repente uma dimensão simbólica ao mero tecido, e essa dimensão muda a atitude do proprietário. Algumas pessoas podem passar a estar dispostas a morrer por esse tecido; outras podem querer proibir que ele seja queimado. Obviamente, isso agora é mais do que apenas três pedaços de tecido de três cores diferentes. De alguma forma, quando costurado sob a forma de um retângulo de três cores (uma bandeira), esse tecido representa a memória coletiva de uma nação, bem como seus ideais e sonhos comuns. É a isso que temos acesso quando acrescentamos uma dimensão simbólica à qualidade do relacionamento.

Durante toda uma década, as pessoas compravam computadores pessoais não para usá-los ou porque realmente precisassem deles, mas porque eram símbolos do futuro. Elas estavam comprando o futuro para seus filhos sob a forma daquelas máquinas. Um símbolo é uma maneira de abrir uma lógica da emoção para alcançar um arquétipo cultural gravado profundamente. Quando os russos ou húngaros compram uma Coca-Cola, calças Levi's ou um Marlboro, eles compram mais que apenas um refrigerante, calças ou cigarros. Eles compram idéias, ideais e atitudes americanas. Eles compram símbolos.

Duas empresas tiveram sucesso ao trazer um aspecto simbólico para seus clientes e funcionários enfatizando a qualidade de seus relacionamentos:

• *Club Med.* No Club Med, não se fala de hotéis ou *resorts*, mas de "villages" — os quais não têm gerentes ou diretores, mas "chefes". Os funcionários são GOs (gentis organizadores) e os clientes são GMs (gentis membros). Os funcionários não fazem somente seu trabalho na cozinha ou na piscina, mas à noite precisam estar no palco, cantando, dançando e se apresentando. Os clientes também fazem parte do espetáculo, e todos os talentos são bem-vindos. Todos são ativos e contribuem para formar um relacionamento de qualidade. O Club Med é bem-sucedido não porque ofereça melhores serviços (não há serviço de quarto) ou porque seus empregados sejam mais bem pagos, mas porque se preocupa em formar um relacionamento sistêmico, sinérgico e altamente simbólico com seus clientes e empregados.

50 OS 7 SEGREDOS DO MARKETING

• *Walt Disney.* Quando é contratado pela Disney, você passa por um curso chamado Walt Disney Tradition 101. Desde o início, você percebe que se trata de uma empresa única. Você não é um empregado, mas um "membro do elenco". Você não vai trabalhar, mas irá "subir ao palco". Você não venderá nada, apenas irá querer que seus hóspedes tenham "as melhores férias de suas vidas". De repente, você se torna parte de algo maior que você, e está tirando mais do que pondo. Isso deixa de ser apenas um emprego: é a sua vida, uma missão e uma nova maneira de olhar para o mundo.

A maior parte das empresas comete o erro de presumir que os consumidores compram produtos e serviços por razões racionais. Por isso, fornecem-lhes várias razões racionais para a compra. Essas razões destacam preço, recursos, benefícios, qualidade ou garantia. Contudo, algumas empresas sabem que as verdadeiras razões por que as pessoas compram um produto ou serviço não são científicas ou racionais. Elas sabem que a emoção desempenha um grande papel nas decisões de compra, e ganham acesso a essa emoção por meio de símbolos.

Um *símbolo* é algo que unifica e cria uma alta densidade de significado e emoção. O contrário de um símbolo é um *diabol*. O diabo é aquele que divide. O simbólico e o diabólico são forças opostas. Um símbolo é a expressão inconsciente de um arquétipo cultural. Os membros de uma cultura relacionam-se com os mesmos símbolos sem saber por quê. Se o símbolo estiver errado, ele não evocará nada. Se estiver certo, ele atingirá suas emoções.

Além de unificar uma cultura, os símbolos carregam significado. As pessoas querem saber que o que fazem tem significado. Se não souberem, começam a se perguntar por que o estão fazendo. O que é uma vida sem significado, sem sentido? As pessoas prefeririam morrer a perder o sentido da própria vida. Todas as pessoas compartilham a necessidade de entender os aspectos simbólicos de sua vida e sua morte.

As pessoas precisam de símbolos, mas não podem criá-los; a cultura os cria ao longo do tempo. Os símbolos podem ser: um objeto (bandeira), um lugar (a Ellis Island[4]), uma pessoa (George Washington), um animal (a águia careca), um conceito (a igualdade). Pode-se pensar no conceito da criação de símbolos como a diferença entre a luz normal e

---

4. Pequena ilha no porto de Nova York onde desembarcou a grande maioria dos imigrantes entre 1892 e 1924, período de imigração em massa para os Estados Unidos. [N. do T.]

a luz *laser*. Na luz normal, as partículas espalham-se para todas as direções e não criam muita energia. Na luz *laser*, no entanto, as partículas estão em sincronia e criam energia suficiente para atravessar o aço. Um símbolo é como a criação da luz *laser* pelos membros de uma cultura.

Cada cultura cria seus próprios símbolos. As empresas devem ter em mente que diferentes culturas têm diferentes dimensões simbólicas de valor agregado. Por exemplo, certa vez trabalhei para uma unidade de negócios da AT&T que produzia cabos. Um dos nossos clientes era a Nippon Telegraph and Telephone (NTT), do Japão. A NTT forneceu à AT&T uma lista de especificações para o cabo. Antes de enviar os cabos para a NTT, a AT&T certificou-se de que todas as especificações fossem atendidas. A NTT recebeu os cabos e devolveu-os logo em seguida para a AT&T. Os americanos ficaram perplexos, porque os cabos atendiam a todas as especificações. Quando eles perguntaram por que os cabos haviam sido devolvidos, a NTT respondeu: "Porque eram feios." Os americanos ficaram atônitos por dois motivos: primeiro, uma especificação estética não fora incluída na lista; segundo, ninguém nem mesmo veria os cabos depois de instalados. Mas na cultura japonesa, se algo é feio, não pode ser bom. Essa é a dimensão simbólica da estética no Japão. A estética é a prova final do valor do objeto vendido.

As subculturas também podem ter seus símbolos próprios. Por exemplo, existem muitas subculturas etárias nos Estados Unidos. Quando os americanos são jovens, eles costumam ter um certo conjunto de valores (velocidade, produtividade, quantidade ou desempenho) mas, depois de mais velhos, passam a adotar outro conjunto (tempo, qualidade, música e beleza). Porque essas subculturas possuem valores diferentes, seus símbolos também são diferentes. As empresas precisam ter consciência dessas subculturas, porque se empregarem os símbolos errados podem perder seus clientes.

As pessoas desejam mais significado na própria vida. Os consumidores desejam mais valor simbólico. Uma vantagem de agregar valor simbólico a um produto ou serviço é que o custo não é grande, mas o valor para o cliente ou empregado é muito grande. Por isso, as empresas podem agregar valor sem agregar custos. Mas as empresas não podem criar símbolos do dia para a noite. Elas precisam descobrir quais símbolos já existem e adequar seus produtos e serviços a eles. Adequar produtos e serviços a símbolos pode ser uma atividade desafiadora, mas muitas empresas já aproveitaram o incrível potencial do simbolismo.

52 OS 7 SEGREDOS DO MARKETING

• O Conselho Internacional de Informação Alimentar (International Food Information Council — IFIC) pediu-me que estudasse a percepção dos americanos a respeito dos alimentos alterados por engenharia genética. Descobri que as pessoas querem saber tudo sobre esses produtos. Assim, quando se apresentou a questão dos **rótulos**, recomendei que toda a informação fosse incluída neles. De início, o IFIC resistiu a essa recomendação, afirmando que as letras seriam tão pequenas que ninguém as leria. Respondi que não importa se as pessoas não lerem os rótulos — a informação precisava estar lá simplesmente por ser simbólica da transparência total. Se houver uma prova simbólica de que os consumidores têm acesso a toda a informação, eles confiarão na empresa e não precisarão ler o rótulo. Mas se a empresa estiver ocultando algo e os consumidores descobrirem, eles deixarão de confiar na empresa e em seus produtos.

• A primeira atração do *tour* oferecido aos visitantes do Maryland Bank, NA (MBNA), na cidade americana de Newark, estado do Delaware, é um *mural* especial. O mural exibe a impressão manual e a assinatura de todos os funcionários que ajudaram a construir o banco. O funcionário que conduzia o *tour* de que participei apontou com orgulho a sua impressão manual e contou-me uma história extraordinária. Quando o mural foi criado, todos os funcionários falavam nele. Não demorou para que o banco recebesse uma ligação de uma pessoa que representava os aposentados do banco. Os aposentados estavam incomodados por não terem sido incluídos no mural. Eles sentiam que isso era injusto porque, afinal, eles também haviam trabalhado duro para que o banco tivesse sucesso. Então, numa cerimônia especial, os aposentados foram convidados a incluir suas marcas simbólicas no mural. Esse mural não foi pintado por nenhum artista famoso, mas sua força simbólica para os empregados faz com que seu valor seja inestimável para eles.

• Outro banco descobriu o valor simbólico de distribuir aos clientes os *telefones das residências* dos executivos da empresa. Quando um cliente telefona para esse banco devido a algum problema, o funcionário que atende a ligação diz: "De agora em diante, eu serei responsável pela sua conta. Não hesite em ligar diretamente para meu telefone no trabalho. Se tiver um problema fora do horário comercial ou no fim de semana, ligue para a minha casa." Dar o telefone da sua residência para os clientes é algo muito incomum, mas o simbolismo é poderoso. Pesquisas revelam que, embora menos de um por cento dos clientes utilizem os telefones das residências, 97 por cento dos que receberam esses números de telefone dão conceitos elevados para o banco. O símbolo mostra que o banco se importa com seus clientes.

• As montadoras de automóveis americanas sabem o valor dos símbolos. Um *carro* é um símbolo de independência. Embora as pessoas possam usar o metrô, o ônibus ou um táxi para se locomover, a sensação nunca é a mesma de quando possuem e dirigem seus próprios carros. Veículos diferentes têm símbolos diferentes. Por exemplo, num estudo para a Chrysler, descobri que um *Jeep* simboliza um cavalo. Você pode ir a qualquer lugar porque não precisa de estradas — de repente, "o Oeste" está à sua espera para ser desbravado. Portanto, a Chrysler não vende apenas um veículo; vende a liberdade de ir a qualquer parte. Se uma concessionária Jeep disser: "Compre um Jeep porque ele não gasta muita gasolina e tem boa suspensão", as pessoas dirão: "Isso é bom." Mas, se a concessionária disser: "Compre um Jeep para poder ir a qualquer parte", de repente o argumento torna-se muito mais poderoso. Em grande parte, as pessoas compram Jeeps por causa do seu valor simbólico.

Da mesma forma, por que comprar *carros esporte* que fazem 200 quilômetros por hora se o limite de velocidade é de 100 quilômetros por hora? Os entusiastas de carros esporte podem dizer que precisam de toda essa velocidade para ultrapassar outros carros, mas o verdadeiro motivo não é racional, é emocional. O carro esporte simboliza poder.

As pessoas compram *veículos utilitários-esporte* e *vans* porque estão ao mesmo tempo comprando a liberdade de fazer as malas, pôr a bordo seus cachorros, pegar as crianças e ir-se embora. Mesmo os recursos de uma van podem ser simbólicos. Por exemplo, quando um fabricante de vans resolveu incluir um console no espaço entre os dois assentos dianteiros, a van deixou de vender bem. Por quê? O espaço permitia aos proprietários do carro mudar de lugar, indo para os assentos traseiros. Com o console entre os assentos, as pessoas precisavam parar a van, sair, andar até a parte de trás e abrir a porta. Quando os pioneiros cruzavam o oeste selvagem em vagões, eles não precisavam parar os cavalos para ir até a parte de trás do vagão. O console interrompia a liberdade de movimento, quebrando o símbolo.

Usando o poder dos símbolos, a Chrysler, o banco MBNA, o IFIC e outras empresas forneceram produtos e serviços que comunicam-se eficazmente com consumidores e empregados, melhoram a vida deles e atendem às suas necessidades, incluindo as que se encontram no nível inconsciente. Repetindo: as pessoas compram produtos com base em emoções. Às vezes, essas emoções são tão profundas que não são percebidas. Produtos ou serviços deveriam ser imaginados como veículos para a venda de um símbolo. O símbolo é o que importa. Isso é algo difícil de aceitar para a maior parte dos engenheiros, analistas e cientistas, porque eles são movidos por dados brutos. As empresas deveriam usar o poder inconsciente e unificador do símbolo. Sua dimensão de valor agregado não pode ser duplicada. Se as empresas trouxerem a dimensão simbólica para seus relacionamentos com empregados, clientes, fornecedores e acionistas, esses relacionamentos terão muito mais valor, e as pessoas farão o melhor que puderem para se manter leais ao relacionamento e à empresa.

Simbiótico. Várias empresas trouxeram a dimensão simbólica da qualidade para seus relacionamentos com clientes, funcionários e outros envolvidos com a empresa com o propósito de melhorar a qualidade desses mesmos relacionamentos. O clímax dessa melhora é a simbiose. Esse princípio dos relacionamentos dinâmicos não existe apenas na natureza, entre as plantas e os animais, mas se aplica também entre os animais e os seres humanos, entre os seres humanos e os seres humanos, entre as empresas e as empresas e entre as empresas e o meio ambiente.

A simbiose, portanto, é a etapa seguinte da qualidade. Ela sugere que a essência de um relacionamento de qualidade é o espírito do benefício mútuo — ou, em outras palavras, tratar as pessoas (especialmente os clientes e empregados) como parceiros, como pessoas que vivem e trabalham no centro de uma teia de interações. Um relacionamento simbiótico traz harmonia e aprimoramento para todos os parceiros. Quando você atinge esse nível de qualidade em seus relacionamentos, a lealdade é o primeiro resultado.

Embora os relacionamentos simbióticos sejam comuns na natureza, eles são raros no mundo dos negócios. Ao vender produtos e serviços, as empresas estão vendendo um meio. O meio não é o fim, mas uma maneira de organizar os relacionamentos com seus clientes. Somente assim as empresas entenderão seu verdadeiro fim: vender o relacionamento.

Para perceber como vender o relacionamento pode criar lealdade (em contraste com vender apenas um produto ou serviço), considere o seguinte exemplo. Em vez de negar o pedido de cartão de crédito feito por uma adolescente, Judy, de 17 anos, um representante do banco The Neighborly Bank decide descobrir por que ela deseja um cartão de crédito e conhecer seus planos para o futuro. Ele diz a Judy: "Se eu lhe der um cartão de crédito agora, posso destruir a sua vida, trazendo-lhe dívidas. Deixe-me ajudá-la a chegar no ponto em que estarei tranqüilo para dar a você este cartão de crédito." Ele então dá à menina guias e folhetos sobre como usar cartões de crédito devidamente. Ou seja, em vez de dizer "não" ao pedido inicial de Judy, o banco The Neighborly Bank disse "ainda não", porque queria estabelecer um relacionamento de qualidade que beneficiasse a ambos. O banco foi exigente, mas também atencioso. Dizer "não" para um cliente em potencial é algo que provavelmente irá impedir interações futuras — mas dizendo "ainda não", de maneira atenciosa, você estabelece um vínculo de lealdade com essa pessoa.

Uma das maneiras de ter relacionamentos simbióticos com clientes é desenvolver relacionamentos simbióticos com outras empresas. Dado que nenhuma empresa pode fornecer tudo para todo o mundo, as empresas precisam pensar em termos de combinações de serviços. No mercado de turismo, por exemplo, companhias aéreas, hotéis, locadoras de automóveis e restaurantes precisam todos uns dos outros. Para o cliente, é como se fosse um mesmo negócio, e por isso essas empresas deveriam promover-se umas às outras. Outro exemplo é o possível relacionamento simbiótico entre montadoras de automóveis, empresas petrolíferas e seguradoras. Na experiência de dirigir, os consumidores precisam de seguros para proteger-se e a seus carros novos, além de gasolina para fazer funcionar seus carros. Deveria haver um relacionamento simbiótico entre essas empresas.

Quando você tem um relacionamento simbiótico, as partes compõem um mesmo sistema. Na simbiose, cada parte do relacionamento é uma entidade respeitada e independente. No entanto, cada duas partes formam um relacionamento mutuamente benéfico.

Se nossa atenção está voltada para a qualidade do produto, ou para "zero defeitos", porque os consumidores procuram o melhor benefício pelo mesmo custo, eles trocarão de fornecedor sem hesitar se encontrarem um negócio melhor na próxima esquina. Isso significa que a lealdade está morta? Não: o código para a lealdade é "qualidade do relacionamento". Os consumidores não estão satisfeitos com a busca incessante pelo melhor negócio ou pelo melhor preço. Eles querem uma parceria real.

O que aconteceu com a Saturn é um bom exemplo de como dar prioridade aos relacionamentos pode provocar uma virada nos negócios. Quando você entra numa concessionária Saturn, a primeira coisa que os vendedores fazem é fornecer a você os preços dos concorrentes. Como sabem que você irá querer essa informação, eles a pesquisam para você. Em segundo lugar, os preços das concessionárias são tabelados. A mensagem transmitida é: "Não estamos tentando 'capturar' você. Queremos formar um relacionamento de confiança elevada." Isso não é fácil nos Estados Unidos, onde as concessionárias têm baixa credibilidade. Em terceiro lugar, os clientes da Saturn formam um "clube". A concessionária irá convidar você para um evento onde poderá encontrar outros proprietários de carros Saturn, fazer perguntas, obter dicas de manutenção e fazer amigos. É claro que a Saturn produz bons carros, mas o sucesso da empresa se explica pela importância que dá à qualidade dos relacionamentos — uma iniciativa que todos os envolvidos com administração e marketing precisam tomar se quiserem ter sucesso.

As pessoas querem relacionamentos mutuamente benéficos com as empresas nas quais confiam. A qualidade do relacionamento transforma os três "P" nos quatro "S", e a lealdade é o resultado. De fato, os consumidores estão dizendo: "Dê-me aquilo que estou procurando — as dimensões simbólica, sistêmica e sinérgica de um relacionamento simbiótico — e eu ajudarei você a sobreviver." Nesse relacionamento, uma empresa pode cometer um erro, ser rude algumas vezes ou fornecer um produto ou serviço que não seja perfeito, desde que lide com o problema rapidamente e corretamente.

As empresas precisam parar de tratar os clientes como crianças mimadas. Eles não são crianças; são adultos que entendem suas responsabilidades no relacionamento. Eles querem uma ação atenciosa e exigente em ambos os lados do relacionamento. Eles querem o valor agregado de um relacionamento de qualidade com as pessoas que estão por trás do produto ou serviço. Isso não é lealdade de marcas, de produtos ou de serviços; é lealdade com os funcionários e com o símbolo por trás do produto ou serviço. Muitas empresas acreditam que os clientes são leais a uma marca ou um produto, mas as pessoas não compram somente produtos. Elas compram relacionamentos, porque há pessoas por trás dos produtos.

Características dos relacionamentos de qualidade

Num relacionamento de qualidade encontram-se presentes quatro elementos: alguém com quem você pode contar, comunicação face a face, liberdade de expressão e envolvimento direto.

A QUALIDADE DO RELACIONAMENTO **57**

Alguém com quem você pode contar. Um relacionamento de qualidade é aquele em que os clientes e funcionários sempre podem contar com a empresa, aqui e agora. Um relacionamento de qualidade fala à lógica da emoção de clientes e funcionários, não ao intelecto. Por esse motivo, a lealdade não é dinheiro, números, negócios, milhagem extra ou cupons de desconto. A lealdade é um sentimento profundo de estar num relacionamento simbiótico, de estar no mesmo sistema. É o sentimento de que ambas as partes vão crescer juntas, num relacionamento sistêmico, sinérgico e simbólico.

Comunicação face a face. Que tipo de comunicação você tem na sua empresa? Ela é uma empresa de memorandos, uma empresa eletrônica ou uma empresa face a face? Se um funcionário de uma empresa de memorandos descobre um incêndio no prédio, o que ele faz é escrever três memorandos: um para sua referência própria, um para seu chefe e um para a empresa. No tempo transcorrido até que o memorando seja entregue, o prédio já terá desabado. Mas o funcionário está seguro, porque cumpriu com sua obrigação e distribuiu o memorando — e tem uma cópia em seu arquivo pessoal como prova. Se um empregado da empresa eletrônica descobre um incêndio no prédio, ele telefona para seu chefe. Quem atende é a secretária eletrônica, e ele deixa uma mensagem. O chefe não volta a tempo e o prédio desaba. Mas o funcionário está seguro, porque deu o telefonema e deixou uma mensagem. Se um empregado da empresa face a face descobre um incêndio no prédio, ele toma uma atitude imediatamente para resolver o problema. Ele informa rapidamente seus colegas e seu chefe a respeito do incêndio e dá instruções de como proceder. O prédio é salvo da destruição.

As empresas lidam diariamente com "incêndios" — por exemplo, reclamações de clientes. Certa vez, trabalhei numa empresa que se preocupava com as reclamações dos clientes. Por isso, havia um processo que se deveria seguir para lidar com elas. As cartas com reclamações eram encaminhadas à pessoa responsável. A cada seis meses, o presidente recebia um memorando que informava o número de reclamações recebidas. Quando perguntei ao presidente o que achava do processo, ele disse: "É um bom processo, porque os números estão caindo." Então, pedi a ele que encontrasse seus clientes insatisfeitos face a face para entender melhor seus problemas. Ele respondeu: "Você não está entendendo. Eu sou o presidente. Não tenho tempo para isso." Assim, propus que ele falasse apenas com os clientes insatisfeitos que telefonassem para a empresa. Ele concordou em fazer isso por trinta minutos. O primeiro cliente com quem o presidente falou estava muito chateado com o produto que comprara. O presidente ficou em estado de choque. Dois minutos depois, ele recebeu outra ligação de um comprador com o mesmo problema. Cinco minutos depois, ele convocou uma reunião da diretoria em caráter de emergência, e exigiu saber o que se passava. "Mas, sr. presidente", respondeu um dos diretores, "o senhor já tinha todas essas informações nos memorandos."

Liberdade de expressão. Estamos constantemente sob pressão. Nossa resposta a ela — mediante expressão ou repressão — é influenciada em grande medida pelo ambiente. No mundo dos negócios, por exemplo, a opção escolhida é quase sempre a da repressão. Você não deve dizer o que quer; deve controlar-se e comportar-se de maneira profissional. Mas as pessoas que não se expressam tornam-se deprimidas, ou então podem acabar expressando-se de forma violenta. Portanto, quanto maior a repressão imposta pelo ambiente, maiores são a depressão e a violência que ele induz. Num relacionamento de qualidade, há mais espaço para que as pessoas se expressem. Quanto mais as empresas reprimem a liberdade de expressão, mais os clientes e funcionários se tornam deprimidos ou violentos. É melhor que os clientes e funcionários insatisfeitos expressem sua insatisfação, pois dessa forma a energia negativa é liberada. Essa energia negativa pode, contudo, ser transformada em energia positiva — e até mesmo em lealdade.

Não há nada de errado em expressar sentimentos negativos. Quando são expressos, eles podem ser resolvidos. O verdadeiro problema é quando as pessoas não expressam seus sentimentos negativos. Essa repressão pode destruir as pessoas ou fazê-las recorrer à violência. As empresas não deveriam ter medo ao receber energia negativa de seus funcionários ou clientes. A maneira como as empresas reagem ou lidam com essa energia irá determinar se o resultado será destrutivo ou produtivo.

Envolvimento direto. Envolvimento significa risco, mas também oportunidade de ser criativo. Quando duas pessoas se juntam, existe um risco: o risco de que briguem e que alguém seja morto. Mas também há a chance de procriar — ou seja, de ser criativo. Portanto, existem a vida e a morte; esse é o maior risco da biologia. A idéia do relacionamento de qualidade é que, obviamente, haverá mais riscos, mas também haverá mais produtividade e criatividade. Aumentando o tempo e o espaço, há menos risco, mas há também menos produtividade e criatividade. Por exemplo, muitas empresas têm um sistema de recompensas que bonifica os funcionários a cada seis meses, ou então anualmente. Mas como os empregados podem aprender comportamentos adequados se o retorno lhes é dado apenas seis meses depois? A única maneira de influenciar o comportamento é fornecendo retorno imediato. Se entrarem na dimensão do "aqui e agora", as empresas poderão melhorar seu desempenho de maneiras incríveis, bem como a qualidade do relacionamento com funcionários, acionistas e clientes.

As empresas precisam mudar: do destaque aos elementos — produtos, processos e pessoas — para o destaque aos relacionamentos entre esses elementos. As empresas precisam perceber que estabelecer relacionamentos com seus clientes e funcionários é mais importante que aperfeiçoar produtos, serviços e processos. Se elas se importarem com esses relacionamentos, poderão gerar lealdade.

CAPÍTULO 2

A Tecnologia não Muda a Estrutura

Bancos-mãe, bancos-pai e caixas automáticos.

Um dos temores enfrentados por muitas organizações é o modo como a introdução de uma nova tecnologia pode afetar seu relacionamento com os clientes. Neste capítulo, exploro essa questão usando um estudo que realizei para o Security Pacific Bank na ocasião em que estavam sendo introduzidos os caixas automáticos. O banco queria saber como seus negócios seriam alterados pelas novas máquinas: os clientes as aceitariam ou se voltariam para um concorrente que ainda fizesse as coisas à moda antiga?

Um grupo de gerentes predisse que os caixas automáticos iriam substituir as agências do banco e que no futuro tudo seria feito por máquinas; as pessoas simplesmente não iriam mais ao banco. Para eles, o caixa automático era a nova definição de agência. Já que o banco havia crescido pela colocação de uma agência em cada quarteirão e por dizer aos clientes (por meio da propaganda) que a conveniência era o mais importante ao escolher um banco, eles acreditavam que o mesmo deveria ser feito com os caixas automáticos: colocar um em cada quarteirão. É claro que esse grupo de gerentes queria que as máquinas fossem de propriedade do seu banco, que fossem utilizadas somente pelos seus clientes e que exibissem muito visivelmente o nome, as cores e a marca do Security Pacific Bank.

Outro grupo de gerentes, no entanto, preocupava-se que o fator humano fosse perdido e que as pessoas, especialmente os idosos, que costumam ter muito dinheiro, pudessem não confiar nas máquinas. A opinião desses gerentes era a de que as pessoas queriam ser chamadas pelo nome, ver rostos amigáveis e ter interações humanas.

A TECNOLOGIA NÃO MUDA A ESTRUTURA **61**

Algumas das questões enfrentadas pelo banco eram: O que é um banco nos Estados Unidos? Qual é o arquétipo de um banco? Qual é o futuro das agências? Qual será a aceitação dos caixas automáticos?

O campo de estudos era fascinante. Levar os participantes de volta às suas primeiras experiências com um banco trouxe memórias poderosas. Uma mulher de 45 anos, moradora de San Diego, nos contou: "Lembro-me que tinha 3 anos de idade, e mamãe levou-me com ela ao banco. Lembro-me do cheiro do piso de mármore, das colunas, do teto alto, do silêncio. Era como ir à igreja. Na época, pensei que se tratasse de um tipo diferente de igreja."

Um homem de Los Angeles, de 40 anos, disse: "Fiquei orgulhoso ao perceber que a atendente no caixa sabia o nome de minha mãe e falou educadamente com ela, mas não consegui ver seu rosto, porque eu era muito pequeno."

Um homem de 60 anos, morador de San Francisco, recordou-se: "Certo dia, minha mãe me disse que retirasse o dinheiro do meu cofrinho e fosse com ela ao banco porque abriríamos uma conta para mim. Quando chegamos, ela me apresentou ao presidente (na verdade, era o gerente da agência). Era uma agência bem pequena, mas para mim, naquele momento, era como se fosse a Casa Branca. Eu disse a ele que havia economizado US$ 2 e que gostaria de abrir uma conta. Fomos a um dos caixas. Deram-me um livrinho. Pela primeira vez na vida, precisei assinar meu nome num documento oficial. Eu estava muito orgulhoso e me sentia muito adulto. Tive vontade de ter guardado mais dinheiro. Peguei o livrinho, coloquei-o sob meu travesseiro e fiquei tocando nele a noite toda. Algo acontecera comigo, e eu não sabia o que era. Mas eu estava diferente agora; disso eu sabia."

A análise dessas e de muitas outras histórias logo nos revelaram a lógica da emoção que havia sido fortemente marcada na infância: *o banco era um templo da identidade.* Para muitos americanos, o dinheiro funciona como um tipo de prova da sua identidade social, e por isso o banco é um lugar com que eles mantêm laços muito fortes. Para muitos, em alguma medida, a quantidade de dinheiro possuída é uma forma de avaliar como estão se saindo na vida em geral. Tradicionalmente, os banqueiros costumam fornecer os meios de avaliar essas identidades sociais. Na opinião de grande parte do mundo, você é o seu histórico de crédito. Se o banco disser que você não existe, então você não existe. Sem crédito, você não pode alugar um carro, hospedar-se num hotel ou comprar uma passagem aérea. Esse tipo de prova de que você existe não estará disponível a menos que o banco a forneça por você.

Se o sonho americano é ter um carro e uma casa, um estágio muito importante na busca pela identidade pessoal passa pelo banco. Portanto, se a missão de um banco é contribuir para a formação de nossa identidade, um caixa automático poderia desempenhar essa função? O uso de bancos está se tornando uma *commodity*, juntamente com tudo o mais que é feito por máquinas? Seguindo um esquema biológico, descobri que, assim como precisamos de um pai e uma mãe para existir, precisamos também de dois tipos diferentes de bancos para atingirmos a identidade social que almejamos: o "banco-mãe" e o "banco-pai".

O banco-mãe. Uma mãe irá sempre alimentar seu filho, não importa o comportamento que ele tenha. Um filho pode sempre contar com sua mãe. Ela é a base central de onde saímos para explorar o mundo e a segurança para onde voltamos quando estamos assustados ou perdidos. O aspecto maternal é um dos que fazem parte de um banco: uma entidade amorosa, atenciosa e não-julgadora, um lugar onde nossas necessidades básicas podem sempre ser satisfeitas. Essa descrição encaixa-se perfeitamente com o caixa automático; ele está sempre disponível e tem sempre algum dinheiro para você.

O banco-pai. Pais, por outro lado, são julgadores. Eles querem saber se você fez o seu dever de casa, por que chegou em casa tarde e quando você vai pagar os US$ 20 que pediu emprestado para a gasolina. Os pais, às vezes, dizem não. É por isso que as crianças sempre se dirigem à mamãe quando precisam de alguns dólares; elas falam com o papai somente se precisam de mais do que a mamãe pode oferecer. Ir ao banco para fazer seu primeiro empréstimo para a compra de um carro ou sua primeira hipoteca é como ir até o pai para pedir dinheiro. É uma iniciação, um ponto crucial na sua busca permanente por uma identidade especial. Esse é um ritual que exige uma cerimônia, documentos sagrados e uma platéia. Ao final da "cerimônia" ou ritual de receber sua primeira hipoteca, você se sente muito orgulhoso ao assinar seu nome naquele documento. Você é uma nova pessoa. De certa maneira, você tem uma nova vida.

Várias partes dessa história da vida bancária foram repetidas por vários participantes da pesquisa. Quando o banco respeita o ritual, ele cria uma lealdade para toda a vida, uma forte marca emocional que pode durar para sempre. Nenhuma outra instituição americana fornece tanta identidade social.

Caixas automáticos. Há uma diferença crucial entre o papel desempenhado pelo "banco-mãe" e pelo "banco-pai". O projeto de um banco deve sempre refletir ambos os elementos, com uma distinção clara entre o chão de mármore com uma jovem atendente atrás do balcão e o escritório de luxo, acarpetado, com um gerente de mais idade atrás da mesa. A incompreensão desse código levou alguns bancos a tentar prover todos os seus serviços numa atmosfera antiquada e paternal, que intimidava muitos clientes. Ou então, na direção oposta, alguns tentaram conceder os primeiros empréstimos aos clientes por correio, sem o ritual, a platéia ou a cerimônia. Essa abordagem, no entanto, não cria lealdade nem o sentimento de fazer parte de algo maior. Nenhuma dessas abordagens cria clientes que retornam. Portanto, era claro que o caixa automático não poderia substituir o "banco-pai", mas poderia fazer o papel de "banco-mãe", fornecendo acesso fácil, 24 horas por dia.

Alguns meses após a conclusão do meu estudo, uma empresa de serviços lançou uma rede de caixas automáticos para clientes de vários bancos da costa oeste americana. Esses bancos descobriram que, por terem separado corretamente seus aspectos "maternal" e "paternal" entre o caixa automático e a agência, mesmo depois que passaram a usar os caixas automáticos os clientes não mudavam suas contas para outros bancos. Portanto, muitos bancos já transferiram com sucesso seu aspecto "maternal" para os caixas automáticos.

Tecnologia avançada/contato avançado

Este é um ótimo exemplo de como a tecnologia não substitui a interação humana, mas a reorienta para o que realmente importa. Em sua melhor expressão, a "tecnologia avançada" significa um serviço pessoal mais profundo, mais forte e com mais significado. A abordagem do "supermercado financeiro" é um erro. Ao vender de tudo, em todo lugar e o tempo todo, os bancos perdem seu apelo simbólico ao processo americano de conquista da identidade pessoal. Em vez disso, tornam-se *commodities* em que as pessoas não confiam mais.

No entanto, se adotarem a abordagem certa, os bancos podem desempenhar um papel muito importante na cultura americana. De acordo com estudos arquetípicos, os bancos deveriam concentrar-se em sua missão geral, que gira em torno da identidade e da iniciação. Em particular, é importante um destaque especial para a primeira experiência, especialmente com crianças e adolescentes.

Cada banco deveria ter um "templo". Não é necessário que cada agência seja um "templo", mas todos os membros e empregados do banco deveriam estar familiarizados com o "templo", bem como com os ancestrais comuns que compartilham (ou seja, os fundadores do banco). O Banco Rotschild, para o qual trabalhei na França, entendia muito bem essa necessidade ritualística. Um retrato a óleo do fundador da dinastia do banco estava pendurado no *hall* de entrada de todas as agências.

A conclusão principal do meu estudo foi a seguinte: os caixas automáticos não deveriam substituir o "banco-pai", mas deveriam fazer o papel do "banco-mãe", estando tão facilmente acessível quanto um telefone. Os bancos não deveriam ser proprietários das máquinas (no sentido de que as máquinas não deveriam servir apenas aos clientes de determinado banco), e os caixas automáticos deveriam estar em todo lugar. Como resultado do meu estudo, as agências foram projetadas de acordo com o arquétipo de banco existente na cultura americana. As agências "banco-pai" são hoje ainda mais imponentes, com ambientes de couro-madeira-carpete. Concebi os programas de treinamento dos empregados do banco de acordo com isso, com treinamento especial de "banco-pai" no que diz respeito a empréstimos e relacionamento com os clientes.

Outra lição valiosa foi aprendida explorando-se a maneira como os bancos lidam com os erros cometidos. Quando o banco faz alguma afirmação incorreta, o cliente costuma ficar chateado. Ele telefona para o banco, precisa falar com um atendente após o outro, fica esperando na linha, e às vezes é obrigado a telefonar novamente, porque a ligação caiu. Já vimos clientes fecharem contas com valores da ordem de seis dígitos, às vezes contendo até mesmo milhões de dólares, e mudar de banco como resultado de um erro que envolvia menos de US$ 50, simplesmente por causa do tratamento que receberam.

Em resposta a esse tipo de problema, concebi um programa de treinamento especialmente para os funcionários que lidam com essas situações. O primeiro elemento do programa é ajudar os funcionários a perceber que uma reclamação não é um problema, mas uma grande oportunidade de ganhar a lealdade daquele cliente para toda a vida, se reconhecida a lógica emocional do cliente.

Nesse caso, a lógica da emoção é que, quando os clientes reclamam, estão experimentando uma emoção negativa — a qual, em vez de ser reprimida, precisa ser transformada numa emoção positiva. Em outras palavras, por meio da tomada de atitudes positivas, a energia emocional do cliente pode ser transformada para favorecer a empresa.

Quando testada, essa abordagem teve um impacto impressionante, tanto sobre os funcionários como sobre os clientes. Os funcionários sentiram que ganharam poder: sentiam que eram responsáveis pelo seu relacionamento com os clientes. Uma pesquisa entre os empregados mostrou uma pontuação muito elevada no que diz respeito à satisfação desses mesmos empregados. Além disso, numa pesquisa realizada depois de iniciado o programa, 95 por cento dos clientes que telefonaram para o banco de suas residências disseram que aquela tinha sido a melhor experiência que já tiveram com um banco.

Um programa e uma pesquisa semelhantes, criados para a General Motors, produziram resultados também semelhantes. Os clientes que não haviam feito reclamações para o banco deram pontuação média para a empresa, mas os que tinham passado por algum tipo de problema que fora resolvido deram pontuações mais altas para sua própria satisfação.

Portanto, aprendemos que a tecnologia não muda a estrutura e que a estrutura é a mensagem. Repetindo: as pessoas não compram produtos e serviços; elas investem em relacionamentos. A tecnologia não substitui a interação humana. Na melhor das hipóteses, as novas tecnologias resultam num serviço pessoal com mais significado.

Cada organização precisa saber como a introdução de uma nova tecnologia irá afetar o relacionamento com os clientes. Sugiro que o mesmo princípio descoberto no meu estudo sobre os bancos pode ser aplicado amplamente: seguindo um esquema biológico, percebemos que, da mesma forma que as crianças precisam de um pai e uma mãe para suprir as suas necessidades, os clientes podem exigir tanto um "pai" crítico, que algumas vezes diz "não" ou "ainda não" quanto uma "mãe" amorosa, atenciosa e cheia de cuidados, com quem sempre podemos contar quando precisamos. O bom uso da tecnologia pode ajudar a atingir esse objetivo de marketing.

CAPÍTULO 3

As 12 Leis da Comunicação Relacional

*A sobrevivência baseia-se
na comunicação criativa.*

Eu gostaria de propor que a comunicação moderna não é uma comunicação real. A comunicação real baseia-se na biologia: 1 + 1 = 3. Isso ocorre quando dois seres humanos de sexos opostos decidem combinar seus códigos genéticos por meio de uma comunicação, resultando numa terceira pessoa. Portanto, a comunicação real é um produto da interação direta de pessoa para pessoa.

Um meio é um filtro; por meio dele, a comunicação é incompleta ou parcial. Telefone, fax, TV e e-mail geram comunicação reduzida, empobrecida, com possíveis conseqüências negativas, como frustração, violência·e depressão.

O objetivo normal da comunicação mediada deveria ser conduzir à comunicação real e criativa, em vez de substituir a comunicação real. A comunicação mediada ou transmitida é, na realidade, uma comunicação empobrecida. A humanidade é a mensagem, não o meio. Marshall MacLuhan estava errado; a proliferação dos meios eletrônicos não irá transformar o planeta numa aldeia global, mas num hospital psiquiátrico global. Preferir a comunicação mediada à comunicação relacional real tornou-se uma tendência patológica da cultura eletrônica moderna.

A comunicação mediada reforça o isolamento e as tendências esquizofrênicas na sociedade. A retroalimentação puramente cibernética permite ajustes somente dentro do mesmo sistema, formando um tipo de círculo sem fim. A comunicação relacional (retroalimentação imediata + comunicação real), por outro lado, é a fonte da comunicação criativa. Esse tipo de comunicação não forma um círculo, mas uma espiral, permitindo escapar do sistema.

A vida real é aqui e agora; é entre as pessoas que a comunicação criativa pode acontecer. A comunicação relacional e criativa é necessária para o advento de uma sociedade comunicativa. Uma nova espécie de profissionais deve ser criada: os especialistas em comunicação social, relacional e criativa. A comunicação criativa será possível quando os meios retornarem a seu papel original de meios, não de fins — ou seja, de intermediários que permitem encontros humanos reais.

As 12 leis

As 12 leis da comunicação relacional a seguir são minha tentativa de criar uma lista de verificação que nos permita diagnosticar nossos estilos de comunicação. Quanto menos respeitarmos estas leis, mais empobrecida será nossa comunicação de marketing, e mais hostilidade e violência provocaremos em conseqüência.

Enfatizar o conteúdo da nossa comunicação de marketing equivale a uma distração (do latim *dis-trahere*, puxar para o lado, levar para outro caminho). O mais importante é a forma — a estrutura ou o sistema de comunicação.

As 12 leis a seguir foram planejadas para gerar a percepção de nossos sistemas inconscientes de comunicação e dos passos necessários para transformar nossa comunicação empobrecida numa comunicação real e criativa. Os profissionais de marketing, publicitários, assessores de imprensa, gerentes de vendas e jornalistas têm a responsabilidade de redefinir suas profissões. Há mais em jogo do que simplesmente vender produtos ou entreter as pessoas.

O mundo da comunicação mediada está passando por uma crise, pois as pessoas não acreditam mais na mídia. A televisão é percebida como grande estimuladora da violência. Quanto mais avançada se torna a tecnologia da comunicação, mais atrasado se torna o nosso sistema de educação. A "TV pai e mãe" realiza pessimamente o trabalho de ensinar tarefas e responsabilidades a nossas crianças.

O assunto em questão é de interesse especial para todos os que precisam comunicar-se profissionalmente. A comunicação criativa é crucial para os negócios; a ausência dela pode ter conseqüências catastróficas para nossas crianças e para nós mesmos. O que está errado com nossa abordagem da mídia e da comunicação, dos valores e da educação, do crescimento e da ambição, da informação e do entretenimento?

Estas 12 leis explicam e organizam o conceito da comunicação entre parceiros — entre indivíduos ou grupos, organizações ou mesmo nações.

As três leis da preparação

As primeiras três leis da comunicação relacional lidam com a preparação necessária para uma comunicação bidirecional que tenha significado.

1. O desejo de comunicar-se precisa ser manifestado por pelo menos uma das partes. Posso decidir enviar informações para alguém que nunca me pediu nada; normalmente, eu receberia uma taxa de respostas muito baixa. No entanto, se antes de tudo comunico meu desejo de me comunicar, introduzo a possibilidade de que a outra parte diga "sim", "não" ou "talvez". Em todo caso, ele ou ela já estarão em comunicação comigo a partir desse momento. Essa expressão de desejo inicial é um requisito para a conexão. Uma vez estabelecida a conexão, outras mensagens e informações podem ser enviadas. Muitas pessoas enviam informações sem antes ter estabelecido esse tipo de conexão, imaginando que o conteúdo da comunicação seja suficiente. Isso é o que chamo de "comunicação agressiva", e raramente funciona com muito sucesso.

2. Você não sabe se a comunicação foi estabelecida se não receber um retorno. O conteúdo desse retorno é irrelevante, contanto que ele exista, pois a recusa também é uma forma de comunicação. Assim, uma vez estabelecida a conexão, podem ocorrer comunicações posteriores, ainda que não passem de uma tentativa de fazer a outra pessoa mudar de idéia. Estabelecer qualquer tipo de comunicação é a prioridade.

3. A comunicação relacional exige o reconhecimento do outro como um parceiro integral (igual) que tem o direito de recusar a comunicação. Após um dia de trabalho duro, finalmente volto para casa para jantar com minha família, e o telefone toca. É novamente uma companhia telefônica tentando fazer com que eu mude minha operadora de longa distância. A conversa costuma ser mais ou menos assim:

"Boa noite, aqui é Fulana, da AT&T. Quem está falando é o senhor *Ratallo*, ou *Rapallo*? Não sei se o senhor sabia que pode economizar 25 por cento na sua conta telefônica. O senhor sabia disso?"

Em primeiro lugar, a Fulana não sabe direito qual é meu nome. Portanto, eu não sinto que minha identidade foi reconhecida. Segundo, quem é Fulana da AT&T? A esposa do CEO ou a faxineira? Terceiro, ela

AS 12 LEIS DA COMUNICAÇÃO RELACIONAL **69**

passa diretamente à mensagem que deseja transmitir, sem antes descobrir se quero me comunicar com ela. É claro que ela tenta atrair minha atenção fazendo uma pergunta sobre algo que deveria parecer bom para mim, pelo menos em tese, de maneira semelhante a um vendedor ambulante que enfia o pé na minha porta. Eu simplesmente odeio isso. Minha resposta costuma ser a seguinte: "Meu nome não é *Rapallo*, e este não é um bom momento para falar comigo. Por que você não tenta amanhã de manhã, no horário comercial? Obrigado!"

Quero ser reconhecido como um sujeito ativo, não apenas como um receptor ou um alvo das informações. Ser um "alvo" significa que deixo de ser um parceiro numa comunicação relacional e criativa e passo a ser algo como uma presa passiva. Dois parceiros que realmente se comunicam conhecem-se um ao outro e reconhecem suas respectivas identidades. Isso abre a porta para o envolvimento e o compromisso pessoal.

Portanto, um dos primeiros objetivos da comunicação não é transmitir informações, mas verificar e comprovar a identidade; depois disso, expressar o desejo de comunicar-se e dar à outra pessoa a oportunidade de aceitar ou rejeitar a comunicação.

As três leis da implicação

As três próximas leis da comunicação relacional dizem respeito às implicações e aos compromissos que precisam ser manifestados pelos participantes.

4. A comunicação relacional exige que cada parceiro use a linguagem da implicação e do compromisso, ao mesmo tempo que exclui as abstrações e as generalizações. Quando a AT&T me telefona, a pessoa que faz a ligação inevitavelmente usa uma linguagem cheia de abstrações e generalizações. A Fulana poderia ser qualquer pessoa; ela não me diz quem realmente é. Quando leio um diálogo entre a imprensa e o governo, ou a guerra entre os homens e as mulheres, percebo que estamos caindo na armadilha de usar uma linguagem desumanizadora. O perigo não é apenas o da generalização, mas também o do envolvimento indireto.

5. A comunicação criativa é, em si mesma, um evento imprevisível. O resultado da comunicação criativa e relacional é imprevisível, porque duas pessoas diferentes juntam-se nesse momento único para criar à medida que se comunicam. Essa criação só é possível no presente. Qualquer esforço de restringir a ação no passado, no presente ou no futuro é um esforço para transformar uma pessoa num objeto, para criar uma distância, para destruir o envolvimento e o compromisso necessários ao relacionamento. Pense na diferença de impacto que há entre assistir ao vivo à final de um campeonato e assistir a um *replay* no dia seguinte. Quando já sabemos o resultado ficamos menos envolvidos, e nosso entusiasmo é menor.

6. *A comunicação criativa representa uma situação de alto risco para ambos os parceiros.* Afirmar-se como indivíduo envolve mais risco do que pertencer a um grupo; da mesma forma, o presente é mais arriscado que o passado ou o futuro. O envolvimento e o compromisso pessoais são proporcionais ao risco assumido por cada parceiro num relacionamento.

As três leis da identidade

As três leis seguintes lidam com a identidade e a honestidade — transparência total.

7. *A identidade de cada parceiro precisa ser especificada antes do início do relacionamento e explorada em maior profundidade ao longo do relacionamento.* Se eu estiver doente, posso precisar consultar um médico. Ao chegar ao consultório, declaro minha identidade. Ao falar com o médico, digo a ele onde dói. Além disso, quero ter certeza de estar falando com o tipo certo de médico. Se estou explicando meu problema cardíaco a um urologista, é provável que eu esteja no lugar errado. Portanto, antes que possa ser formado um relacionamento, precisamos ter certeza de nossas respectivas identidades — que tipo de paciente eu sou, que tipo de médico ele é, e se a combinação é correta.

8. *O objetivo de cada parceiro precisa ser claro e exposto abertamente ao outro.* O objetivo de um médico é ganhar dinheiro curando as pessoas. O objetivo de uma empresa é ter lucro. Quando os objetivos não ficam claros, as coisas ficam confusas e, às vezes, destrutivas. As pessoas nem sempre têm consciência do que estão buscando, ou do que outras pessoas estão buscando. Esclarecer os objetivos é uma parte crucial de todo relacionamento criativo. Devido à natureza criativa dos relacionamentos, é também importante reconhecer que os objetivos podem mudar ao longo do caminho.

9. *Cada parceiro deve ser informado pelo outro de todas as mudanças ou transformações nas identidades ou nos objetivos ocorridas durante um relacionamento — principalmente se a mudança é uma conseqüência da própria criatividade do relacionamento.* Se estou doente e sinto dor, quero que isso mude. Se minhas costas doem e o médico as manipula de modo a fazer com que parem de doer, preciso dizer isso a ele. Minha identidade mudou: estou bem agora. Na maior parte das vezes, no entanto, o único retorno que o médico irá receber é que deixarei de aparecer no seu consultório. Ele não saberá se isso acontece porque fiquei curado ou porque estou morto, ou então porque fui a outro médico.

As três leis relativas ao ambiente

As últimas três leis da comunicação relacional dizem respeito aos fatores ambientais.

10. O relacionamento criativo não pode ser separado do ambiente em que ocorre a comunicação. É impossível isolar uma comunicação de seu ambiente. Somos uma estrutura dentro de uma estrutura dentro de outra estrutura. Falar com uma atriz depois de uma peça não é a mesma coisa que fazer isso enquanto ela está no palco, representando. Embora esse exemplo seja óbvio, na maior parte do tempo não estamos conscientes das mudanças mais sutis no ambiente à nossa volta. Por exemplo, falar sobre estatísticas de divórcio com alguém que acaba de sair de um mau casamento pode evocar memórias dolorosas.

11. A comunicação criativa pode ser amplificada por um campo de apoio, reduzida por um campo contrário ou simplesmente recebida num campo neutro. Se um turista é assassinado na Flórida, o impacto desse evento depende do campo. Se é o vigésimo assassinato ocorrido com um turista em férias nos últimos seis meses, o impacto sobre o turismo da região será dramático. Se é um caso isolado, o impacto será diferente. Se estamos no meio de um incêndio e eu lhe digo onde fica a saída de emergência, você prestará atenção. Mas se não há sinal de fogo e você está assistindo ao noticiário na TV, a chance de que eu atraia a sua atenção é muito pequena. Na comunicação criativa, o senso de oportunidade é tudo. Em outras palavras, um campo positivo é necessário para a comunicação bem-sucedida; um campo neutro não é suficiente, e um campo negativo pode até mesmo ser perigoso. Portanto, é fundamental identificar a natureza do campo.

12. Um campo pode ser completo ou incompleto. Um campo incompleto pede uma comunicação que complete sua estrutura. A situação é semelhante a um desequilíbrio biológico. Algum elemento está faltando — por exemplo, o açúcar no sangue — e sentimos necessidade de comer. Da mesma forma, um campo parcial exige ser completo; os negócios não-terminados podem nos assombrar para sempre.

Comunicação mediada

Quando usamos uma mídia para nos comunicarmos com outras pessoas, precisamos conhecer a natureza dessa mídia e de que modo ela altera a comunicação. Todas as mídias têm seus próprios arquétipos. Além de descobrir os arquétipos de diversos produtos, serviços e conceitos, descobri também os arquétipos de várias mídias.

Cada mídia é como uma cor. O que obtemos ao final de uma comunicação é a cor da mensagem somada à cor da mídia. Suponhamos que a cor da TV é vermelha e a cor do rádio é azul. Se transmitirmos a mesma mensagem amarela pela TV e pelo rádio, obviamente não podemos esperar o mesmo resultado. Ao fim, teremos laranja na TV (amarelo + vermelho) e verde no rádio (amarelo + azul). Se a mensagem for azul e a comunicação for feita via rádio (amarelo), o resultado será verde. Se, em vez disso, a mensagem for enviada pela TV (vermelho), o resultado será roxo. As implicações disso são claras. As mensagens "azuis" que você transmite para seus clientes em potencial tornaram-se verdes ou roxas. As duas mensagens resultantes, ambas diferentes da mensagem "azul" original, podem ainda ser conflitantes ou contraditórias. O resultado é que as pessoas não comprarão o produto. Aqueles que acreditam poder transmitir a mesma mensagem usando várias mídias não entendem as identidades básicas das mídias que utilizam.

Por meio das pesquisas arquetípicas, descobrimos que o momento em que cada mídia deixa sua marca é muito diferente, criando assim uma diferente lógica da emoção para cada uma. As mídias são transportadores de mensagens, e mídias diferentes são apropriadas para mensagens diferentes.

O rádio foi a primeira mídia a marcar a vida das pessoas. Quando crianças, muitos ouviam o rádio na cozinha, enquanto a mãe preparava a comida ou os alimentavam. Assim, o rádio é a mais dramática de todas as mídias estudadas. O rádio costuma ser ao vivo, e por isso muito imediato, o que ajuda a explicar por que muitas pessoas cometeram suicídio quando Orson Welles anunciou no rádio que os marcianos estavam chegando. O rádio está associado ao drama (eventos atuais) e sua exigência de atenção é baixa. É geralmente uma atividade secundária, que se ouve enquanto se faz alguma outra coisa.

A televisão costuma ser um acontecimento familiar, em que pais e filhos reúnem-se para assistir a um programa. Se o rádio estimula a imaginação e a visualização interior, a televisão é imagem. As pessoas poderão continuar assistindo mesmo que o som esteja desligado, mas não continuarão ouvindo se a imagem desaparecer. A marca deixada pela televisão está associada a emoção, drama e sensualidade, mas também à fruição de uma experiência coletiva: uma criança que experimenta algo na companhia de seus pais. Assim como acontece com o rádio, o fator de credibilidade da TV é muito mais baixo que o de um jornal. As agências de publicidade utilizam esses resultados intencionalmente para orientar suas campanhas de modo a serem mais eficazes.

O jornal significa exclusão, em contraste com a TV, que está associada à integração circular. O papai está lendo e quer ser deixado em paz. Já que ele representa autoridade, a criança precisa esperar. A marca deixada pelos jornais é muito diferente, e ocorre mais tarde na vida da criança. Compreensivelmente, o fator de credibilidade do jornal é alto, se comparado ao do rádio ou da televisão.

Revistas. A marca deixada pelas revistas ocorre mais tardiamente ainda. Está ligada à privacidade, à necessidade de estar sozinho e saborear seu conteúdo. As revistas também estão associadas ao refinamento e ao narcisismo. As revistas permitem que essas sensações sejam experimentadas repetidas vezes, pois são deixadas espalhadas pela casa, para serem lidas quando há tempo livre, e por isso têm uma vida útil relativamente longa.

Outdoors. Conhecer este arquétipo explica o sucesso do homem dos cigarros Marlboro. Os *outdoors* podem ter um impacto imediato e emocional.

Filmes. Em parte alguma os arquétipos culturais americanos alcançaram tanta importância quanto em Hollywood, Califórnia. Aqui, vemos arquétipos como o do pobre-coitado, o do pregador, o do caubói solitário, o da pessoa que mora numa região desabitada, o da pessoa que passa de mendigo a milionário e o da amante. Os filmes americanos são repletos desses arquétipos culturais constantemente repetidos e identificáveis. Eles exemplificam de forma tão vívida o comportamento americano e as "estradas mentais" americanas que é difícil saber quem veio primeiro — os filmes ou os mitos. Hollywood também ilustra a quintessência do prazer americano ao criar heróis somente para destruí-los. Nos Estados Unidos em geral, assim como em Hollywood, os "rituais de sucesso" não podem escapar dos "rituais de humilhação". Nos filmes, magnatas passam do poder e riqueza extremos para a obscuridade miserável. Da mesma forma, nos Estados Unidos em geral, as sagas de Jimmy Swaggart e Jim Bakker, juntamente com os altos e baixos de Donald Trump, correspondem a uma marca poderosamente forte relacionada ao dinheiro: este é algo que não serve para a satisfação, mas para a acumulação. É mais louvável ter juntado e perdido uma fortuna muitas vezes do que não ter tentado nada — uma visão muito americana refletida em inúmeros filmes. Conhecer esse arquétipo presente no cinema explica o sucesso do filme "Titanic".

A Internet. Para decifrar o código da Internet, precisamos primeiro entender a essência do que dizemos por "usar a Internet". O processo de descoberta da Internet revela como a Internet deixa sua marca, qual é seu código e sua lógica da emoção, e como o código e a lógica da emoção deveriam ser aplicados quando usados para comunicar mensagens. O produto, serviço ou conceito que você quer oferecer é compatível com o arquétipo da Internet? Quais são as suas chances de sucesso ao usar essa mídia? Como a sua comunicação deveria ser adaptada para adequar-se ao arquétipo da Internet?

O desafio é entender a estrutura subjacente que criaria a plataforma necessária para ser bem-sucedido na prática do marketing na Internet. Para ter sucesso, precisamos entender o sistema referencial que já se encontra impresso na mente das pessoas e que é relevante para o caso em questão.

Nos últimos cinco anos, a Internet surgiu como mídia importante para empresas e consumidores. Nesse período, ela cresceu até chegar a 30 por cento de todas as residências, o que faz dela a mídia de maior crescimento na história. O crescimento rápido irá continuar à medida que uma quantidade incontável de empresas passa a aproveitar a base de milhões de consumidores já conectados. Apenas nos últimos doze meses, foram registrados mais de US$ 100 bilhões em transações conduzidas pela Internet, abarcando desde hardware e software até livros e CDs. Até recentemente, os consumidores ficavam desconfiados ao transmitir informações importantes pela Rede. Isso diminuiu o crescimento do comércio eletrônico, mas o sucesso de operações como Amazon.com, Dell Computers, Cisco Systems e Barnes & Noble indica que as atitudes estão mudando. Essas empresas, que já negociam milhões de dólares diariamente, estão fornecendo uma evidência clara de que o consumidor vê a Internet como uma plataforma para o comércio.

Como resultado, muitas empresas irão acrescentar recursos de *e-commerce* a seus *sites* nos próximos anos. Hoje, a maior parte das empresas Fortune 500 têm *sites* na Internet, mas apenas 15 por cento oferecem recursos transacionais. A maioria delas tenta pôr em prática o que já aprendeu a respeito de seus clientes por meio das mídias tradicionais, ainda que a Internet tenha sua própria cultura e características distintas. Novamente, aprender que tipos de arquétipos estão associados à Rede será a única maneira bem-sucedida de abordar a propaganda *online*.

As ferramentas de comunicação eletrônica podem mudar a maneira como as pessoas se comunicam, mas *não mudarão* a natureza da comunicação interpessoal. Quando há algum filtro na comunicação (como um telefone ou um computador), a comunicação nunca é completa. Se você não vê ou ouve a outra pessoa, você perde inflexões de voz e expressões faciais. Embora haja menos risco na comunicação mediada, a comunicação é mais pobre e há também menos diversão, menos produtividade, menos criatividade e menos qualidade no relacionamento.

A comunicação mediada com clientes e funcionários levará à frustração, insatisfação e possivelmente agressão. A comunicação face a face alivia a frustração e satisfaz a necessidade humana de interagirmos uns com os outros. Muitos administradores de empresas já me disseram: "Agora que temos teleconferência e e-mail, não precisamos mais viajar para nos encontrarmos com os clientes." Essas pessoas não compreendem a finalidade da comunicação mediada: ajudar a estabelecer a qualidade da comunicação. Sua finalidade não é substituir a comunicação face a face. Uma boa parte do trabalho pode ser feita pelo telefone ou pelo computador antes que duas pessoas se encontrem ao vivo — aumentando assim a qualidade do relacionamento quando ambos se encontrarem. A distância deixou de ser um problema. As pessoas podem entrar em contato umas com as outras de uma ponta a outra do país ou do mundo.

Em vez da nova tecnologia substituir os relacionamentos de qualidade, ela nos liberta para buscá-los. Podemos ser mais seletivos em nossos relacionamentos. Não temos mais álibis ou desculpas para não ter relacionamentos de qualidade. Podemos usar a tecnologia para melhorar nossos relacionamentos. Por exemplo, os hotéis Ritz-Carlton usam computadores para armazenar informações sobre os clientes, como os horários em que pedem para ser acordados ou que jornais gostam de ler. Os funcionários usam essas informações para ter relacionamentos pessoais e diretos com seus clientes logo de início. A tecnologia muda a cada dia, mas a lealdade existe há séculos. Construir uma empresa em torno da tecnologia é difícil. Construir uma empresa com base na lealdade e usando a tecnologia para atingir esse objetivo é a maneira certa de proceder.

Repetindo: quanto mais observarmos essas 12 leis da comunicação relacional, mais eficaz será nossa comunicação com todos os envolvidos com a empresa, especialmente a comunicação de marketing com nossos clientes.

CAPÍTULO 4

Arquetipologia:
o Estudo dos Relacionamentos

"Não acredito em coisas, acredito em relacionamentos." — George Braque

Embora se possa pensar que a arquetipologia — o estudo dos relacionamentos — tem pouca relação com vendas e marketing, eu diria que ela é a essência do marketing. A arquetipologia estuda os relacionamentos, enxergando-os como forças de uma cultura e como o sistema ou estrutura que organiza essas forças, transformando-as no campo de tensões necessário à sobrevivência da cultura. A arquetipologia não estuda as notas musicais, mas o espaço entre as notas; não estuda o vocabulário, mas a gramática e a sintaxe que organiza as palavras.

Homens e mulheres são "animais lingüísticos". Nosso contato com o mundo se caracteriza por operações estruturadoras e diferenciadoras, as quais se manifestam mais claramente na linguagem. Organizamos coisas em sistemas por meio dos quais o significado pode ser transmitido. A arquetipologia busca um sistema subjacente, e não as causas individuais. Dessa forma, ela possibilita um entendimento mais completo da experiência humana. Os objetos, por sua vez, são definidos a partir de seus relacionamentos uns com os outros.

Se a linguagem é um sistema de sinais e convenções, a união entre formas e idéias, podemos dizer que o objeto de estudo da arquetipologia cultural é a evolução do relacionamento entre a necessidade biológica e as forças culturais que atendem a essa necessidade. Estou interessado nas formas assumidas por essas forças e nas tensões que elas criam. Essas formas são o que chamamos de arquétipos culturais.

A necessidade biológica de sobrevivência é o elemento central da cultura. Se as culturas não satisfizerem adequadamente essa necessidade biológica, irão desaparecer.

Cada cultura não apenas percebe o mundo de uma maneira diferente, mas também articula e organiza o mundo de uma maneira diferente. O que as culturas e suas linguagens fazem não é simplesmente nomear categorias preexistentes, mas articular as suas próprias categorias num sistema de relacionamentos. Esse sistema dá significado às categorias; cada categoria pode ser compreendida somente mediante seu relacionamento com outras.

Não podemos entender o que significa a palavra "mulher" em determinada cultura sem antes entender os relacionamentos das mulheres com outras categorias culturais, como "homem", "filhos", "trabalho", "lar", "violência" e "minoria", para citar apenas alguns exemplos. Todas essas categorias podem ser entendidas apenas se colocadas dentro de um sistema que inclua todas as outras. O trabalho não pode ser entendido sem antes estudarmos a sua relação com dinheiro, realização pessoal, família, lar e impostos. Não podemos tratar o signo linguístico como uma entidade autônoma; ao contrário, devemos vê-lo como parte de um sistema.

Na linguística, por exemplo, não podemos entender o que significa a palavra francesa *fleuve* sem antes entendermos como é distinta do termo *rivière* e como se relaciona com ele. Poderíamos traduzi-las respectivamente por "corrente" e "rio". No entanto, o conceito envolvido é diferente em português e em francês. Uma "corrente" difere de um "rio" apenas em tamanho, ao passo que uma *fleuve* difere de um *rivière* não por ser necessariamente menor, mas porque deságua no mar, coisa que um *rivière* não faz. A relação entre *fleuve* e *rivière*, em francês, representa um conceito diferente da relação entre "corrente" e "rio", em português. Portanto, não podemos explicar o conceito francês de *rivière* sem fazermos referência a uma *fleuve*.

Um sistema de forças é também feito de unidades menores cujos valores dependem de seus relacionamentos umas com as outras. A característica mais precisa de cada unidade é ser o que as outras não são. Por exemplo, no jogo de xadrez, as unidades básicas são o rei, a rainha, a torre, o cavalo, o bispo e o peão. O formato das peças e sua forma material não têm importância. O rei pode ter qualquer tamanho ou forma, contanto que possamos distingui-lo das demais peças. Além disso, as duas torres não precisam ser idênticas no tamanho e na forma,

ARQUETIPOLOGIA: O ESTUDO DOS RELACIONAMENTOS **79**

contanto que possam ser distinguidas das demais peças. Se perdermos uma das peças de um tabuleiro de xadrez, podemos substituí-la por qualquer outro objeto, desde que esse objeto não possa ser confundido com os que representam peças de valores diferentes.

Da mesma maneira, num sistema cultural há apenas as diferenças e os relacionamentos entre os elementos ou unidades. É por isso que uma cultura é independente dos indivíduos que a compõem.

Cada elemento só pode ser definido por sua posição no sistema, e representa ao mesmo tempo todo o sistema que deu a ele sua identidade. As pessoas que não bebem café nos dizem muita coisa sobre as que bebem café; os homens nos dizem muita coisa sobre as mulheres, os filhos sobre os pais e vice-versa.

As forças e os arquétipos culturais são formas, e não substâncias. São definidos pelos relacionamentos que mantêm com outras forças dentro do sistema cultural que deu a eles suas identidades.

Os arquétipos são aquilo que é assimilado quando aprendemos uma cultura — um conjunto de formas ou práticas que a cultura deposita naqueles que pertencem à mesma comunidade, ao mesmo sistema cultural e ao mesmo sistema lingüístico.

Ao analisarmos uma cultura como um sistema de forças, não descrevemos personagens, ações, falas ou atos. O que fazemos é determinar as unidades, as forças e as regras de combinação que integram um sistema cultural — ou seja, a gramática e a sintaxe culturais. A cultura é um sistema de forças em que o único elemento essencial é o relacionamento entre as necessidades biológicas e a maneira como as forças pré-organizam as respostas culturais às necessidades biológicas.

Duas perspectivas

Podem-se realizar dois tipos de estudos sobre a linguagem: o estudo sincrônico (que analisa o sistema lingüístico num estado em particular, sem referência ao tempo), ou o estudo diacrônico (que analisa a evolução da linguagem no tempo). Da mesma forma, podemos distinguir entre um estudo sincrônico dos arquétipos culturais (um estudo do sistema de forças culturais num estado em particular, sem referência ao tempo) e um estudo diacrônico dos arquétipos culturais (um estudo de sua evolução no tempo).

Pode-se estudar, por exemplo, por que algumas pessoas apertam-se as mãos quando se encontram, ou a distância que mantêm umas das outras, e comparar esses resultados com os de outras culturas.

Ou, ainda, podemos estudar por que, no mundo ocidental, um homem deve sempre oferecer o braço esquerdo à mulher que o acompanha, especialmente na rua, e comparar em seguida essa tradição com outra, japonesa, que diz que a mulher deve sempre andar atrás do homem que a acompanha (estudo sincrônico). O exame das origens dessas tradições também pode mostrar-se muito revelador (estudo diacrônico).

O estudo do relacionamento

Ao estudar a linguagem, os lingüistas exploram dois tipos de relacionamentos. Há os que produzem termos distintos e mutuamente excludentes (oposição); por outro lado, há os relacionamentos entre unidades que se combinam para formar seqüências. Numa seqüência lingüística, o valor de um termo depende não apenas do contraste entre ele e outros que poderiam ter sido escolhidos em seu lugar, mas também de suas relações com o termo que o precede e com o que o antecede na seqüência. O primeiro tipo de relação é chamado *paradigmático*. O segundo é chamado *sintagmático*. As relações sintagmáticas definem possibilidades combinatórias, ou ainda a relação entre elementos que podem ser combinados em seqüência. As relações paradigmáticas refletem a oposição entre elementos que podem substituir uns aos outros.

Pode-se falar em relações paradigmáticas e sintagmáticas entre forças, assim como entre palavras. Por exemplo, a palavra "amigo" tem um relacionamento paradigmático com as palavras "parceiro", "ditador" e "professor". Um relacionamento sintagmático existe entre a palavra "amigo" e suas possibilidades combinatórias, como "amizade", "amigável", "amistoso", "amigão" etc.

A cultura, assim como a linguagem, é forma, e não substância. Seus elementos têm apenas propriedades contrastantes e combinatórias. A cultura não é um resultado do comportamento individual, mas, ao contrário, o comportamento é tornado possível por um sistema social coletivo de forças ativas que foram assimiladas pelos indivíduos.

Explicar uma ação, um indivíduo ou um comportamento específico equivale a relacioná-lo ao sistema subjacente de forças que o torna possível. A ação é então explicada como uma manifestação daquele sistema. Por que alguns indivíduos cometem suicídio? O suicídio é uma manifestação de um enfraquecimento no vínculo social. Também o crime é uma manifestação do enfraquecimento de um determinado sistema de forças que define os criminosos; nossa sociedade mudou de um sistema baseado no dever e na vergonha para um novo sistema, cujas forças são organizadas em torno de direitos e vítimas.

As razões pelas quais fazemos o que fazemos podem ser encontradas não apenas no passado, mas também no funcionamento presente do nosso inconsciente — tanto o individual como o coletivo. O inconsciente torna-se o espaço onde são encontrados quaisquer antecedentes que tenham função explicativa.

A explicação estrutural relaciona as ações a um sistema de forças — o campo magnético cultural — que inclui as normas e regras da linguagem, a representação coletiva da sociedade e o mecanismo de uma economia física. O objetivo das "ciências humanas" é explicar o significado em termos de um sistema de forças que escapa à nossa compreensão consciente, do mesmo modo que um falante de uma língua não está consciente dos sistemas fisiológicos e gramaticais que utiliza, embora seus julgamentos e percepções sejam explicados em termos desses sistemas.

À medida que o objeto de estudo é quebrado em suas forças componentes, ele aparece cada vez mais como um constructo ou um resultado de sistemas de forças.

A linguagem fala por nosso intermédio; até mesmo a idéia de identidade pessoal emerge por meio da fala de uma cultura. O eu passa a existir por meio de uma sucessão de experiências marcantes que são inteiramente pré-organizadas pelo sistema cultural em que nascemos.

Se uma cultura é um sistema de diferenças no qual todas as forças são definidas apenas por seus relacionamentos umas com as outras, devemos procurar por essas diferenças ao explorarmos a marca deixada por um conceito ou uma palavra. Devemos procurar pelo espectro de variações, pois é da natureza dessas forças criar tensões (e a soma dessas tensões cria os sistemas).

Essas forças organizam-se de acordo com uma oposição axial ou binária. Cada traço distintivo envolve uma escolha entre dois termos de uma oposição que tem propriedade diferencial. O uso da oposição binária para descrever estruturas não é simplesmente um recurso metodológico, mas um reflexo da natureza da linguagem e da cultura. É por isso que devemos ser cautelosos sobre o que iremos classificar como uma oposição. O que forma uma oposição numa cultura pode não o ser em outra. Assim, ao estudar o relacionamento entre duas forças, devemos aceitar que nossa definição do que seja uma oposição pode precisar ser refeita. O relacionamento entre Yin e Yang não é o mesmo que o relacionamento entre rico e pobre, ou entre praia e montanha. Os significados desses termos são culturalmente determinados.

Os eixos não precisam ser feitos de forças classicamente opostas, num sentido lógico. Devemos aceitar a lógica da emoção da cultura. Por exemplo, o que nos Estados Unidos se considera uma proibição pode ser considerado uma concessão de privilégio na França. Cada cultura tem sua lógica e gramática próprias, que são refletidas nesse eixo. É por isso que cultura alguma pode ser julgada usando-se o eixo de outra.

As oposições binárias são os códigos mais naturais e econômicos. Elas são as primeiras operações que todas as crianças aprendem, à medida que desenvolvem habilidades lingüísticas. Por isso, todos os diferentes sistemas de pensamento, linguagem, forças culturais, normas, valores e leis são profundamente inter-relacionados.

Da matéria às forças

Em seu livro *Science and the Modern World* [A Ciência e o Mundo Moderno], Alfred North Whitehead demonstra que, porque as descobertas científicas produzem tantas complexidades, são necessárias mudanças fundamentais de perspectiva para que as várias disciplinas possam conformar-se a si mesmas e a seus objetos.

Os físicos descobriram que era difícil explicar a eletricidade e os fenômenos eletromagnéticos em termos de unidades distintas de matéria e de seu movimento. A solução parecia ser inverter o problema: em vez de tomar a matéria como o principal e tentar definir as leis que governam seu comportamento, eles tomaram a energia elétrica como o principal e definiram a matéria em termos de forças eletromagnéticas. Essa mudança de perspectiva levou à descoberta de novos objetos científicos. Eles aprenderam, por exemplo, que o elétron não era uma entidade positiva no sentido tradicional, mas o produto de um campo de forças, um nó num sistema de relações, e que ele não existia independentemente dessas relações.

O que Whitehead chama de "materialismo" do século XIX, o empirismo que deu o primado ontológico aos objetos, deu lugar a uma teoria da relatividade baseada no primado das relações, afirma ele. "Na teoria materialista", diz Whitehead, "há um material que permanece. Na teoria orgânica, só o que permanece são as estruturas da atividade. A ênfase recai sobre as estruturas. Todo acontecimento é o que é por causa da unificação, nele, de uma multiplicidade de relacionamentos. Fora desses sistemas de relações, não há nada."

O primado dos relacionamentos e dos sistemas de relacionamentos é a mudança de paradigma que nos permite passar para o pensamento moderno. É uma *mudança de foco, dos objetos para as relações.* Os relacionamentos criam e definem os objetos; é o relacionamento que é criativo, não o indivíduo. Da mesma forma, biologicamente, nenhum ser humano pode criar um novo ser humano sem uma "relação" de algum tipo com outro ser humano do sexo "oposto".

George Braque disse: "Não acredito em coisas, acredito em relacionamentos." De Saussure e a lingüística até Durkheim e a sociologia, até Freud e a psicologia, até Whitehead e a física, até Braque e a pintura, podemos ver a mudança de paradigma que se desenrolou, passando dos objetos da ciência para os relacionamentos entre esses objetos. A vida social e a cultura são, portanto, produtos dos relacionamentos existentes num grande campo de forças.

Para que as suas comunicações de marketing sejam eficazes, você precisa mudar seu foco dos objetos (produtos ou coisas) para os relacionamentos, pois os consumidores buscam conexões com organizações que fortaleçam a identidade deles.

Segredo nº 2:

CULTURAS TAMBÉM TÊM UM INCONSCIENTE

Os arquétipos culturais têm o poder de determinar o sucesso ou o fracasso do seu plano de marketing, de vendas ou de relações públicas.

O poder do arquétipo é proporcional ao poder da marca deixada — a qual, por sua vez, é proporcional à força da emoção associada à marca. Dado que os arquétipos culturais determinam como as pessoas percebem o mundo e reagem a ele, compreender os arquétipos culturais é fundamental para que se tenha algum sucesso nas iniciativas de marketing neste mundo multicultural. A inteligência de marketing depende da habilidade de uma organização adaptar-se ao seu ambiente.

CAPÍTULO 5

O Poder dos Arquétipos Culturais

Se eu conseguir fazer com que as pessoas riam, saberei que tenho razão.

Cada cultura tem um inconsciente coletivo cultural — um conjunto de marcas compartilhadas que guia os comportamentos de cada membro da mesma cultura. O inconsciente coletivo cultural presente na mente americana é diferente daquele que está presente, por exemplo, na mente japonesa ou francesa.

A estampagem é um processo rápido de aprendizado que ocorre bem cedo na vida e estabelece um padrão inconsciente de comportamento. Por exemplo, se uma caixa de madeira com rodas é mostrada no momento certo para um patinho recém-saído do ovo, o animal formará um vínculo com esse objeto, tomando-o por sua mãe biológica. A estampagem ocorre somente durante um período crítico de tempo, depois do qual torna-se difícil ou impossível realizar o processo. Os padrões inconscientes de comportamento marcados pela estampagem podem ser classificados em duas categorias: os arquétipos universais e os culturais. Os padrões ou marcas que permitem às pessoas atender às suas necessidades biológicas de sobrevivência são arquétipos universais. As marcas que permitem às pessoas compreender melhor as condições humanas são arquétipos culturais.

Os arquétipos culturais determinam como os membros de determinada cultura percebem seu mundo e reagem a ele. Eles podem ser comparados à genética. Quando dois seres humanos criam uma descendência, eles criam um ser humano; eles são incapazes de criar um peixe ou um pássaro, por causa de seus códigos genéticos. Esse conceito também se aplica à cultura. Quando dois americanos têm um bebê, eles têm um bebê americano, e não um francês ou alemão. Como não existem cromossomos culturais, os pais devem transmitir sua cultura a seus bebês por meio dos arquétipos culturais.

Cada elemento de uma cultura tem um arquétipo, e membros de uma cultura interpretam esse arquétipo usando um código. O arquétipo cultural e seu código são como uma fechadura e sua combinação: precisamos dos números certos, na ordem certa (o código), para abrir a fechadura (o arquétipo). Já que os arquétipos e seus códigos existem no nível inconsciente, precisamos de um processo para decodificá-los. Do mesmo modo, a natureza inconsciente dos arquétipos também significa que os membros de uma cultura não podem decidir o que eles mesmos deveriam ser.

Para saber como são formados os arquétipos, precisamos saber como funciona o cérebro. O cérebro é composto de bilhões de neurônios. Quando um neurotransmissor passa um impulso nervoso de um neurônio a outro (uma sinapse), cria-se um caminho neural — ou, em outras palavras, uma conexão aprendida. Esses caminhos são reforçados por meio da repetição.

No início de minha carreira, descobri que a emoção está diretamente relacionada ao aprendizado. A emoção é a energia que gera os transmissores liberados biologicamente no cérebro, estabelecendo assim esses caminhos neurais. Pude verificar isso 25 anos atrás, durante meu trabalho com crianças autistas. As crianças autistas têm dificuldades de aprendizado porque não experimentam emoções, ou as experimentam de uma maneira diferente da criança comum. Por exemplo, no filme *Rain Man*, o personagem autista, Raymond, não sente emoção quando está num elevador e uma linda garota o beija. Ela pergunta a ele, "Como você se sente?" e ele responde, "Molhado". Quando seu irmão se despede no fim do filme, Ray está jogando seus videogames, alheio ao fato de que seu irmão está cheio de emoção.

A emoção é a energia crucial exigida para a estampagem de arquétipos culturais e para o aprendizado em geral. Quanto mais forte a emoção associada com uma marca estampada, mais forte é o arquétipo. Eventos marcados com uma emoção forte, logo no início da vida, costumam ser lembrados para sempre. Uma vez marcados o arquétipo e sua emoção, a repetição reforça o caminho neural ou a estrada mental, processo este que está diretamente associado à memória. Se um indivíduo começa a perder a memória, ele normalmente perde suas memórias mais recentes em primeiro lugar. Ele não consegue lembrar onde colocou os óculos, mas lembra-se de coisas que aconteceram vinte anos atrás. O motivo para isso é que a memória de vinte anos atrás envolve mais emoção e foi mais reforçada; portanto, sua estrada mental está mais bem estabelecida.

O processo de revelar arquétipos e códigos

Para descobrir os arquétipos culturais e seus códigos desenvolvi o processo de pesquisa arquetípica. Ele é centrado em dez sessões de estampagem que ajudam os participantes a lembrar-se de suas marcas referentes ao assunto estudado. Cerca de 25 pessoas estão presentes em cada sessão. Os participantes são escolhidos a partir do arquétipo. Por exemplo, se é estudado um arquétipo americano, as 250 pessoas precisariam pertencer pelo menos à segunda geração de americanos da família, além de ter passado seus primeiros quinze anos de vida nos Estados Unidos; além disso sua mãe ou responsável, na infância, precisaria falar inglês americano. Os participantes seriam selecionados em lugares aleatórios nos Estados Unidos.

Inicio uma sessão de estampagem apresentando-me como um antropólogo de outro planeta que foi enviado para estudar o assunto em pauta, por exemplo, "queijo", na tribo de Paris (ou qualquer outra cidade onde a sessão seja conduzida). Os participantes estão lá para ajudar-me a entender o conceito de "queijo".

Na primeira hora, conduzo uma discussão sobre o que "queijo" significa para os participantes. Ao contrário de discutir os tipos de queijo (Limburger, por exemplo), os participantes discutem suas idéias e seus sentimentos sobre queijo ("Eu gosto do cheiro forte do Limburger", por exemplo).

Na segunda hora, uso exercícios de associação livre e narração de histórias para obter informações sobre as dimensões inconscientes ou estruturas latentes do queijo. Na hora final, uso técnicas de relaxamento para levar os participantes ao estado mental alfa (relaxamento desperto) com o propósito de ajudá-los a lembrar-se de suas experiências de estampagem que envolveram queijo. Quando saem desse estado, eles então escrevem o que conseguem lembrar. Por exemplo, um participante pode lembrar-se da primeira vez em que foi a um mercado de fazendeiros com sua mãe para comprar queijo. A sessão de estampagem, com duração total de três horas, é gravada e transcrita. A transcrição, contendo as histórias de estampagem, é analisada à procura de estruturas e relacionamentos — não do conteúdo.

Uma melodia tocada ao piano pode ser executada tanto em uma ponta do teclado como na outra. De ambas as maneiras a melodia será reconhecida, por exemplo, como "Jingle Bells". Obviamente, o reconhecimento da melodia não tem relação com as notas exatas, uma vez que ele pode ocorrer qualquer que seja o modo como a melodia é tocada. As notas são como o conteúdo da melodia. O que uma pessoa realmente reconhece são os espaços entre as notas; em outras palavras, o ritmo, ou o modo como as notas estão organizadas, umas em relação às outras. Na análise estrutural não se estudam os elementos, mas as forças que mantêm unidos os elementos diferentes.

Inteligência cultural

Os arquétipos culturais permitem que os participantes de uma cultura interajam com seus ambientes. A estrutura cognitiva é resultado do amadurecimento biológico e da experiência cumulativa. Do mesmo modo, os arquétipos culturais são resultados de esquemas biológicos, que dependem do amadurecimento biológico da criança, bem como da experiência cumulativa desenvolvida ao longo de séculos por uma cultura. A estrutura cognitiva não apenas é afetada pela experiência, mas também determina o que pode ser experimentado. Do mesmo modo, a cognição cultural não apenas é afetada pela experiência de uma cultura (como uma grande guerra, uma recessão ou uma revolução), mas também determina o que pode ser experimentado, pois pré-organiza a maneira como os membros de determinada cultura percebem a realidade. Em outras palavras, a cognição cultural define o que é verdadeiro para determinada cultura numa determinada época, de acordo com a percepção de realidade dessa cultura.

Inteligência é acomodação e assimilação. Se a acomodação é a modificação da estrutura cognitiva como resultado de uma experiência que não pôde ser assimilada, ela é portanto equivalente, em linhas gerais, ao aprendizado. As culturas aprendem num ritmo muito lento, quase glacial. É preciso muito tempo para modificar arquétipos culturais. A assimilação, ou resposta a um ambiente físico de acordo com as estruturas cognitivas preexistentes, pode ser comparada, *grosso modo*, a um reconhecimento do conhecimento. A aceitação da estrutura cognitiva cultural cria uma poderosa assimilação dentro de uma cultura. Ao usarem um arquétipo cultural, os participantes de uma cultura são assimilados e tornam-se parte de uma cultura.

Equilíbrio é a necessidade inata de balanceamento entre um organismo e seu ambiente, bem como no interior do próprio organismo. Essa necessidade primal motiva um organismo a fazer tudo que seja necessário para atingir o equilíbrio. O equilíbrio é também um processo permanente, pois está presente em todos os estágios do desenvolvimento intelectual. Na verdade, ele é responsável pelo desenvolvimento intelectual contínuo. Em algumas épocas, as culturas estão em busca de equilíbrio entre o que seus membros querem ou precisam e o ambiente que os cercam.

A inteligência cultural tende a criar condições ótimas para a sobrevivência sob determinadas circunstâncias. Esse tipo de inteligência é alcançado pela adaptação a um ambiente. Ao longo do tempo, os arquétipos culturais são solidificados ou cristalizados, mesmo que as circunstâncias se alterem. A isso chama-se *senilidade*, ou estágio senil de uma cultura.

Vejo diferentes estágios de culturas. No início, a cultura desenvolve-se em relação às suas necessidades biológicas e também ao seu ambiente, e utiliza reflexos inatos. Num segundo momento, a cultura começa a formação de conceitos rudimentares. O terceiro estágio é o da operação concreta, quando a cultura usa ações ou pensamentos internalizados. Finalmente, há as operações formais, em que a cultura pode ponderar situações hipotéticas exaustivamente. Nas culturas mais avançadas, essas situações hipotéticas foram formalizadas sob a forma de regras e rituais.

A inteligência pode ser compreendida como algo que existe entre duas forças: em primeiro lugar, a perpetuação e a repetição da estrutura; em segundo, a necessidade de acomodação ou integração dos novos dados aprendidos e novas experiências que não podem ser assimiladas às estruturas cognitivas existentes. A inteligência de uma cultura pode, portanto, ser compreendida como a sua capacidade de acomodação. Se uma cultura é incapaz de adaptar sua estrutura cognitiva, ela encontra-se numa fase "senil", o que significa que seu fim está próximo.

Várias culturas, como a romana, a grega, a inglesa, a japonesa, a chinesa e a americana, refletem diferentes fases desse mesmo processo. Em várias ocasiões na história de uma cultura aparece uma certa rigidez, refletida na burocracia e numa lentidão cultural generalizada.

Outro modo pelo qual os arquétipos culturais podem ser cristalizados é quando são tornados sagrados por um governante, um dogma ou uma ideologia. Quando ninguém pode desafiar o arquétipo cultural, a acomodação se torna impossível, o que leva à rigidez. Novamente, esse é o início da senilidade e o traço de uma cultura que em breve irá desaparecer.

Ao ver as culturas como entidades biológicas, podemos entender de onde vieram, para onde estão indo e como desaparecem. Podemos também compreender o processo pelo qual uma cultura adquire conhecimento. Do mesmo modo, a inteligência deveria ser percebida não como um traço individual, mas como um traço cultural — ou, em outras palavras, como todos os atos que tendem a ajudar a sobrevivência de uma cultura sob determinadas circunstâncias.

Inteligência de marketing

Assim como a inteligência cultural está sempre relacionada à capacidade de uma cultura adaptar-se ao seu ambiente, a inteligência de marketing depende da capacidade de uma organização adaptar-se ao seu ambiente.

O equilíbrio progressivo (a busca constante, por um organismo vivo, de balanceamento entre si mesmo e seu ambiente) significa alterar-se, como resultado do amadurecimento e da experiência. Portanto, o equilíbrio nunca pode ser absoluto, mas, ao contrário, deve ser sempre circunstancial. À medida que as circunstâncias mudam, o ponto de equilíbrio ótimo deve mudar correspondentemente. As culturas deveriam buscar continuamente um novo equilíbrio, e os profissionais de marketing deveriam tomar a dianteira nessa busca.

No caso das culturas fortes e rígidas, o mais provável é que estejam perto demais da senilidade para que sejam capazes de se adaptar. As culturas jovens têm melhor chance de sobrevivência. Culturas como a japonesa, a russa, a inglesa e a francesa são menos propensas a adaptar-se a um mundo em constante mudança do que culturas jovens ou adolescentes, como os Estados Unidos, que estão continuamente em busca de sua identidade e, por isso, enxergam a mudança como algo bom. A relativa falta de sofisticação da cultura americana significa que ela pode ser reequilibrada, movendo-se rapidamente de um ponto de equilíbrio a outro. A cultura americana é, portanto, capaz de acomodação, enquanto culturas mais antigas são apenas capazes de assimilação.

Os arquétipos mudam como resultado do amadurecimento biológico e da experiência sensorial? Ou seria essa experiência organizada de acordo com leis abstratas e pré-organizadas? Afirmo que nenhuma dessas noções é correta, e que precisamos considerar uma terceira teoria: *a experiência é pré-organizada pelo arquétipo cultural.* Os fatores biológicos determinam, em parte, como vemos o mundo. Por exemplo, nossos olhos situam-se na frente da cabeça. Essa estrutura biológica determina, em certo grau, como fazemos muitas coisas. Por exemplo, projetamos carros tendo em mente uma visão frontal, não uma visão traseira. O projeto do corpo humano também se reflete nas criações estéticas, como o uso da simetria lateral e as imagens relacionadas ao coração.

Da mesma forma, as estruturas culturais também influenciam, de um modo mais subjetivo, nossa visão do mundo. A lógica de uma cultura depende de sua história e de sua geografia (tempo e espaço). Precisamos entender em que estágio determinada cultura se encontra, se quisermos entender como ela (ou seus membros individuais) reagirá a várias situações ou estímulos. Muitas pessoas julgam as culturas sem levar em conta o estágio de crescimento em que se encontram. Assim como o indivíduo é influenciado por sua condição física ou biológica, ele também é influenciado pelas estruturas cognitivas culturais a que tem acesso em um determinado momento.

Estradas mentais

As estradas mentais consistem nas conexões mentais que foram marcadas e reforçadas pela estampagem, e representam o "software" coletivo usado pelas pessoas para relacionar-se com o mundo e entendê-lo. Entendendo essas estradas, poderíamos prever como os americanos reagiriam, por exemplo, à desintegração da União Soviética, ou ao que acontece na Rússia de hoje.

Sabendo que os japoneses têm diferentes estruturas cognitivas culturais e diferentes estradas mentais, podemos antecipar que eles reagiriam de forma diferente aos mesmos eventos. A cultura japonesa já está numa fase rígida, no sentido de que só pode assimilar o que não contesta a sua estrutura. Em outras palavras, trata-se de uma cultura que reage de maneira muito tradicional. A cultura americana, por outro lado, é muito aberta e adolescente, desprovida de uma identidade completamente fixa. Como resultado, ela é capaz de acomodação, modificando sua estrutura cognitiva cultural.

Já vimos várias vezes a estrutura do "gigante adormecido" em ação na cultura americana. Os americanos demoram para reagir e para decidir o que fazer — um reflexo da ausência de uma identidade forte nessa cultura. Por isso esperaram até dezembro de 1941, com Pearl Harbor, para decidir declarar guerra contra o Japão e a Alemanha, um evento necessário para acordar o "gigante adormecido".

Os japoneses, por seu lado, tendem a atacar sem aviso prévio, como fizeram em 1905 contra os russos e em 1941 contra os americanos, refletindo um arquétipo cultural ou uma qualidade de inteligência muito diferentes. O modo como os japoneses reagiram à crise econômica nos Estados Unidos e as conclusões que tiraram disso — que a situação fora provocada pela preguiça dos trabalhadores americanos e pela constituição multicultural do país — é novamente um reflexo de seus próprios arquétipos culturais. Os japoneses foram incapazes de adaptar seus arquétipos para aceitar o fato de que eram parceiros dos Estados Unidos. Eles foram incapazes de entender os princípios americanos, e por isso permaneceram ignorantes ao fato de que, ao fazer essas declarações, estavam indo contra os arquétipos culturais americanos. Claramente, o Japão é capaz apenas de assimilar, enquanto os Estados Unidos são capazes de acomodar-se.

A verificação do processo

Os patrocinadores de pesquisas arquetípicas envolvem-se ativamente nelas. Os representantes das organizações patrocinadoras foram uma "equipe arquetípica". Os membros da equipe participam pelo menos de uma sessão de estampagem e de três encontros para troca de informações chamados de "sessões de recapitulação". Da "equipe arquetípica" é formado um subgrupo composto de quatro a seis membros, chamado "equipe central". A "equipe central" cuida do planejamento e das tarefas envolvidas na organização das sessões de estampagem e recapitulação. Cada membro assiste a todas as dez sessões de estampagem e às três sessões de recapitulação. A "equipe central" analisa os dados para descobrir arquétipos ocultos.

O pessoal da Procter & Gamble me ajudou a refinar esse processo. Quando comecei a trabalhar para a empresa, eles mostraram grande confiança no que eu estava fazendo, mas também me ajudaram a ver que precisava melhorar meu programa. Percebi que os membros de equipes precisavam sentir-se proprietários do código, especialmente quando este punha em jogo o que eles faziam antes.

Algumas pessoas são céticas em relação aos arquétipos culturais; algumas chegam mesmo a duvidar do meu trabalho. No entanto, minha pesquisa se legitima de três formas: 1) os arquétipos baseiam-se na biologia, pois são uma resposta a necessidades biológicas; 2) muitas descobertas arquetípicas foram quantificadas e verificadas em pesquisas feitas por grupos independentes; e 3) a ação fundamentada nos resultados de minhas descobertas gerou benefícios para muitos clientes, como a Procter & Gamble, a AT&T e a Associação Florestal da Califórnia (California Forestry Association). Muitos podem discordar ou se surpreender com minha abordagem, mas centenas de estudos ao longo dos últimos 25 anos provaram que ela funciona.

Para mim, não será uma extensa lista de clientes, estudos quantitativos ou a pesquisa biológica que melhor confirmará a validade do meu trabalho. Em vez disso, será a capacidade de as pessoas rirem de si mesmas e de suas culturas. Muitas vezes, depois de ouvir um comentário meu sobre algum código em particular, todos em volta riem espontaneamente, reagindo a uma sensação visceral. Quando isso acontece repetidas vezes, esse padrão de repetição torna-se, por si mesmo, uma confirmação. Se eu conseguir fazer com que as pessoas riam, saberei que tenho razão.

Profissionais de marketing inteligentes saberão identificar sinais de arquétipos culturais em humoristas, jornalistas, políticos e publicitários, e em seguida saberão colocar esses códigos em ação em seus próprios esforços de impulsionar seus produtos e serviços pelas estradas mentais que já se encontram pavimentadas em cada cultura.

CAPÍTULO 6

A Lógica da Emoção

O réptil sempre vence.

Entender um código cultural envolve compreender as emoções usadas para estampar a sua primeira conexão no cérebro. Essas emoções seguem uma lógica; elas não ocorrem ao acaso. Vimos como é poderoso o entendimento da janela de tempo, ou do momento e da época em que ocorre a estampagem. A ordem seguida pela energia emocional que dispara as estradas mentais é o que chamo de *lógica da emoção*.

As emoções fornecem a energia necessária para criar uma marca, por meio do processo de estampagem. Depois que as experiências emocionais constroem as estradas mentais, estas serão utilizadas inconscientemente inúmeras vezes ao longo de nossa vida. A cada vez que são usadas, tornamos a experimentar o mesmo tipo de emoção utilizado originalmente para marcá-las. Entender essa lógica da emoção faz parte da decodificação da mente cultural e da entrada no inconsciente coletivo. Esse processo requer lógica, porque o momento da estampagem cria uma ordem e uma argumentação que pode ser decodificada e entendida. A emoção entra em jogo porque a energia emocional responsável pela estampagem dita a nova ordem lógica.

Ao experimentar uma emoção, usamos três partes do cérebro: 1) o cérebro primitivo ou reptiliano, que lida principalmente com os comportamentos instintivos e automáticos; 2) o cérebro amigdaliano, onde fica o sistema límbico, que é o centro do mundo emocional; e 3) o córtex, onde se localiza o pensamento consciente, a linguagem e a visão.

O cérebro reptiliano lida principalmente com o instinto e com a sobrevivência e reprodução básicas. Ele diz a você quando precisa se alimentar, dormir, ir ao banheiro, retirar-se de uma situação perigosa ou realizar alguma outra tarefa necessária à sobrevivência. O tempo de reação no cérebro reptiliano é extremamente rápido, quase instantâneo. Por exemplo, quando você toca um objeto quente, seu primeiro instinto é afastar-se dele. Essa mensagem para afastar-se pode ser descrita como uma "resposta automática reptiliana". Você tem uma resposta automática reptiliana para tudo o que faz. Quando uma delas é ativada, você tem uma reação puramente instintiva.

O sistema límbico lida principalmente com a emoção. A emoção é parte essencial do processo de aprendizagem, pois é elemento necessário do processo de estampagem. O cérebro é composto de bilhões de neurônios. Quando um neurotransmissor passa um impulso nervoso de um neurônio a outro (uma sinapse), cria-se um caminho neural, ou, em outras palavras, uma conexão de aprendizado. Esses caminhos são reforçados pela repetição. A emoção produz os neurotransmissores que tornam possível esse processo de aprendizado. A capacidade de aprender é fundamental para a inteligência. Pessoas que não têm emoções têm problemas com a inteligência. No sistema límbico há uma lógica da emoção, o que significa que há uma lógica por trás da emoção específica experimentada em cada momento. A lógica da emoção está relacionada com o modo (a ordem) em que a emoção foi inicialmente marcada no inconsciente. Por exemplo, quando você nasceu seus pais cuidaram das suas necessidades reptilianas, alimentando-o, amando-o e protegendo-o. Portanto, a emoção de ser amado e cuidado — que pode, em geral, ser descrita como uma sensação nebulosa de calor, ou simplesmente como uma sensação "boa" — está diretamente relacionada com a satisfação de necessidades biológicas. Por isso é que hoje em dia, quando alguém cuida das suas necessidades, você se sente bem.

A terceira parte do cérebro, o córtex, lida com a inteligência. O córtex está completamente formado apenas depois dos 7 anos de idade. Crianças mais novas do que isso são incapazes de compreender os conceitos de conversa ou de qualidade, por exemplo. No entanto, se uma criança tem mais de 7 anos, ele ou ela provavelmente olhará para você e dirá: "Por que você está perguntando? Você acha que sou burro?" O intelecto é um artigo de luxo. O indivíduo precisa primeiro sobreviver para depois pensar. Se os seus instintos básicos não funcionam e você se esquece de comer ou beber, você morre. Por isso, a prioridade no funcionamento do cérebro é a sua parte reptiliana, seguida pela emoção do sistema límbico e então pelo intelecto do córtex.

A maior parte da energia ou da pressão para agir vem do cérebro reptiliano. A forma como será tratada a pressão, contudo, depende do córtex intelectual. Em todos os dias da sua vida você passa por alguma experiência de pressão. A pressão consiste em uma determinada necessidade num determinado momento. Pode tratar-se de uma necessidade de qualquer coisa, desde ir ao banheiro até obter controle sobre alguma coisa. Você pode lidar com essa pressão de várias maneiras: pode "expressar-se", o que significa levar a pressão para o exterior ou lado de fora. Quando você se expressa, você deseja realizar algo. Um dos modos de expressar-se é pela sublimação, por exemplo ganhando dinheiro, criando arte ou escrevendo livros. Outra forma de expressão é a violência. Em vez de expressar-se, você pode escolher a repressão, mantendo a pressão do lado de dentro. Pessoas reprimidas podem tornar-se deprimidas ou violentas. Quando alguém tem uma forte pressão vinda do cérebro reptiliano e uma forte repressão vinda do córtex, essa pessoa irá tornar-se neurótica.

A situação ideal é quando todas as três partes do cérebro estão em sincronia. Quando estiverem em harmonia, o indivíduo saberá de onde vem a pressão (cérebro reptiliano), irá sentir-se bem a esse respeito (sistema límbico) e irá procurar os meios de conseguir a expressão (córtex). Quando a biologia, a cultura e a personalidade estão em sincronia — quando seus esquemas biológicos, seus arquétipos culturais e seu roteiro pessoal estão unidos — produz-se um ambiente ideal para viver e trabalhar.

Marcas emocionais

Como herdamos nossa cultura? Cada cultura tem um inconsciente coletivo — um acervo compartilhado de marcas estampadas que guiam o comportamento dos membros. Recapitulando: a estampagem é um processo de aprendizado rápido que ocorre no início da vida e estabelece um padrão inconsciente de comportamento. A estampagem pode apenas ocorrer num intervalo crítico de tempo, depois do qual torna-se difícil ou impossível. Os padrões inconscientes de comportamento causados pela estampagem podem ser classificados em duas categorias: arquétipos universais e culturais. Os arquétipos universais são as marcas que nos habilitam a atender nossas necessidades biológicas. Os arquétipos culturais são aquelas que nos habilitam a entender as condições humanas. À medida que assimilamos a linguagem, os arquétipos culturais e as emoções associadas a eles, atribuímos pesos e valores diferentes às experiências que temos. Algumas delas nos escapam da memória, mas permanecem no inconsciente. Essas experiências esquecidas ajudam a moldar nossos comportamentos e pensamentos conscientes. Por exemplo, nossas expectativas a respeito de relacionamentos de qualidade procedem diretamente de nosso arquétipo cultural. A primeira marca que temos de um relacionamento é a que recebemos de nossa mãe e de nosso pai. Por isso, nossa marca de um relacionamento de qualidade envolve sermos nutridos e cuidados. Nos negócios, os consumidores esperam que as empresas cuidem de suas necessidades e de seu bem-estar.

Dado que os arquétipos culturais são marcados pela estampagem por meio da emoção, eles se localizam principalmente na segunda parte do cérebro, e por isso geralmente escapam à nossa percepção consciente. Eles são formados bem no início da vida, o que os torna mais poderosos que a atividade intelectual e cortical do cérebro. É aqui que experimentamos emocionalmente o que devemos estampar em determinada ordem e numa determinada época. Essa ordem irá formar as nossas estradas mentais.

As leis de uma nação expressam um certo nível de sistematização de sua "gramática" arquetípica. Esse é o motivo pelo qual as leis variam tanto de uma cultura para outra, ou de uma religião para outra, e também o porquê de parecerem chocantes aos estrangeiros. Como nos sentimos quando adúlteras são apedrejadas até a morte no Oriente Médio ou quando adolescentes são surrados com varas por pichar carros? Como outras culturas se sentem quando libertamos uma mulher que castra seu marido, ou quando um júri não consegue chegar a um veredicto a respeito de irmãos que confessaram ter matado seus pais a sangue frio? Essas práticas, quer as percebamos como certas ou erradas, são ditadas pela lógica da emoção referente aos arquétipos de cada cultura. Por isso, a aparente "irracionalidade" de algumas ações podem ser entendidas se for decifrado o código arquetípico por trás delas e se for revelada a lógica da emoção. A consciência dessa lógica e dos eixos e forças em operação no nível inconsciente não deveria ser usada para justificar o comportamento, mas para ajudar a promover mudanças num nível eficaz, que não ofenda os arquétipos da cultura.

Por que a lógica da emoção é tão importante?

Fortes marcas emocionais não são algo rapidamente modificável. Muito poucos de nós podemos ver a relação entre nossas experiências de infância e a política externa do país onde vivemos. No entanto, quando começamos a olhar para as coisas à luz dos arquétipos culturais, podemos ver a incrível coerência dos comportamentos culturais. Os americanos alertarem seus inimigos antes de atacá-los é algo que está de acordo com os arquétipos americanos, nos quais a lógica da emoção faz com que seja preciso personificar a moral e o bem.

Estatísticas sobre a gravidez adolescente e a violência nos Estados Unidos, sobre a orientação política na França ou sobre a atividade neonazista na Alemanha ganham novos significados quando vistas à luz de arquétipos profundos e inconscientes. A única forma de efetivamente mudar essas estatísticas é entender suas raízes arquetípicas, e só então trabalhar nos problemas reais.

Além disso, a comparação com números semelhantes em outros países diminui em importância, porque essas nações têm uma outra lógica da emoção e usam diferentes estradas mentais. Portanto, não estaríamos falando sobre as mesmas coisas, mas, em vez disso, estaríamos comparando comportamentos que não pertencem à mesma categoria.

Entender os códigos e suas lógicas da emoção correspondentes é essencial para compreendermos as culturas. O processo de decodificação não estará completo a menos que entendamos as forças e tensões criadas pelos arquétipos, bem como os eixos em torno dos quais se organizam nossas ações.

O eixo arquetípico

Este eixo é fundamental para o entendimento do inconsciente cultural. Quando exploramos o inconsciente cultural, tornamo-nos conscientes de suas tensões; qualquer tensão pode ser visualizada ao longo de um eixo. Os eixos são derivados de arquétipos e de suas estruturas latentes. Por isso, variam de cultura para cultura. Como os comportamentos coletivos são moldados permanentemente por esses eixos, precisamos compreendê-los. Nenhuma política externa, estratégia econômica global ou comunicação multicultural de marketing é possível sem um profundo entendimento dos motivos que levam as pessoas a comportar-se do modo como se comportam (arquétipo) e das possibilidades ao alcance do arquétipo (eixo).

Eixos não são pares de opostos, paradoxos ou contradições. Ainda que possam ser vistas como opostas quando desligadas de seu contexto, as forças organizadas nem sempre o são. Na verdade, elas raramente o são. Por exemplo, um eixo americano organiza os opostos da liberdade e da proibição, enquanto o eixo correspondente na França é relativo a liberdade e privilégio — dois termos que não têm um relacionamento de oposição. As forças devem estar presentes ao mesmo tempo para que possam estar no mesmo eixo. Para descobrir o que dá a uma situação um determinado sabor, basta saber qual das duas forças está latente e qual está dominante. As forças não precisam estar justapostas: elas simplesmente existem e organizam.

Em outras palavras, forças diferentes são aspectos diferentes da mesma realidade. Nos Estados Unidos, a cada vez que falamos em liberdade, falamos também em proibição. Por outro lado, quando os franceses pretendem abolir todos os privilégios em nome da igualdade, é como se o Yin pretendesse abolir o Yang. Esses conceitos precisam um do outro para existir; eles definem-se um ao outro e fazem parte da mesma realidade.

Estruturas latentes. Costumamos chamar elementos que se definem um ao outro de "lados da moeda" ou "lados de sombra". O termo clínico que corresponde a esse conceito é o de "estruturas latentes". Nas estruturas latentes, um dos elementos costuma ser visto em primeiro lugar, e o objeto que aparece depois — o elemento da realidade que não é percebido conscientemente, embora esteja presente — é a estrutura latente. Minha metodologia revela as estruturas latentes das culturas, as quais podem simplesmente não estar sendo percebidas, ou ainda podem estar ocultas devido a um processo de rejeição. As estruturas latentes que são rejeitadas conscientemente tornam-se sombras culturais. Hoje em dia é essencial explorar as sombras culturais, pois elas tendem a reaparecer em momentos fora do comum, como guerras, desastres naturais ou cataclismos econômicos, e também a manifestar-se como forças reacionárias frente à perspectiva de mudança. O estudo das estruturas latentes é o que poderá nos impedir de repetir os erros históricos que já cometemos.

Campo de tensão. As tensões têm origens biológicas, e algumas vezes são expressas sob a forma de necessidades. Cada cultura lida com essas tensões biológicas de uma forma diferente. Por exemplo, um dos eixos americanos é criado pela tensão entre a ação (vista como salvação) e o adiamento da ação (visto como pecado). Essa tensão organiza nossa vida pessoal, política, social e psicológica.

As sete leis dos eixos

Não há limite para o número de eixos existentes em uma cultura (embora alguns deles governem ou contenham outros), e esses eixos são criados por forças que não precisam encaixar-se num relacionamento predeterminado. Contudo, há algumas leis que governam as ações e os padrões de uma cultura com base nos eixos.

1. Atratores. Em toda cultura, os atratores são objetivos ideais ou uma posição ideal do eixo, o qual se espera que traga equilíbrio e repouso. No entanto, essa posição na verdade representa a imobilidade, bem como a morte inevitável, porque aí não há tensão ou necessidade de movimento. Nossa mente consciente precisa de um atrator ou uma visão interna de paz e quietude. Nossa mente inconsciente sabe, apesar disso, que a vida é movimento, tensão e forças em ação.

2. Pêndulo. A lei do pêndulo estabelece que, quando seguimos numa direção, isso não implica o desaparecimento do extremo oposto do eixo. A lei do pêndulo é uma prova de que ambas as forças permanecem.

3. Comprimento e alcance. Certas culturas, como a americana, são caracterizadas pela existência de extremos. Isso significa que seus eixos são muito longos; há uma grande distância entre uma força e outra. Outras culturas, como a inglesa, caracterizam-se pelas sutilezas, e seus eixos são muito curtos. O comprimento e o alcance de um eixo traduz-se em uma menor ou maior possibilidade de movimento.

4. Permanência. As culturas mudam? Se sim, como? E com que rapidez? A quarta lei dos eixos fornece algumas respostas a essas perguntas. Eixos são elementos essenciais de uma cultura; eles não mudam. Eles representam a organização fundamental das forças numa cultura. O eixo da proibição e da liberdade é um elemento básico da cultura americana; esse eixo não irá se alterar ou desaparecer. O que muda é qual das duas forças (qual das pontas do eixo) ocupa a posição dominante e qual está latente. Durante os quinze anos da lei seca, a força da liberdade sempre esteve presente, apesar de latente. A tensão, em si, não se alterou ao longo do tempo, mas sim as circunstâncias criadoras dessa tensão.

5. Equilíbrio. Para que uma cultura possa sobreviver, seus eixos precisam estar em equilíbrio. Ao longo do tempo, cada força de um eixo deve receber o mesmo intervalo de tempo; os eixos precisam manter-se em movimento. Se um eixo permanecer fora de equilíbrio por muito tempo, ele perde a sua tensão, e sua cultura de origem morre.

6. Inter-relação de eixos. Uma cultura pode conter um número ilimitado de eixos e de manifestações arquetípicas, e todos esses elementos são interligados. A criatividade relaciona-se à tecnologia, a tecnologia à destruição, a destruição à violência e a violência à religião. Uma cultura é o resultado de um emaranhado de eixos, que cria um sistema complexo de forças semelhante a um campo magnético. Nossa vida consiste em sermos permanentemente influenciados por essas tensões. As maneiras pelas quais somos materialistas só podem ser compreendidas por meio das maneiras pelas quais somos idealistas.

Se considerarmos isoladamente qualquer uma dessas forças, cairemos na armadilha dos estereótipos e clichês. Sim, os japoneses são humildes, mas ao mesmo tempo são arrogantes; educados, mas grosseiros; hierárquicos, mas independentes. Eles são a mistura única dessas tensões e forças. Isolar qualquer uma dessas forças e analisá-la sem entender a sua conexão com as outras é algo comparável a tentar entender a função do sangue sem entender o coração, os pulmões e o oxigênio. Qualquer dos elementos de um sistema tira seu significado do seu relacionamento com os demais. Podemos entender o que é uma criança sem entender o nascimento, o envelhecimento e a morte? Esses elementos são parte do sistema ao qual chamamos de vida. E, porque a vida é feita de tensão e movimento, as culturas também experimentam tensão e movimento contínuos.

7. Quaternidade. Essa rede de tensões e forças culturais não funciona como um sistema telefônico, mas como um cérebro. Nela, existe a programação paralela, ou grupos de forças ativadas simultaneamente. A maneira de mapear a mente cultural é mapear essas tensões usando quaternidades que mostrem o campo de tensão criado por diferentes forças, que por sua vez organizam-se em eixos. Toda quaternidade é formada por quatro componentes, de modo similar ao conjunto norte, sul, leste e oeste.

Essas tensões são permanentes, mas o equilíbrio ou a posição ao longo dos eixos podem ser alterados. Algumas vezes, um torna-se dominante e o outro, latente; depois de certo tempo esse equilíbrio se inverte, para o bem da personalidade cultural. As quaternidades nos permitem medir e monitorar essas mudanças.

Ao compreender as leis que governam os padrões de várias culturas, aprendemos os segredos do marketing num mundo multicultural.

Capítulo 7

Marcas Emocionais

A emoção é a energia que cria
a estrada mental.

Assim como os indivíduos, as culturas também têm um inconsciente que esculpe seu pensamento. O inconsciente coletivo cultural pode ser percebido distintamente do inconsciente pessoal, bem como do inconsciente universal comum a todos nós.

O inconsciente pessoal deve sua existência à experiência pessoal. Ele é feito de conteúdos que já foram conscientes, mas foram esquecidos ou reprimidos. Os conteúdos do inconsciente universal, ou biológico, não foram adquiridos individualmente, e sim existem exclusivamente por causa da hereditariedade. Assim, enquanto o inconsciente pessoal consiste basicamente de roteiros, os conteúdos do inconsciente universal são feitos basicamente de esquemas biológicos.

O inconsciente cultural coletivo é um correlato indispensável do inconsciente universal e individual, pois ele indica formas mentais definidas que são comuns a membros de uma mesma cultura.

Além do nosso consciente imediato, que é de natureza completamente pessoal, e da nossa natureza impessoal ou universal, a qual é idêntica em todos os membros da mesma espécie, há um terceiro sistema psíquico que é herdado, mas não é congênito. Ele consiste em formas preexistentes, arquétipos culturais que podem tornar-se conscientes apenas de modo secundário e que dão forma definitiva a certos conteúdos da psique.

Esses arquétipos deixam suas marcas em épocas diferentes, em culturas diferentes. A emoção é a energia usada para que deixem suas marcas. A emoção segue uma certa lógica, ordem, ou um caminho crítico, e uma certa *lógica da emoção* é única a cada cultura. Uma vez decifrado o código dessa lógica da emoção, podemos compreender a fórmula ou receita desse elemento da mente cultural.

Os arquétipos são as respostas culturais inconscientes às tensões biológicas. A arquetipologia cultural aborda como várias culturas, em épocas e locais diferentes, lidam com a sobrevivência — em outras palavras, como as forças culturais controlam, organizam e ritualizam nossas necessidades biológicas básicas.

Estamos prontos a admitir que somos bastante influenciados por nossos instintos, além das motivações racionais da mente consciente. A imaginação, a percepção e o raciocínio são igualmente influenciados por forças biológicas inatas, mas também por fatores tais como a época e o local do nosso nascimento.

Ademais, assim como as espécies são biologicamente programadas para se reproduzirem, as culturas também têm o propósito de se perpetuarem. Dessa forma, os arquétipos são, na verdade, um modo herdado de funcionamento, disponível a todos os membros da mesma cultura. Eles existem antes que o indivíduo perceba algo, e devem estar presentes para que seja possível passar por determinada experiência, assim como a linguagem existe antes que o indivíduo possa vir a falar e deve estar presente para que seja possível falar. Os arquétipos são padrões de comportamento cultural instintivo, transmitidos inconscientemente de uma geração a outra. Os arquétipos também são vazios e puramente formais; não são determinados pelo seu conteúdo, e sim por sua estrutura. Sob esse aspecto, eles correspondem aos instintos, os quais são também determinados apenas por sua forma.

Aquilo que somos é uma combinação do nosso inconsciente coletivo, do inconsciente universal e do inconsciente cultural. Alcança-se a sanidade quando esses três elementos estão em harmonia, quando a estrutura dinâmica gera crescimento, e quando as tensões permitem a sobrevivência do indivíduo, da cultura, da espécie. Essa relação é o objeto de estudo da arquetipologia.

Entretanto, existem diferenças entre a biologia e a cultura. Os esquemas biológicos, por exemplo, não dependem de um processo de aprendizado, uma vez que não são adquiridos; são padrões instintivos. Já os arquétipos culturais são adquiridos e, após um período de tempo, começam a esculpir nosso cérebro, transformando nossa realidade fisiológica e bioquímica. Por exemplo, o cérebro de uma pessoa que fala apenas inglês não possui as mesmas conexões (quantidade e qualidade) de uma pessoa que fala alemão ou japonês.

Assim, como vimos até agora, o cérebro se desenvolve a partir de seu estado embriônico até tornar-se uma teia organizada de padrões mentais (arquétipos) que podem ser decifrados. Esses padrões mentais são procedimentos ou conexões potenciais, que podem ser ativados por estímulos culturais. Pode-se, então, analisar e descrever a realidade bioquímica e fisiológica das pessoas que possuem esses arquétipos culturais.

Como a cultura molda o cérebro

Há cerca de 10 bilhões, talvez 100 bilhões, de neurônios dentro de nossa cabeça, cada um deles fazendo entre 5.000 e 50.000 contatos com seus vizinhos. Ainda que façamos uma estimativa conservadora de 10 bilhões de células, cada uma com 10.000 conexões, o número de conexões sinápticas seria de 100 trilhões. Embora comecemos com aproximadamente 100 bilhões de células, nós envelhecemos e perdemos 50.000 células nervosas a cada dia. Ao mesmo tempo, aprendemos a funcionar no mundo, recebemos as marcas de novas experiências, adquirimos uma língua ou duas, vamos à escola e conseguimos um emprego. Como conseguimos fazer tudo isso perdendo 50.000 células nervosas por dia?

A atividade cerebral dos idosos (medida pelo consumo de glicose) não é menos intensa que a das pessoas mais jovens. Eles têm menos neurônios, mas não menos energia ou atividade cerebrais. As pessoas inteligentes usam menos seu cérebro do que as menos inteligentes (menos nervos, menos conexões). As pessoas inteligentes e idosas usam mais estradas mentais e menos estradinhas pequenas. Elas usam menos seu cérebro, mas o tráfego nas estradas principais é mais importante.

Por exemplo, suponhamos que você não sabe o caminho entre Nova York e a cidade de Buffalo. Você tenta diferentes direções e estradas, cometendo vários erros, talvez até mesmo voltando ao ponto inicial e sendo obrigado a começar de novo. A cada vez você precisa dar a partida no motor, avançar, parar e avançar de novo. Você usa uma grande quantidade de energia e mais gasolina que o necessário. Seu carro acumula mais desgaste e maior quilometragem, perdendo seu valor de revenda. No entanto, se você soubesse o caminho, talvez por já ter feito a mesma viagem, você saberia exatamente aonde ir, que saídas tomar e que estrada usar. Bastaria apenas ligar o piloto automático e relaxar. Você gastaria muito menos gasolina, menos tempo e energia.

As estradas mentais são muito semelhantes a essa situação. As pessoas inteligentes vão diretamente para as estradas mentais corretas, os reconhecimentos corretos ou para os processos corretos. As pessoas idosas têm familiaridade com mais estradas mentais do que as mais jovens. Ambas usam mais estradas mentais (mais tráfego), mas gastam menos tempo.

Como criamos estradas mentais

As estradas mentais são criadas de cinco formas: 1) pela atrofia de conexões não utilizadas; 2) por modificações no nível sináptico; 3) pelo reforço de conexões de procedimentos utilizados; 4) pela produção de substâncias bioquímicas que liberam o neurotransmissor e criam pontes; e 5) por diferentes combinações dos quatro métodos anteriores.

Examinemos três diferentes possibilidades:

1. A teoria do escultor. O processo de aprendizado ou o de estampagem esculpem o cérebro do mesmo modo com que um artista dá forma a uma peça de mármore: pela eliminação. Em outras palavras, criamos estradas mentais ao eliminar células e conexões que não utilizamos.

2. A teoria da manutenção. O reforço de estradas mentais é feito, obviamente, pela repetição. Mas há também uma "equipe de manutenção" em operação no nosso cérebro, feita de sonhos, pensamento subliminar, paralelo e lateral etc. Essa equipe é programada para manter seletivamente as estradas principais ou os procedimentos mais importantes. A equipe tem sua lista de prioridades, e manter as estradas em funcionamento é o item no topo da lista.

3. A realidade do cérebro. O cérebro tem o seu próprio princípio de realidade, desenvolvido principalmente mediante procedimentos de reconhecimento e recriação. Se a área apropriada do cérebro é estimulada, o indivíduo sente cheiros, vê ou tem sensação de tato, mesmo que não haja um objeto para ser cheirado, visto ou tocado. Portanto, é possível "aprender" a esquiar, jogar tênis ou nadar sem experiência direta. Como? Criando, ativando e reforçando os procedimentos ou conexões associados com movimentos corretos. O que se chama de "visualização" é, na verdade, a ativação das estradas mentais sem a experiência direta. Se a estrada mental em questão contiver um movimento bemsucedido, o cérebro estará sendo treinado para ter sucesso. Em outras palavras, os procedimentos mentais preparam o corpo para o sucesso, porque o indivíduo já "sabe" de antemão como realizar aquelas atividades. A pessoa já é "inteligente", pois usa estradas mentais diretas, sem desperdício de energia ou de tempo, sem contradição ou exploração desnecessária. Portanto, não é necessário experimentar X para ter uma marca de X. É possível ter uma experiência interna, ou visualização, a qual prepara as mesmas estradas mentais que serão usadas na experiência real.

É por isso que podemos ter os arquétipos de coisas antes mesmo de as experimentarmos. Para aprender uma palavra e seu significado, é preciso criar conexões mentais e estabelecer procedimentos mentais ou estradas mentais. A experiência externa pode ou não ocorrer posteriormente.

Os arquétipos internos são marcados por meio de palavras internalizadas e pela comunicação verbal com outras pessoas (tudo o que você ouve, lê, vê na TV, imagina, sonha ou ensaia na sua mente). Os arquétipos externos são marcados por meio da experiência direta, às vezes ao longo de uma série de eventos ou marcas. Por exemplo, toda mulher tem uma idéia do que significa ser mãe antes mesmo de tornar-se uma. O modo com que ela desempenha seu papel de mãe é parcialmente pré-organizado pela cultura. Ela já brincou com bonecas, observou sua própria mãe, assistiu à TV, leu livros e brincou com as amigas. O procedimento para o reconhecimento, para a identificação e para a experiência da maternidade já está presente.

Os arquétipos internos nem sempre são acompanhados pelos arquétipos externos reais, como na situação de uma mulher que nunca consegue ficar grávida. Quatro situações são possíveis envolvendo arquétipos internos e externos: 1) um arquétipo interno é marcado, mas não seguido de um arquétipo externo; 2) um arquétipo interno é marcado e seguido por um arquétipo externo; 3) um arquétipo externo ocorre sem preparação prévia (sem um arquétipo interno anterior); e 4) um arquétipo interno é marcado, seguido por um arquétipo externo em contradição com este, resultando em trauma, confusão ou contradição.

O processo de estampagem

O processo de estampagem é reforçado pela repetição, progride de um arquétipo interno para um arquétipo externo e é finalizado no processo de cristalização, depois que outras células e conexões são eliminadas (atrofia). Esse processo inclui plasticidade, o que significa que os axônios restantes formam mais dendritos, melhorando a comunicação com todo o cérebro. Assim, a escultura (eliminação), a manutenção (linguagem, sonhos, ações) e a plasticidade são os três componentes principais da cristalização, ou a criação de estradas mentais (procedimentos).

Emoção. Usamos a emoção para criar e categorizar memórias; interpretamos o mundo por meio de nossos modelos mentais. Em certo sentido, criamos a realidade no nosso cérebro e, em grande medida, vemos o que esperamos ver e ouvimos o que esperamos ouvir. A linguagem é o primeiro nível de cristalização desses modelos mentais. Ela afeta a organização do cérebro e o modo como interpretamos o que outras pessoas dizem. O cérebro de um chinês lida com a linguagem de um modo diferente do cérebro de um canadense. Há uma conexão poderosa não apenas entre a linguagem e a mente, mas também entre a linguagem e a formação da mente. A linguagem molda a mente, esculpindo fisicamente o cérebro.

A emoção é a energia necessária para a estampagem de qualquer experiência nova. Precisamos da emoção para aprender o que quer que seja, incluindo a linguagem. Por isso, compreender como funciona a emoção e como ela é processada pelo cérebro é crucial.

Por exemplo, suponhamos que uma mulher esteja sozinha num quarto, numa casa desconhecida. A porta do quarto se abre. De repente, ela ouve um cachorro correndo livremente no corredor em direção ao seu quarto. Ela volta-se imediatamente para a porta, com o coração batendo, a pressão sangüínea aumentando e os músculos tensionados. Seu cérebro e seu corpo estão trabalhando juntos com o propósito de prepará-la para defender-se, tudo isso no tempo de um segundo, rápido como um reflexo (cérebro reptiliano). Sua ansiedade soma-se à tensão, e memórias começam a passar por sua mente. Ela tem uma imagem súbita de quando era criança e foi mordida por um cachorro enorme e feio, que a deixou morrendo de medo. Ela se lembra de quando se sentiu solitária e indefesa, além de zangada com seus pais, que a haviam deixado sozinha. Ela está agora embrenhada no mundo da emoção, e o pensamento paralelo (cérebro amigdaliano, sistema límbico). O cachorro ainda não chegou ao quarto. Ela começa a pensar. Seu anfitrião é um especialista em cães, e não há razão por que ele teria deixado um cão enfurecido à solta dentro de casa. Talvez ele esteja junto do cachorro, ou talvez o animal esteja numa coleira; talvez não haja razão para ter medo (cérebro cortical). Então, seu anfitrião aparece na porta com o cachorro sob controle. O cérebro cortical da hóspede analisa a situação; tudo está claro, mas ela ainda sente algum medo. Seu coração ainda está bombeando sangue como se ela se preparasse para correr uma maratona. Ela também sente raiva de seus pais por a terem deixado sozinha com o cachorro.

Arquétipos amigdalianos

A emoção é a energia necessária para a liberação de neurotransmissores. Se as emoções são essenciais para o aprendizado e para a memória, onde fica a parte emocional do cérebro? A amígdala desempenha um papel importante na nossa vida emocional. Se distiguirmos o córtex como o cérebro que "pensa" e o cérebro reptiliano como o "instintivo", a amígdala torna-se o cérebro "emocional". Uma vez que a emoção é a energia usada para marcar arquétipos culturais, eles poderiam ser chamados de "arquétipos amigdalianos".

Se os esquemas "reptilianos" são congênitos e podem ser considerados programas biológicos fixos de sobrevivência, também os arquétipos amigdalianos parecem ser difíceis de mudar. Eles são respostas culturais a necessidades biológicas, o "kit de sobrevivência" necessário para preencher o espaço entre o nascimento e a época em que poderemos sobreviver independentemente de qualquer figura paterna. O arquétipo cultural amigdaliano é um conjunto de caminhos de células nervosas que se conectam a outras estruturas nervosas que criam procedimentos básicos de sobrevivência (conexões de memória) para maximizar as chances de sobrevivência. Já que a amígdala não é provida de uma borracha que possa apagar esses caminhos, eles tornam-se estradas (ou memórias e procedimentos) permanentes, tanto emocionais como mentais, que desempenham papel fundamental no modo como percebemos o mundo, reagimos, pensamos, amamos, odiamos, memorizamos e criamos.

Dois níveis de arquétipos

Dentro do cérebro existem dois níveis de arquétipos. Um é muito direto, emocional e profundamente marcado. Chamaremos os arquétipos desse tipo de "arquétipos emocionais". O outro é cortical e representa um nível de arquétipos mais sofisticados e mais complexos. O termo para esse tipo de arquétipos será "arquétipos intelectuais". Minha pesquisa demonstrou que a estrutura dos nossos arquétipos emocionais não muda. Os arquétipos intelectuais, no entanto, podem ser influenciados e retardados, e são usados geralmente para controlar os arquétipos emocionais.

Os reflexos são herdados e não podem ser modificados; somos reptilianos em muitos aspectos. O cérebro amigdaliano analisa informações para determinar seu peso emocional e, em seguida, registra permanentemente a maior parte do conteúdo emocional. Esse registro emocional inconsciente pode exercer grande influência sobre o comportamento consciente; o cérebro reptiliano dá ao corpo o comportamento instintivo necessário para lutar, fugir, agarrar e reproduzir-se. A amígdala fornece a energia necessária para marcar, por estampagem, tudo de que precisamos para aprender e sobreviver. Contudo, os seres humanos não precisam do cérebro amigdaliano para sobreviver; os instintos reptilianos não são suficientes. Além dele há o córtex, a terceira parte do cérebro, que fornece um quadro mais complexo. O córtex nos informa que as coisas nem sempre são o que parecem. Ele pode bloquear sinais enviados pela amígdala ou pelo cérebro reptiliano, agindo como uma espécie de corte de apelações.

Processamento paralelo

O cérebro não é uma máquina elétrica, um computador ou uma rede complexa de linhas telefônicas. Os neurônios não operam segundo um código binário de ligado/desligado. Não armazenamos imagens, mas procedimentos. O que uma célula nervosa "diz" à outra depende da "conversa" que ocorre ao mesmo tempo entre grupos de centenas ou milhares de células, todas a distâncias variadas umas das outras dentro do cérebro. Podemos chamar esse tipo de conversa de "processamento paralelo". Enquanto lemos um livro, também podemos beber chá, ouvir a campainha, pensar na chegada iminente de um amigo para jantar e acompanhar a previsão do tempo no rádio. Esse tipo de situação reflete o processo de estampagem paralela.

Quaisquer duas células ou sistemas de células que sejam ativados simultaneamente repetidas vezes tendem a tornar-se associados, de forma que a atividade em um facilita a atividade no outro. O cérebro não lida com informações em série, ou seja, um *bit* de cada vez. Em vez disso, ele opera com o trabalho constante de subsistemas de alianças complexas e processos de pensamento paralelo. A estampagem deveria ser entendida não como um processo de pavimentação de caminhos mentais solitários, mas como a consolidação de todos os procedimentos para reativar "conversas" celulares associadas com o momento da estampagem. Em seguida esse grupo de procedimentos é enriquecido com todas as novas associações derivadas da repetição, da manutenção e das diferentes "conversas" conectadas a ele.

Decifrar um arquétipo envolve, portanto, descobrir não apenas a lógica da emoção associada ao momento da estampagem, mas também a rede de associações que interliga as estruturas. Ao explorar um arquétipo, colocamos várias dessas redes de interligação em alerta. É isso que estamos tentando fazer ao usar a abordagem das estruturas latentes e da associação livre. Esse circuito de interligação é estimulado a cada vez que tentamos nos lembrar de algo; nosso sistema de memória não realiza uma busca linear. Em vez disso, ele envia sinais para muitas direções ao mesmo tempo, recolhendo informações de muitas redes ou alianças diferentes. A "conversa" celular acontece em toda parte, e a lembrança é o resultado desse procedimento complexo baseado em marcas arquetípicas.

110.000 Rapailles

Quanta emoção fornecedora de energia é necessária para a estampagem? Quanta emoção é necessária para marcar "café"? E quanta para marcar "amor"? Precisamos de energia positiva e negativa? Precisamos de mais energia emocional quando somos adultos do que quando somos crianças? Podemos mudar as pessoas sem usar a mesma energia que foi originalmente empregada para criar e manter as estradas mentais que queremos alterar? Para abordar essas questões, precisamos definir a unidade de energia emocional. Gosto de me referir a uma unidade de energia emocional usada na estampagem como um "Rapaille".

Os bebês nascem "inacabados", incapazes de sobreviver sem a ajuda de outros e sem seu "kit de sobrevivência" preexistente, a cultura. A criança precisa aprender rapidamente como sobreviver por si só. A primeira emoção forte na vida de um indivíduo pode resultar do trauma do nascimento e da separação física da mãe.

A vida começa com uma forte experiência emocional porque precisamos dessa emoção para aprender e para marcar esse aprendizado. Não há produção de neurotransmissores sem emoção. E, como já vimos, os neurotransmissores são fundamentais para o processo de estampagem. Emoções fortes liberam mais neurotransmissores do que as fracas, e a questão da energia negativa ou positiva torna-se assim irrelevante. A quantidade de energia é o que importa (ou seja, o número de Rapailles). Quanto mais cedo ocorre a marca deixada pela estampagem, mais forte e mais poderosa é a emoção associada a ela, e mais fundamental ela é para a nossa sobrevivência. Programas de manutenção e repetição também exigem emoção, embora em menor quantidade.

Como vimos, praticamente não há aprendizado (ou memória) que possa ocorrer sem emoção. Quando as pessoas querem mudar — ou criar novas estradas mentais para atravessar mudanças de paradigma, com novas atitudes e novos comportamentos em conseqüência — elas algumas vezes não entendem que não podem realizar tal mudança sem emoção. Elas concebem programas de treinamento bem projetados, incluindo livros e manuais passo a passo que fazem sentido intelectualmente, mas não giram em torno da geração de neurotransmissores.

A estampagem do conceito de qualidade acontece numa idade muito precoce, deixando uma marca geralmente negativa, que ocorre quando alguém deveria fazer algo, mas falha. Os sentimentos de vergonha e remorso resultantes marcam a idéia de má qualidade. Essa experiência pode envolver 50.000 Rapailles, marcados na idade de 4 anos, por exemplo. Pelos próximos trinta anos, essa marca será reforçada pela cultura diária (ou seja, "sem esforço não há lucro", "nunca desista", "tente novamente", "quanto mais erros você comete, mais você se torna uma pessoa melhor", etc.). Esse programa de reforço pode representar 1.000 Rapailles por ano, que acumulando-se chegam a outros 30.000. A mídia, por meio de filmes como *Rocky*, por exemplo, que mostram heróis americanos que obviamente não acertam na primeira vez, funcionam como um "programa de manutenção", acrescentando outros 1.000 Rapailles por ano. Depois de trinta anos, teremos 110.000 Rapailles relacionados à obtenção da qualidade, atingidos com o acúmulo de esforços repetidos.

Então, suponhamos que essa pessoa, à idade de 35 anos, participe de um programa de qualidade baseado nas estradas mentais japonesas e centrado na idéia de "fazer certo da primeira vez". É claro que o programa faz sentido do ponto de vista intelectual, e essa pessoa entende isso. O programa inteiro, no entanto, deve representar 500 Rapailles. Não há maneira pela qual 500 Rapailles possam mudar o que foi martelado por 110.000 Rapailles ao longo de trinta anos, assim como dois dias de chuva não podem mudar o curso do rio que atravessa o Grand Canyon.

Memória. Como dito anteriormente, a deterioração da memória começa com as lembranças recentes e progride em direção às mais antigas. Isso ocorre porque as lembranças mais antigas foram reforçadas com um maior número de Rapailles.

Rigidez. As pessoas idosas tornam-se rígidas; elas continuam usando as mesmas estradas mentais sem parar, o que torna impossível para novos caminhos competir com elas. Novas experiências têm uma chance muito pequena de criar novas estradas mentais, porque envolvem muito poucos Rapailles em comparação com as experiências passadas.

Crianças. A noção popular de que os primeiros cinco anos da vida de uma criança são os mais importantes no desenvolvimento pode ser mais bem compreendida à luz da hipótese dos Rapailles. As crianças são muito emocionais: riem, choram, brincam, riem e choram de novo várias vezes por dia, às vezes levando seus pais à exaustão. Esse elevado nível emocional é o motivo por que elas aprendem tanto em tão pouco tempo. Por exemplo, aprendem a falar sua língua nativa em dois anos, e além disso são extremamente receptivas ao aprendizado de mais de uma língua — mais do que em qualquer outra idade.

Psicanálise. Por que algumas pessoas precisam passar por dez anos de psicanálise? É porque os seres humanos não podem suportar uma overdose de Rapailles (transferência, reativação de assuntos não-encerrados, trazer à consciência emoções fortes que foram reprimidas etc.). Precisamos de tempo para digerir e integrar. Precisamos de tempo para produzir a mesma quantidade de Rapailles de forma positiva, para compensar os Rapailles negativos que acumulamos.

Eletrochoque. Essa é uma forma de "explodir" algumas dessas estradas mentais, usando uma grande quantidade de energia num curto intervalo de tempo. Usar dinamite para abrir uma porta é algo que pode funcionar, mas você não vai conseguir fechar a porta depois disso. A abordagem ineficaz do eletrochoque equivale à transferência de 100.000 Rapailles de uma só vez, sem esperança de resolver um problema emocional.

Experiências exteriores. Por que as pessoas pagam para serem jogadas de pontes enquanto estão seguras por uma corda? Porque esse tipo de atividade produz muitos Rapailles. Ela cria memórias inesquecíveis, abre um novo circuito mental, adiciona novos métodos à mente. Por que reagimos de maneira tão forte a esse tipo de evento? Porque estas atividades estão diretamente relacionadas a nossa sobrevivência e aos nossos medos primitivos.

Adolescência. Por que a adolescência é um estágio tão fora do comum? As crianças são muito emotivas até os 8 anos de idade (a "idade da razão"). Permanecem estáveis até a adolescência. Então, retornam a um estado emocional. Por quê? Porque precisam de uma maior quantidade de Rapailles para estampar todas as novas questões e mudanças associadas com esse estágio transitivo da vida. Como esse estágio não está definido de maneira clara em muitas sociedades modernas (por exemplo, ritos de passagem etc.), há ainda mais espaço para que a ansiedade se instale. Em muitas culturas, a iniciação ao sexo é bem organizada e ritualizada. Na cultura ocidental, os adolescentes não têm rituais certos e, portanto, não têm direcionamento. A cultura ocidental aborda a educação sexual de maneira insatisfatória.

A emoção é a chave para se compreender como nos tornamos quem somos. A emoção faz com que o aprendizado e a memória sejam possíveis. Nossa lógica emocional é nossa identidade mais profunda, tanto cultural quanto individualmente. Essa identidade se baseia nos procedimentos usados para satisfazer nossas necessidades biológicas. É necessário decodificar essa lógica emocional para vender bem nossos produtos e para nos comunicarmos com outras culturas.

SEGREDO Nº 3:

SE VOCÊ NÃO SOUBER A SENHA, NÃO PODERÁ ABRIR A PORTA:
Decodificar o padrão mental do mercado-alvo pode abrir as portas da oportunidade.
Quando uma porta não é apenas uma porta.

Em vez de dar ouvidos apenas àquilo que as pessoas têm a dizer, podemos tentar entender o porquê de elas fazerem o que fazem — dessa maneira, abrimos novas portas para novas mentalidades culturais. Cada cultura tem um inconsciente ou uma senha que pode ser decodificada.

Certas portas permanecerão fechadas para nós até que decodifiquemos o conceito e a cultura — depois, precisaremos ter visão para perceber e coragem para perseguir nossas novas oportunidades de marketing.

CAPÍTULO 8

Abrindo Portas

Quando uma porta não é apenas uma porta.

Vejamos como funciona a lógica da emoção para vários elementos básicos na nossa vida, tais como as portas, a comida e o nosso corpo. Uma vez que entendamos os arquétipos, poderemos abrir muitas portas para nós mesmos e para nossas empresas.

Portas. O sucesso ou fracasso de um anúncio publicitário em geral está ligado a memórias de infância primordiais e profundas. Uma empresa de Seattle, chamada Simpson, que fabrica e vende portas de madeira de alta qualidade, percebeu certa vez que suas vendas caíam vertiginosamente. A empresa julgava as fabricantes de portas de aço culpadas por seu fracasso, com seus anúncios que exibiam a força e segurança de seus produtos como supostamente superiores. A Simpson buscou então compreender o arquétipo de uma porta e sua relação com a segurança para saber como elaborar e anunciar seus produtos.

Em nosso estudo arquetípico verificamos que nos Estados Unidos geralmente as crianças mais novas são deixadas sozinhas pela mãe ou pelo pai em um quarto com a porta fechada. O arquétipo da porta era interessante: provavelmente a memória mais antiga de muitas crianças americanas é aquela em que são levadas até a cama pela mãe quando é hora de dormir. A mãe então fecha a porta do quarto. Nas primeiras impressões conscientes dos bebês, algo que não é mais visto deixa de existir. A porta fechada, portanto, evoca memórias relacionadas a ansiedade, medo, solidão e insegurança.

Com essa informação, a antiga representação, na comunicação de marketing da Simpson, de uma porta fechada do lado de dentro foi substituída por uma nova porta com uma pequena janela de vidro transparente. Essa porta tornou-se a campeã de vendas da Simpson. A empresa deu uma nova roupagem para sua campanha de anúncios, a qual anteriormente apresentava portas fechadas — agora havia portas abertas, com pessoas dentro e fora do ambiente comunicando-se para aumentar a sensação de conforto do cliente perante o produto. Um outro anúncio mostrava uma porta aberta com crianças saindo ao invés de entrando na casa, o que também ocasionou um crescimento imediato nas vendas.

O código americano para uma porta é "bem-vindo" e "sentir-se bem-vindo". Um outro ritual único dos Estados Unidos é o dos funcionários de alfândega dizerem "bem-vindos de volta" aos habitantes. "Bem-vindo" forma uma forte estrutura mental, especialmente para os americanos. Assim, uma porta nos Estados Unidos está associada a *perigo* se estiver fechada por dentro, e a *boas-vindas* se vista do lado de fora, especialmente se estiver aberta.

Qualidade. A maioria das corporações norte-americanas adotou o preceito de qualidade japonês de se fazer tudo perfeito da primeira vez. Meu estudo revelou, entretanto, um arquétipo inesperado de qualidade: embora admiremos o conceito japonês de perfeição já na primeira empreitada, as "pistas" indicam que os americanos não querem "fazer tudo perfeitinho" da primeira vez. O caminho mental seguido pelos americanos poderia ser resumido na máxima "sem sacrifício não há lucro". Há sabedoria nessa abordagem americana. Os americanos precisam tentar, falhar e tentar novamente para aprender. Caso sigam esse padrão mental, os americanos realmente aprendem mais rápido que os japoneses.

Recompensas. O foco principal de um dos estudos arquetípicos que conduzi foram as recompensas, ou seja, as maneiras diferentes pelas quais as companhias americanas recompensam seus funcionários. Descobri que as recompensas podem ser divididas em duas categorias básicas: aquelas enraizadas no passado (diplomas, certificados) e aquelas que se projetam no futuro (novas ferramentas para os trabalhadores, um computador mais sofisticado para um empregado promissor, um curso noturno, programas de treinamento). As recompensas relacionadas ao passado não levavam a lugar algum e não ofereciam nenhuma esperança de movimento ou mudança. As recompensas que se projetavam para o futuro, entretanto, estavam carregadas da "energia" da mudança, de maior atividade e de entusiasmo — e, para os americanos, mudanças são sempre bem-vindas. A lição que ficou para os empreendedores americanos é a de que recompensas mais orientadas para o passado são contraprodutivas e deveriam ser eliminadas em favor de recompensas orientadas para o futuro.

Carros. Há alguns anos, em uma pesquisa arquetípica relacionada a produtos, tive alguns conflitos com especialistas de Detroit sobre os tipos de carros que os americanos deveriam fabricar. O bom senso convencional dizia que Detroit deveria competir com o Japão na produção de carros menores. Todavia, num estudo em escala mundial, descobri que as sessões de estampagem indicavam o inverso: as palavras-chave recorrentes incluíam "espaço" e "movimento". Os americanos, mesmo aqueles que viviam em ambientes totalmente urbanos, ansiavam por imitar seus valentes ancestrais que conquistaram o Oeste. Meu estudo mostrou que o tipo de carro que os americanos mais desejavam era de longe a minivan; de fato, durante os anos de desespero que se seguiram em Detroit, a Chrysler sobreviveu somente por causa de sua antevisão para projetar e vender minivans.

Papel higiênico. Um estudo de um produto de um tipo diferente interessou-me porque revelou uma vívida memória de infância que escapara à minha atenção até o momento. A Procter & Gamble pediu-me que estudasse o papel higiênico para determinar a forma mais adequada de propaganda. Esperava-se que os estudos de estampagem revelariam a importância do treino que se faz com crianças para ir ao banheiro, mas o que revelaram foi que esse treino era apenas parte da estampagem. O momento mais importante não era quando a criança aprendia a usar o banheiro, mas quando aprendia a usar o papel higiênico. A primeira vez que uma criança usa o papel higiênico sozinha é uma experiência extraordinariamente vívida e emocionante. Isso ocorre porque, numa mesma ocasião, a criança pode rejeitar seus pais (trancar a porta do banheiro), agir de maneira responsável e independente e também ganhar a admiração e aprovação dos pais.

Quando a Procter & Gamble conseguiu compreender o conflito emocional atravessado por uma mãe ao sentir alívio por seu filho ser capaz de usar o papel higiênico sozinho — e, portanto, ser independente dela — mas ao mesmo tempo ser capaz de rejeitá-la, a companhia modificou sua propaganda de modo a incorporar essa nova informação, enfatizando a nova habilidade da criança, em vez de apenas enfatizar a maciez do produto.

122 OS 7 SEGREDOS DO MARKETING

Xampu. Roger Brookin, o gerente de marketing da Nipponlever (Unilever do Japão) tinha um problema. As vendas do seu xampu Sun Silk estavam caindo e a empresa estava perdendo terreno. Ele queria saber por que isso estava acontecendo e o que deveria fazer. A empresa havia feito uma pesquisa tradicional de consumo e não estava satisfeita, por ter obtido resultados contraditórios. Roger, um experiente profissional de marketing, disse que as contradições eram enganadoras, explicando que às vezes os consumidores dizem uma coisa e fazem outra. No entanto, ele estava menos interessado no que as pessoas diziam do que nos motivos que as levavam a dizer ou fazer essas coisas.

Roger informou-me que as vendas do xampu Sun Silk estiveram em alta durante algum tempo e então tiveram uma queda repentina. Perguntei-lhe se nessa virada ele tentou algo novo, ou alterou alguma coisa, como o posicionamento ou a embalagem do produto. Ele explicou: "Introduzimos um novo comercial feito por uma agência de publicidade japonesa. Acho que eles conhecem bem sua própria cultura, então não acho que esse tenha sido o problema". Pedi para ver o comercial.

Era fascinante. O tema era sensual: havia uma mulher japonesa jovem e *sexy* lavando e secando seus cabelos. Um efeito em câmera lenta aumentava a sensualidade, dando uma aparência líquida e flutuante a seus cabelos. De repente, a campainha toca: vemos um close de uma mão masculina abrindo a porta da casa da mulher. Então aparece o texto "Xampu Sun Silk", e termina o comercial. A idéia era transmitir ao público a impressão de que o casal está prestes a ter um encontro, e que a mulher está lavando seus cabelos antes disso.

Fizemos uma série de sessões de estampagem nas quais pedimos a grupos de mulheres que retornassem a suas primeiras experiências com xampu, permitindo-lhes que penetrassem no mundo das emoções, pois sabíamos como abrir aquela porta.

Xampu não é simplesmente xampu — é um elemento cultural, e o modo como é usado no Japão reforça a cultura japonesa. Nenhum objeto de uma cultura encontra-se isolado; todos têm relações sistêmicas uns com os outros, e determinar essa estrutura é a chave para decifrar as culturas.

Mostramos o comercial às mulheres e pedimos que escrevessem o que imaginavam que iria acontecer após verem a mão do homem. Os resultados foram surpreendentes. Muitas das mulheres escreveram "ele tira sua espada e corta-lhe a cabeça". Não era à toa que as vendas estavam caindo! Recomendei imediatamente que parassem de veicular o comercial e criassem outro, com ênfase na idéia de limpeza, e não de sedução. A empresa seguiu meu conselho, criando uma nova campanha que enfatizava valores que recomendamos como "seguros" (limpeza, combate à caspa, dever e orgulho). As vendas imediatamente começaram a subir.

O arquétipo da comida

Decifrar a comida em qualquer cultura é um grande passo para decifrar a própria cultura. Obviamente, a comida é uma das prioridades para a sobrevivência, e o modo como uma cultura lida com a comida e a bebida determina muitos outros padrões de comportamento. Porque todos comemos todos os dias, estamos sempre preocupados com comida. Meu propósito aqui é lançar uma nova luz para que você perceba o modo como sua cultura lida com a comida. À medida que ganhar mais clareza sobre o assunto, você poderá até mesmo aumentar sua liberdade e possibilidade de escolha. Você poderá também sentir-se atordoado com algumas verdades provocativas que não gostará de ouvir. De qualquer modo, decifrar a percepção que sua cultura tem da comida não o deixará indiferente.

O código americano para comida. "Nunca ser rico demais ou magro demais" também significa "nunca ser pobre demais ou gordo demais". Cada um de nós tem seus estereótipos de pessoas ricas, e também de pessoas pobres. Em muitas culturas, ser gordo é sinônimo de riqueza, pois é preciso dinheiro para comprar comida. Vários estudos mostraram que comer em excesso é uma maneira inconsciente de acumular comida para o futuro. Se uma pessoa se considera pobre, ela poderá programar-se inconscientemente para comer o máximo que puder, quando puder, para o caso de não ter comida no dia de amanhã. Ela está em sua "fase animal", agarrando o máximo que puder tão rapidamente quanto puder, antes que outros cheguem e roubem sua presa.

Se uma pessoa pensa que é pobre, ela também pode imaginar que não tem tempo de se sentar e apreciar sua comida. Então comerá o tempo todo, em todas as oportunidades de tempo e local que tiver (andando pela rua, assistindo à TV, dirigindo, trabalhando). Sempre terá comida consigo. Qual é o restaurante ideal para atrair pessoas com esse padrão mental? "Tudo o que puder comer por US$ 9,99".

Bagagem extra. Este arquétipo estende-se à bagagem. As pessoas ansiosas em geral carregam várias coisas consigo, as quais terminam por não usar. Esta mentalidade de "caso eu precise" manifesta-se, por exemplo, em todas aquelas caixas de papelão que você guarda no porão e que o seguem de mudança em mudança, de casa em casa. Você nem sequer sabe o que há dentro delas, ou por que motivo as guarda, mas se preocupa com o fato de que um dia poderá precisar daquilo que esteve guardado durante anos. Não são só as pessoas pobres que se encaixam nesse tipo de ansiedade. A acumulação de comida extra também é comum em alguns pequenos animais que têm de estocar o máximo que puderem para sobreviver ao difícil período de inverno; também os americanos, desde os pioneiros até aqueles que passaram pela Grande Depressão, estão culturalmente treinados para precaver-se contra épocas difíceis. Essa é a razão pela qual fazem estoques gigantescos.

A lei da estocagem. Em uma descoberta que fiz num estudo sobre hábitos de estocagem, percebi que o padrão mental americano obedece a uma lei básica: a cada vez que você joga alguma coisa fora, pode ter certeza de que vai precisar dela no dia seguinte. Esta atitude de "caso eu precise" nos manda guardar tudo e se manifesta em vários lugares, desde a garagem até o porão, passando pela mesa de trabalho. Esse padrão está relacionado à necessidade de "estocar" comida quando se é pobre, como fazem aquelas mulheres com sacolas cheias de pertences que levam aonde quer que vão. No outro extremo, encontramos a pessoa rica que pode viajar mundo afora carregando nada além de um cartão de crédito, pois poderá comprar o que quer que venha a precisar. Podemos dizer que, quando alguém chega ao aeroporto tentando carregar suas cinco malas para uma viagem de cinco dias, certamente tem medo do inesperado e sente a necessidade de se preparar para imprevistos. É alguém que pensa de maneira "pobre" e por isso viaja de maneira "gorda".

O poder de ficar rico e magro. Os Estados Unidos têm os "pobres" mais gordos do mundo, e os livros que mais são vendidos por lá são sobre dieta. Ganham por pouco dos livros sobre "como ficar rico rápido". Se entendermos essa preferência do consumidor americano, poderemos imaginar o sucesso de um livro que combina ambos — por exemplo, *Como Ficar Rico e Magro em 25 Dias*. Foi exatamente esse o sucesso do livro de Anthony Robbins, *Poder Ilimitado*. Robbins é um guru autoproclamado e escritor bem-sucedido, cujas principais credenciais são as de já ter sido gordo e pobre. Agora ele é magro e rico, e supostamente poderemos realizar as mesmas coisas simplesmente comprando seus livros. Mas, além do padrão mental "rico e magro", qual é realmente o código para comida nos Estados Unidos?

Comida é um "combustível para a diversão". O código americano para comida é "combustível". Os americanos têm mais o que fazer do que entregar-se a uma experiência alimentar sensual, erótica ou artística. Esse código de "combustível" pode ser visto em conceitos como *drive-thru*, *fast food* e sentir-se "satisfeito", "cheio".

Os americanos não querem saber como sua comida chegou ao prato — querem apenas certificar-se de que é segura. Eles normalmente não estão preocupados em descobrir ou diversificar os prazeres do paladar, mas sim em trabalhar muito para criar um mundo melhor para a próxima geração. Obviamente gostam de comida, e alguns até entregam-se aos prazeres da boa mesa. Mas, considerados como uma cultura, os americanos enfatizam a velocidade e a quantidade acima de tudo: o jantar americano é um processo que leva em média doze minutos, servido por volta das seis da tarde, com toda a comida no mesmo prato. Quando terminam o jantar e alguém oferece mais alguma coisa, os americanos dizem "Obrigado, estou cheio", como se fossem veículos que estivessem sendo abastecidos. Por isso inventaram a *fast food*, a qual veio acompanhada de muitos problemas — 60 por cento dos americanos estão acima do peso normal, porcentagem maior do que em qualquer outro país.

Queijo. Outra pesquisa arquetípica foi feita para a Dannon, uma corporação francesa que queria vender queijo francês nos Estados Unidos. No começo, a companhia fez tudo no estilo francês, enfatizando o cheiro e a sensualidade do queijo. A Dannon usou uma campanha de TV bastante sensual, que fora bastante eficaz na França, justapondo as delícias do queijo e do vinho. No comercial, dedos femininos acariciavam, apalpavam e beliscavam o queijo, e depois víamos uma mulher cheirando o queijo com entusiasmo e vontade.

Essa campanha mostrou-se um verdadeiro fiasco nos Estados Unidos. Quando a Dannon fracassou em sua iniciativa de marketing, coube a mim descobrir qual o próximo passo. Pediram-me que descobrisse os arquétipos do queijo, tanto na França como nos Estados Unidos. Em ambos os países, conduzimos grupos de estampagem que evocavam memórias de infância relacionadas ao queijo. Os resultados do grupo francês eram bastante semelhantes entre si: os participantes lembraram de como, quando crianças, observavam suas mães tocarem o queijo nas lojas e nos mercados, cheirando, apalpando e pesando o queijo, como costumam fazer as mulheres francesas. O objetivo das mães era determinar a idade do queijo: um queijo "jovem" poderia ser guardado até quando tivesse de ser consumido, e um queijo "maduro" serviria para consumo imediato. O código é que, dentro da cultura francesa, o queijo tem uma expectativa de vida; ele está "vivo". Nenhum francês que se preze guardaria o queijo na geladeira durante muito tempo. Em vez disso, deve-se permitir que o queijo "amadureça" até que chegue à melhor "idade" para o consumo.

Nos grupos de estampagem americanos, as memórias mais recentes do queijo eram completamente diferentes. Em primeiro lugar, o queijo estava diretamente associado à carne (*cheeseburgers*). Também aparecia sempre embalado em plástico e invariavelmente guardado na geladeira até ser consumido. De acordo com a lógica emocional dos americanos, o queijo era seguro porque estava livre de germes e pasteurizado, ou, em outras palavras, estava morto. Por causa desse ponto de vista inconsciente, os americanos rejeitaram o comercial de TV. Afinal, quem quer apalpar ou cheirar um cadáver?

Depois de compreendido o arquétipo americano para o queijo, a segurança do queijo pasteurizado tornou-se o elemento principal de comunicação, e criou-se um queijo francês "morto" especialmente para o mercado americano, o qual certamente não venderia na França, mas que se tornou bastante popular nos Estados Unidos. É claro que o código "morto" para o queijo não é realmente usado na comunicação, mas somente sob a forma de um conceito para se compreender como o queijo deveria ser embalado (em plástico), estocado (refrigerado) e apresentado (como item de consumo seguro). Para a Dannon, entender que nos Estados Unidos o queijo deveria estar "morto" para ser aceitável permitiu que a companhia embalasse e promovesse seu produto de maneira a comunicar essa mensagem subjacente, sem no entanto jamais fazer referências diretas a ela.

Café. Quando explorei a estampagem para café nos Estados Unidos, vi enormes possibilidades para aqueles que vendem o produto. Corretores de imóveis sempre me dizem o quanto é difícil vender uma casa vazia. Esta mesma casa vazia, entretanto, pode se transformar numa casa vendável com a simples adição de uma xícara de café feito na hora. Por que o café exerce esse poder mágico? Tudo remete aos arquétipos. No entanto, ao contrário dos resultados dos meus estudos anteriores, o café na verdade deixa sua marca em dois momentos diferentes da vida dos americanos.

A primeira vez ocorre quando temos cerca de 2 anos de idade. É hora de acordar. Você ainda está na cama e pode sentir o cheiro do café recém-feito. Você conhece essa casa e sabe que alguém se importa com você. Essa é uma sensação positiva associada com a sensação de que nossa família está próxima, preparando o café da manhã e se preocupando conosco. Por causa dessa primeira impressão bastante positiva, a maioria dos americanos adora o cheiro de café, quer tenham ou não o costume de bebê-lo. Mas essa não é a única lembrança do café que existe nos Estados Unidos.

A segunda memória do café ocorre quando somos adolescentes. Cedendo à pressão dos nossos amigos, nós o experimentamos. Não costumamos apreciar o sabor, do qual em geral se aprende a gostar. Podemos achar o café amargo, então adicionamos leite, açúcar e às vezes creme, para tentar disfarçar o sabor. Tomá-lo puro é uma prova de força e virilidade. Assim, o sabor do café não está associado ao lar, mas a uma forte pressão dos amigos, e disfarçamos o amargo — tanto do café como da situação — com leite, açúcar e creme.

Enquanto os americanos geralmente têm um tipo de ritual matinal associado ao café, não há significados simbólicos ou histórias míticas comparáveis às dos japoneses com o chá. A tentativa de persuadir os japoneses a trocar rapidamente o chá pelo café foi a estratégia errada. Em primeiro lugar, tivemos de criar um conjunto de experiências novas que começassem na tenra idade, de forma a fazer com que a geração seguinte se acostumasse ao gosto do café. Essa foi a estratégia correta, a qual foi reforçada pela moda e pela cultura de mídia.

Champanhe. O champanhe não é uma mera bebida — faz parte do inconsciente coletivo francês. Embora eu agora seja um americano, o fato de ter nascido e crescido na França fez com que eu tivesse uma relação especial com o champanhe. Quando meu filho Dorian tinha apenas 3 anos, ele já adorava champanhe. Sempre que bebíamos, ele queria celebrar conosco. Essa não é, certamente, a maneira comum pela qual os meninos americanos recebem sua primeira marca do álcool, especialmente o champanhe.

Descobrimos que as lembranças do álcool nos Estados Unidos são muito diferentes das lembranças do álcool na Europa. Os jovens geralmente não bebem até a idade em que entram no ensino médio. Uma vez lá dentro, sob pressão de seus colegas, bebem demais, ficam enjoados e passam uns dois dias com a cabeça enfiada no vaso sanitário. Essa primeira marca deixada pelo álcool está associada à perda de controle, com o enjôo e com a pressão dos amigos, e tudo isso numa época em que adolescentes estão passando por uma oscilação constante entre altos e baixos emocionais.

A primeira impressão do champanhe na cultura francesa, por outro lado, está associada com a celebração e com a família, na primeira infância, quando ainda não se está numa fase "rebelde". Na verdade, é uma época de descoberta, de sentir-se incluído e de grande identidade familiar. Os conceitos culturais das pessoas que bebem álcool nessas duas culturas são obviamente muito diferentes.

Vinho. Em uma de minhas primeiras visitas à Califórnia, fui a um restaurante, sentei-me e, antes mesmo de olhar o cardápio, a garçonete perguntou-me o que eu queria beber. Eu não estava ali para beber, mas para comer. Imaginava que deveria pedir minha refeição primeiro e só então escolher o vinho, porque o código francês para vinho é o de realçar o sabor da comida. Assim, você escolhe o vinho apenas depois que já sabe o que irá comer. Você não deve beber vinho se estiver com sede ou de estômago vazio. Portanto, fiquei confuso. Apenas após realizar um estudo sobre o álcool foi que me dei conta dos diferentes códigos em ação.

Álcool. Nos Estados Unidos, o álcool é uma bebida do "antes" — algo que se bebe antes do jantar, antes de se encontrar com alguém, durante uma *happy hour* ou, muitas vezes, infelizmente, antes de dirigir. Na cultura francesa o álcool, especialmente o vinho, é uma bebida do "depois", consumida depois de comer, de forma a melhor apreciar a comida.

Em Tóquio, pediram-me certa vez que descobrisse por que razão o álcool desempenha um papel na cultura japonesa que é totalmente diferente das outras culturas. Como a maioria dos estrangeiros, encantei-me com a educação dos japoneses, com suas mesuras e seus rituais. Rapidamente descobri, no entanto, que essas coisas eram apenas um único aspecto da cultura japonesa. Um dia, após o trabalho, meus dois assistentes japoneses convidaram-me para tomar um drinque. Fomos a um bar, bebemos um pouco, e meus respeitáveis colegas de repente começaram a falar alto, de maneira incômoda, provocativa e até mesmo rude, e subiram num palco para cantar uma versão embriagada do hino francês em minha homenagem. Fiquei abismado.

No dia seguinte, pedi-lhes que me explicassem o que acontecera na noite anterior. "O que você quer dizer?", perguntaram. "Não aconteceu nada na noite passada. Não entendemos sua pergunta." Obviamente eu havia deixado de perceber alguma coisa — e essa peça que faltava era o código.

A oportunidade de decifrar o código desse comportamento logo me foi dada pela Jardins Mathewson. A empresa queria que eu desvendasse o código inconsciente para o uísque no Japão, onde na época estava sendo vendido o uísque White Horse.

Durante a sessão de estampagem, pedimos aos participantes que voltassem à sua primeira experiência com álcool e que descrevessem tudo que pudessem lembrar com relação àquele momento.

Os comentários incluíam "é preciso ter coragem para beber sozinho" e "não beba até que esteja preparado para enfrentar suas emoções". De relato em relato, o mesmo padrão aparecia: um "antes" no mundo das aparências, um "depois" no mundo das emoções, e coragem para passar de um mundo a outro. O álcool fornece essa passagem para muitos japoneses, rapidamente transportando-os do mundo do dia-a-dia, cheio de aparências, até o "mundo noturno" dos verdadeiros sentimentos e emoções. Portanto, ficar bêbado não é visto como algo mau ou vergonhoso pelos japoneses. Eles não estão perdendo o controle — eles estão apenas escolhendo penetrar no mundo de suas emoções mais profundas, uma jornada que requer coragem e força.

O código americano para o corpo: máquina

Se a comida é o combustível, o corpo deverá, portanto, ser uma máquina. Como uma cultura, os americanos são fascinados pelo Robo-Cop, pelo Homem de Seis Milhões de Dólares e pelo R2D2. Fazemos cirurgias plásticas porque queremos uma máquina que funcione bem e tenha boa aparência. Queremos poder, e obtemos prazer ao tentar alcançar este poder, e é por isso que reverenciamos tanto a tecnologia. Essa percepção do corpo também ajuda a explicar a tendência de pôr a culpa por nossas ações nos hormônios — o equivalente a uma sobrecarga de força ou um problema mecânico.

A beleza do corpo-máquina. Embora do ponto de vista biológico os padrões de beleza não pareçam uma tática de sobrevivência, os métodos de atração do sexo oposto fazem parte da perpetuação da espécie. Em algumas culturas, apenas mulheres muito gordas são consideradas atraentes, geralmente em culturas em que a gordura é sinônimo de riqueza, boa saúde e tempo livre para o lazer. Em outras culturas, a visão da gordura é diametralmente oposta.

A obsessão dos americanos com a limpeza e a saúde está relacionada ao seu relacionamento com a sensualidade e o sexo. Tanto o sexo quanto a comida são vistos como perigosos na cultura americana; as calorias e o colesterol são comparáveis ao herpes e à AIDS. Os alimentos devem ser limpos, controlados e todos os rótulos devem conter informações sobre os ingredientes; o sabor está subordinado à aparência e à segurança. Sob muitos aspectos, funcionamos com um código semelhante quando o assunto é sexo, já que devemos não ter nenhuma doença ou infecção e devemos investigar a condição dos nossos parceiros (sexo seguro).

Mantendo o corpo-máquina saudável e limpo. Matar germes é quase um esporte nacional nos Estados Unidos. Os esportes geralmente servem como forma de tortura, e as academias possuem grandes janelas para que os transeuntes possam testemunhar o sofrimento. Sem sofrimento, não há lucro. Se você quiser ser bonito, vai precisar sofrer.

Somos bombardeados diariamente com as virtudes dos assoalhos esfregados, das sacolas herméticas, dos colarinhos sem mancha. Nenhum orifício do nosso corpo está fora do alcance do profissional experiente de marketing que tem sempre uma mensagem para acionar nosso fetiche por limpeza. Até mesmo o nome dos produtos, que sempre remetem à limpeza, são reflexos do nosso inconsciente coletivo e do fato de que os americanos são como soldados alistados na guerra santa contra os germes e sua animalidade (por sua vez, sinônimo de sujeira).

Por outro lado, os franceses pensam que alguma quantidade de bactérias é indispensável à vida humana, e que um excesso de banhos faz com que a pele perca sua proteção natural. Quando conduzi um estudo sobre a sedução para a L'Oréal, as mulheres americanas não deram boas notas para os homens franceses. A maior parte delas disse que os homens franceses seriam desejáveis, desde que tomassem um banho antes.

À medida que eu fazia minhas descobertas, algumas mulheres americanas disseram-me que, na verdade, achavam comida melhor do que sexo. "Comida é sexo seguro", de acordo com uma delas. A ligação entre comida e sexo é bem antiga, mas o arquétipo americano permanece: embora a comida possa ser "perigosa", ela é geralmente considerada um tipo de sexo seguro porque exclui a sensualidade não-autorizada.

Os americanos querem ficar "cheios" o mais rapidamente possível; da mesma forma, o objetivo de uma "rapidinha" é ficar "cheio" o mais rapidamente possível. As sensações de estar sexualmente saciado e de estar "cheio" de comida são análogas; por isso, as pessoas sexualmente frustradas em geral tendem a comer muito como forma de compensação. Mas perceber o ato de comer como "sexo seguro" é algo mais complexo. Comer é uma maneira de cumprir a tarefa de obter o máximo de combustível tão rapidamente quanto se possa sem experimentar prazer não-autorizado. Há também a noção de que, se alguém obtém muito prazer, deve pagar um preço por isso — como ficar acima do peso ou não ser atraente. Indo mais longe, podemos dizer que estar acima do peso é também uma "solução" distorcida para os problemas sexuais, pois ser socialmente considerado não-atraente elimina o risco de atrair um parceiro.

Os odores corporais são eróticos. Várias pesquisas sobre perfume, feitas para a Dior e para a L'Oréal, mostraram que há uma grande distância entre as culturas francesa e americana. Para os franceses, os odores naturais são eróticos, e deveriam ser protegidos ou aprimorados. Quando uma mulher francesa escolhe um perfume, ela está buscando a melhor combinação entre o perfume e seu odor natural; assim, ela testa o perfume na sua pele e espera um pouco até sentir o resultado. A mente americana funciona de maneira diferente. Matar germes e destruir todos os odores corporais negativos com banhos e desodorantes são atividades da maior importância. A função maior do perfume, portanto, é agir como uma barreira entre o lado animal natural e o lado público construído. As mulheres americanas geralmente procuram um perfume com forte aroma, que dure o dia todo. Obviamente, elas também testam o produto na pele, mas em geral o fazem para testar a compatibilidade química.

Dar-se conta das disparidades entre culturas, tais como essa, é a chave para colocar um produto no mercado com sucesso, e também para avaliar de maneira exata as campanhas publicitárias já em circulação.

CAPÍTULO 9

Três Elementos Dominantes: Sexo, Dinheiro e Poder

A cultura popular americana domina o mundo.

Dizer que os americanos são obcecados por sexo, dinheiro e poder é dizer o óbvio. De fato, há 150 anos, Alexis de Tocqueville observou que "o amor pela riqueza pode ser considerado tanto o motivo principal como o secundário que está por trás de tudo que os americanos fazem; isso dá às suas paixões um tipo de semelhança familiar". O que Tocqueville não disse é que confundimos de maneira irremediável o dinheiro com o sexo e com o poder.

O homem mais poderoso é aquele que consegue mais mulheres (quantidade). A mulher mais poderosa é aquela que consegue o homem mais rico (mais poderoso).

A cultura anti-sexo americana

O "Grande Irmão" sabe de tudo: há uma grande figura paterna (o estado, a legislação) que sempre observa a todos, mesmo em seus quartos (porque nos Estados Unidos, mesmo que você tenha 35 anos, você ainda será um adolescente). Em alguns aspectos, não há vida privada nos Estados Unidos. Em 1988, na Geórgia, James Moseley foi condenado a cinco anos de prisão por fazer sexo oral com sua esposa; ele cumpriu 19 meses. A sodomia é proibida em 25 estados e no Distrito de Colúmbia. O adultério ainda é ilegal em metade dos 50 estados americanos. A prostituição é ilegal em quase todos os estados. Os Estados Unidos têm uma média de 374 estupros para cada 100.000 habitantes (no Japão, há apenas 1,4 estupro para cada 100.000 habitantes). Nas minhas pesquisas nos Estados Unidos, uma palavra surgia repetidamente entre as mulheres: controle.

Controle: o código americano para "poder"

Mais do que tudo, as mulheres americanas desejam ter controle. Não querem perdê-lo ou abrir mão dele. Querem controlar a própria vida, seus filhos, o marido, seus cabelos, sua dieta, seu corpo e a conta bancária. Controle é a palavra mágica. Em reuniões com mulheres que ocupavam cargos executivos em agências de publicidade, muitas vezes percebi que, após cinco minutos, a palavra "controle" aparecia como a explicação para tudo. Por que as mulheres compram papel higiênico, cosméticos ou manteiga de amendoim? Controle.

O jogo pelo poder é, na verdade, um jogo pelo controle. Não quisemos derrotar os russos; queríamos controlar sua expansão. As mulheres não querem ganhar dos homens; querem controlá-los, contê-los. Estar fora de controle é a situação mais perigosa, e o estupro é ainda mais chocante nos Estados Unidos do que em qualquer outro lugar, porque representa uma total perda de controle.

Não somos parceiros na diversão; em vez disso, somos inimigos numa guerra pelo poder e pelo controle. E, como de costume, o dinheiro é a prova final de quem está legalmente certo, de quem "ganhou".

O raciocínio foi substituído por *slogans*, e o resultado disso é que respondemos a eles como máquinas. Na medicina, quanto mais se usa uma prótese, mais se atrofia um músculo. Do mesmo modo, quanto menos usamos nossos talentos, nosso julgamento e nossas intuições para desfrutar de nossas fantasias, para ter uma vida privada e para nos divertirmos no quarto, mais atrofiamos nossa mente. Um ciclo vicioso, em suma.

A batalha dos sexos

No terreno das relações entre os sexos, os Estados Unidos são uma cultura ameaçada. Todas as sessões de estampagem revelaram que a situação entre homens e mulheres americanos é nada menos que desastrosa. Meu estudo arquetípico da sedução nos Estados Unidos, em contraste com estudos semelhantes realizados na França e na Itália, mostrou que, longe de conter elementos prazerosos, a sedução era vista não apenas como perigosa, mas como algo a ser evitado a todo custo.

Os arquétipos americanos relacionados à sedução — e o modo com que os homens e mulheres se comunicam — mostram o impacto latente da ainda dominante ética puritana: os Estados Unidos podem ser eficientes e até agradáveis sob outros aspectos, mas o "padrão mental" que prevalece é o de que não se deve desfrutar da vida. A sedução é vista quase unanimemente como algo intrinsecamente mau, como uma distração indesejada e inútil da finalidade maior da vida — o trabalho e a acumulação de riquezas — e nunca como um dos prazeres da vida.

Sessões de estampagem com homens revelaram que, para eles, a sedução não é uma prioridade, enquanto o sexo é visto como uma "solução rápida" ou um "ponto marcado". A atitude masculina para com as mulheres que "agem de maneira sedutora" era quase sempre hostil, e em alguns casos até mesmo violenta.

As sessões de estampagem com mulheres foram ainda menos empolgantes: apesar da aceitação de suas diferenças biológicas e da capacidade de gerar filhos e criar uma família, as mulheres americanas são condicionadas desde o berço a acreditar que homens e mulheres são iguais e a rejeitar tudo o que esteja relacionado a uma "cultura da sensualidade". Por desejarem ser tratadas como homens, acabam por encontrar-se numa situação frustrante: a desconfiança dos homens predomina, juntamente com o medo da violência. Muitas das mesmas mulheres que estão prontas a chamar a polícia quando são abordadas por um estranho também estão prontas, quando vão à Itália, a flertar e a responder favoravelmente aos avanços de um estranho.

As sementes desse conflito são plantadas bem cedo na vida. Os pais incutem em seus filhos as mesmas "estradas mentais" que acabam por ser mutuamente destrutivas. O outro lado dessa hostilidade é sua primitiva dimensão idealista: tanto os homens quanto as mulheres têm expectativas irrealistas; a crença de que deve existir um "parceiro ideal" leva à constante experimentação, que não é inibida pelo fracasso.

Gravidez na adolescência e dissociação sexual

Nos homens, a frustração leva à agressão, que por sua vez é exacerbada pela ausência de limites estabelecidos pela família. Isso explica a importância das gangues nos Estados Unidos, cujas regras substituem as regras ausentes da família. A ausência de qualquer coisa que se assemelhe a uma "cultura da sensualidade", juntamente com a crença dos adolescentes na liberdade total, também resulta em uma das maiores taxas de gravidez na adolescência do mundo.

Fazer sexo é parte desse sistema. Como podemos enfatizar o sexo seguro, quando nada na vida é seguro? "Quando me dizem que devo fazer sexo seguro, as pessoas não se dão conta de que talvez eu nem chegue aos 14 anos. Posso morrer bem antes disso", disse um garoto de 12 anos de Detroit. "Três de meus namorados já foram mortos", disse uma menina de 13, de Chicago. O sexo seguro torna-se tão impossível como a violência segura. Você faz uma aposta na vida, do mesmo modo como faz uma aposta no sexo. O sexo torna-se um passatempo, uma forma de entretenimento que não envolve amor ou medo. O amor é a parte do jogo que se torna perigosa demais.

Em um mundo onde o amor é visto como algo perigoso, e onde na verdade não existe amor ("meus pais nunca me amaram", "os garotos só querem o meu corpo"), como as meninas podem encontrar o amor de que, como seres humanos, também precisam? Se você é uma adolescente que deseja amar e ser amada antes de morrer, mas sua mãe é viciada em drogas, os rapazes são "cachorros" e você não tem pai, quais são as suas opções?

Para as meninas que vivem essas situações, ter um bebê representa um amor "seguro". Alguém irá amá-las, e elas finalmente poderão amar alguém incondicionalmente. Você não escolhe o bebê que tem, e o bebê não a escolhe. Isso é "seguro", porque, se não há escolha, não pode haver rejeição, pelo menos não por um bom tempo.

Porque aprendemos os fatos da vida numa cronologia especial de imagens e com uma lógica apropriada da emoção, nós, nos Estados Unidos, recebemos a estampagem da gravidez antes mesmo da estampagem do sexo. A gravidez está associada com a realização e com um tipo de "preenchimento" (está-se "cheio" de outro ser).

A gravidez é também uma marca emocional mais forte do que o sexo. As crianças aprendem sobre a gravidez bem cedo na vida, geralmente antes dos 7 anos de idade, e quase sempre a associam a alguém próximo, como a mãe, a irmã ou a tia. Suas primeiras memórias dessa ocasião não contêm embaraço e em geral estão relacionadas, em maior ou menor grau, à idéia de amor. Que podemos fazer a respeito da gravidez adolescente? Em primeiro lugar, devemos aceitar que tudo que tentamos até agora fracassou. É hora de uma nova abordagem. A educação sexual não irá funcionar, porque o sexo não é a questão; na mente adolescente, o sexo não tem nada a ver com a gravidez. A dissociação é mais forte ainda quando podemos usar a máquina do corpo para nos reproduzirmos sem amor. Inseminação artificial, barriga de aluguel e bancos de esperma são conceitos que confundem ainda mais os adolescentes americanos. De quem é o bebê quando a avó pode dar à luz o filho de sua filha?

Quando uma menina de 13 anos quer ter um bebê, isso não significa que ela queira fazer sexo. É necessário conceber para que isso aconteça, mas não há emoção no ato. A emoção está na necessidade desesperada de ter algo para amar, algo que possa amá-la em troca. Precisamos aceitar que criamos uma cultura em que sexo, amor e procriação estão profundamente dissociados.

Precisamos reunir o que foi separado: o corpo e a alma, o sexo e o amor, a ação e a emoção. Precisamos de "educação amorosa", e não de mais aulas sobre como funciona o corpo-máquina. Precisamos abordar os verdadeiros perigos do amor. Precisamos comunicar a nossos filhos que o amor é perigoso, mas também que é possível. As noções de "sexo seguro" e "dizer não ao sexo" são irrelevantes; simplesmente não tocam o problema real e, portanto, não trarão soluções verdadeiras. O amor existe onde está a energia, onde existe a motivação, onde podemos beber da fonte de mudanças radicais.

Multiplicação de poderes

Na mente do adolescente americano, sempre se está jogando o múltiplo jogo do poder. Gostamos de pular de um poder ao outro para testar todos. Todos estão nesse jogo. Até mesmo levamos o jogo para outros países. Por exemplo, em nosso desejo de espalhar a democracia pelos quatro cantos do mundo, recusamo-nos a reconhecer que nosso tipo de democracia é único e particular, e não um item exportável.

O código americano para o poder é derivado da energia sexual que é reprimida e transformada tanto em expectativas irrealistas (sonhos impossíveis, direito à felicidade) ou depressão e autodestruição (violência, estupro, controle, processos legais, politicamente correto).

Outras culturas vêem o poder como um meio de alcançar a harmonia, de obter prazer, de ter controle sobre a própria mente e corpo e de alcançar níveis maiores de consciência sem o auxílio de drogas. Os americanos vêem o poder como um modo de controlar seus hormônios, a economia, os homens, as mulheres, os negros, os hispânicos, os traficantes de drogas, as gangues, as pessoas ricas e os imigrantes.

Código americano para o poder: prova

Já que estamos em uma permanente busca de identidade e vivemos em uma cultura na qual não há nobreza ou um sistema real de classes ou castas, precisamos de provas daquilo que somos e de nossa posição em relação aos outros. As mulheres ganham menos dinheiro que os homens, portanto os homens têm mais poder. Os negros ganham menos dinheiro que os brancos, portanto os brancos têm mais poder. Na mente americana, o dinheiro serve como prova, e "prova" é, por isso, o código para dinheiro.

É por isso que nos Estados Unidos não falamos de nobreza ou de famílias tradicionais, e sim de "dinheiro antigo" em oposição a "dinheiro novo", ou àqueles que adquiriram riqueza recentemente. A questão não é quem você é, mas sim quanto possui. As edições das revistas *Forbes* e *Fortune* que mais vendem são as que trazem a lista das pessoas mais ricas do mundo. Essas pessoas não são cientistas, artistas, intelectuais, fazendeiros ou carpinteiros, mas apenas "milionários" ou "bilionários". Isso também explica por que as garotas americanas falam em *marrying money* ("casar-se com o dinheiro"), uma expressão exclusivamente americana. Para completar a identidade, a fama finalmente chega, e você alcança a prova suprema de seus poderes: torna-se rico e famoso.

* * *

Somos prisioneiros dessa visão dicotômica e simplista, típica do caráter adolescente de nossa cultura. Os homens e mulheres japoneses exploram a fascinação com a submissão como um exercício de poder, enquanto os americanos temem perder o controle. Não compreendemos a relação clássica entre senhor e escravo. Os japoneses acreditam que não existe um senhor sem um escravo — em outras palavras, que, num relacionamento, um escravo tem tanto poder quanto o senhor; os americanos simplesmente não compreendem esse conceito. Não percebemos que um relacionamento precisa de dois lados. Os homens são o que são devido às mulheres, e as mulheres são o que são por causa dos homens.

Os americanos acreditam em um mundo mais simplista. Você é bom ou mau. Porque somos bons, sempre damos uma outra chance às pessoas más. Essa atitude de "proteger o criminoso" é, na verdade, uma demonstração de superioridade. Se somos os "mocinhos" da história, podemos dar aos "bandidos" uma segunda chance, controlando, assim, a vida deles.

No fim das contas, o ponto essencial não é a acumulação por si só. Não é o poder *per se*. É uma demonstração puritana para Deus de que somos os escolhidos, de que chegamos ao ponto em que há provas de que somos bons. O ego americano é o maior do mundo.

Assim, a mente americana se esforça por controlar o mundo, para o bem ou para o mal. A cultura popular, criada em Hollywood, já influenciou o velho mundo, principalmente por meio do seu apelo adolescente aos jovens. A Disney atrai as crianças por usar arquétipos muito simples. Os filmes de ação hollywoodianos atraem os adolescentes porque usam a mesma receita que molda a mente adolescente, e que consiste em três elementos dominantes: sexo, poder e dinheiro. A receita funciona perfeitamente; a cultura popular americana domina o mundo. Nenhuma outra nação sequer chega perto de se equiparar ao gênio americano para fazer e vender fantasias, ícones e atitudes.

CAPÍTULO 10

Não Há uma Segunda Chance para a Primeira Experiência

O peixe não compreende a água.

As primeiras experiências são muito poderosas. Como mencionei anteriormente, quando experimentamos algo pela primeira vez, uma "estrada mental" é criada no sistema nervoso e, a partir daí, usamos esse caminho ou cadeia de neurônios no cérebro.

Nossa primeira experiência existe apenas na nossa cultura, seja ela americana, francesa, japonesa ou italiana. As emoções associadas com uma primeira experiência são também específicas da nossa cultura. Por exemplo, certa vez trabalhei com uma empresa americana que tentava se estabelecer na Espanha. Quando meu cliente chegou na Espanha, eu disse: "Teremos jantar com um de nossos maiores clientes."

Meu cliente americano disse: "Jantar? Ótimo. Te vejo às seis."

"Não", disse eu. "Aqui é a Espanha. O jantar não é às seis."

"Ah. Então às seis e meia?"

"Hm... Não."

"Às sete, então?"

"Às sete também não."

"Então a que horas?", finalmente perguntou.

Respondi: "O jantar é às dez. Durará umas duas horas, você comerá uns doze pratos e beberá três tipos de vinho."

"Meu Deus. Posso comer um sanduíche agora para conseguir agüentar a espera até dez da noite?", disse ele.

Só então meu cliente entendeu que estávamos lidando com um código cultural diferente. Não questionamos nossos próprios códigos, porque são como nossa segunda natureza. De fato, em geral nem nos damos conta de que estamos agindo de acordo com nossos próprios códigos.

Transe cultural

Quando estava na Sorbonne, conheci o cientista americano Lawrence Wyllie. Wyllie dedicara sua vida a estudar um pequeno vilarejo no sul da França, e vivia me falando da cultura francesa. No começo, eu dizia: "Ah, não! Isso aí não está certo." Depois: "É, talvez você tenha razão." Por intermédio de Wyllie, um americano, descobri coisas sobre minha própria cultura que nenhum francês poderia ter-me ensinado. É preciso ter um ponto de vista objetivo e exterior para perceber muitos dos arquétipos e elementos comportamentais de uma cultura.

A cultura é uma resposta aprendida que se torna tão profundamente arraigada a nós mesmos que chegamos a confundir nossas reações e nossos comportamentos culturais com respostas "naturais" ou "morais", embora elas sejam em grande parte condicionadas pelas circunstâncias e pelo ambiente em que fomos criados.

Nenhuma cultura é um livro aberto, especialmente para os próprios cidadãos que nela vivem. Cada cultura é uma grande coleção de padrões recorrentes. Como membros de uma cultura específica, vivemos bem próximos a esses padrões, e operamos de forma tão automática obedecendo-os que, na maior parte do tempo, eles são invisíveis para nós.

À medida que crescemos, recebemos pouca educação formal sobre como ler e seguir esses padrões culturais; geralmente, eles acabam se tornando parte do processo de se tornar cidadão de uma determinada cultura. Essa transformação ocorre naturalmente, sem esforço, de forma que raramente pensamos em quanto seu poder é impressionante. Os sociólogos chamam esse fenômeno de "transe cultural".

Assim como falamos inglês sem entender suas regras gramaticais, também funcionamos, dentro de uma cultura, sem estar conscientes de suas regras. Entretanto, no exato momento em que pisamos em outro país, notamos as diferenças. Apesar de uma língua comum e de laços culturais e históricos, qualquer pessoa que já tenha visitado a Inglaterra sabe imediatamente que não está nos Estados Unidos, sem perceber exatamente o que lhe informa de que não está em seu país de origem; a pessoa "simplesmente sabe".

As culturas estrangeiras, mesmo as que parecem semelhantes na superfície, são literalmente nações alienígenas. Se não compreendermos os arquétipos culturais e nacionais, não poderemos entender o significado de nossas experiências em uma cultura estrangeira. Se formos para um lugar bem distante da nossa cultura de origem, podemos perceber que a vida em um lugar estrangeiro nos parece um amontoado caótico de comportamentos, objetos e acontecimentos que podem parecer tão curiosos quanto ameaçadores. O sucesso das cadeias internacionais de hotéis está baseado na idéia de fornecer algo que é "seguro" aos viajantes.

Os arquétipos e o futuro

Os arquétipos culturais são o que diferenciam e dividem uma cultura da outra — mais do que a moda, a comida, a linguagem ou a lógica. Compreendê-los de maneira intuitiva ou por meio de pesquisa é o elemento fundamental para operar de maneira eficaz na nossa própria cultura e para lidar pacificamente com outras culturas.

Uma vez que esses padrões arquetípicos forem delineados e rastreados, eles na verdade podem ser usados para "prever" o futuro. E, devido ao fato de que as culturas permanecem estáveis através dos tempos, eles também podem ser projetados para o passado, através da História, para explicar acontecimentos anteriores. Não existe uma bola de cristal capaz de revelar o futuro de maneira tão confiável e imediata quanto o exame das forças culturais — ele nos diz quem fomos, quem somos e quem nos tornaremos. Esse estudo também pode indicar quem serão nossos amigos e inimigos, o que consideraremos indispensável para o nosso bem-estar no futuro e que concessões estaremos dispostos a fazer para proteger, manter e aprofundar o *status quo*.

A aplicação da pesquisa de arquétipos culturais tem, portanto, um enorme alcance. O mundo inteiro pode se abrir para nós se utilizarmos essa ferramenta, assim como quando aprendemos a ler. Os estudos arquetípicos são uma maneira de ler as culturas, atravessando a confusa massa de detalhes superficiais e enxergando a estrutura lá embaixo. Estudos desse tipo podem explicar por que a corrupção não significa o fim de uma carreira política para políticos americanos (o arquétipo do "retorno"), e por que os americanos estão dispostos a arriscar-se em empreitadas que outras nações nem sequer consideram (o arquétipo da "fronteira").

Uma vez que compreendamos a estrutura de um arquétipo, podemos prever as formas que ele irá assumir dentro de uma cultura, em muitas áreas diferentes, e como as leis da nação se cristalizarão a partir dessas atitudes. O arquétipo, então, torna-se a senha para abrir vários cofres-fortes culturais.

Princípios básicos para a decodificação de culturas

Quando aprendemos os princípios básicos da decodificação de culturas, podemos usar essas regras como ferramentas para nos ajudar a identificar arquétipos culturais. Entre esses recursos analíticos encontram-se os axiomas da pesquisa arquetípica:

1. *As forças culturais vêm em pares.* Os arquétipos culturais são sempre equilibrados, isto é, aparecem aos pares. Esse equilíbrio dá à cultura a ilusão de imobilidade ou permanência, quando na verdade essas forças são dinâmicas e costumam levar para direções opostas. Essas forças opostas são às vezes vistas por observadores externos como contradições ou paradoxos, quando, na verdade, são dois lados da mesma moeda.

Por exemplo, um desses pares de forças que se equilibram na mente dos americanos corre pelo eixo "individualismo *versus* uniformidade". Os americanos acreditam que são únicos e que têm o direito de realizar seu potencial individual único; no entanto, a aparente uniformidade americana é evidente para os observadores externos. Os padrões comerciais de alimentação, hotéis e roupas são exemplos claros disso; além disso, a necessidade de ser aceito e sentir-se integrado é uma prioridade de todos os novos imigrantes. Essa padronização está além da percepção consciente. Portanto, em qualquer discussão sobre os arquétipos americanos, um comentário previsível seria: "Não há um arquétipo cultural americano — somos todos diferentes." Ironicamente, essa crença faz parte do arquétipo cultural dos próprios americanos.

Cada cultura possui suas forças internas em conflito. No Japão, encontramos essa oposição de forças culturais na arrogância e na humildade. Dentro da cultura japonesa, uma dessas forças geralmente será dominante, mas a outra sempre permanecerá, aguardando o momento de ressurgir. Após a Segunda Guerra Mundial, por exemplo, os japoneses eram extremamente humildes e não apresentavam muitos traços de arrogância. Agora, especialmente por causa dos avanços tecnológicos, a cultura japonesa da arrogância é dominante. Ao entender essas forças complementares, começamos a decifrar o código de acesso à mente dessa cultura.

2. *A lógica da emoção.* A lógica da emoção é o conjunto previsível de sentimentos que resultam da maneira com que experienciamos um acontecimento pela primeira vez. Essas emoções tornam-se marcas neurológicas, e nossa cultura torna-se, por assim dizer, parte de nós. Nossa lógica cultural da emoção passa a ditar a maioria das nossas reações a novas experiências porque traz para o presente toda a nossa história anterior relacionada àquele acontecimento. Quando compreendemos uma lógica emocional que é baseada na cultura, e não no indivíduo, podemos prever como uma cultura e seus membros irão responder a novos estímulos.

3. *Conteúdo e estrutura cultural.* Os conceitos de conteúdo e estrutura cultural explicam a estabilidade cultural frente a mudanças. Os recursos da pesquisa cultural nos habilitam a interpretar tendências, e as cronologias nos permitem perceber quando as forças são marcadas por estampagem. Todos esses elementos formam aquilo que chamo de Arquetiposcópio, que se assemelha a um microscópio no sentido de que pode ser usado para ver em detalhe os componentes do comportamento culturalmente fundamentado.

Direitos culturais

O papel que os arquétipos desempenham nos assuntos internacionais não poderia ser mais significativo. Por meio de estudos arquetípicos, aprendemos a "falar a língua" de outras culturas. Assim como não somos capazes de negociar as diferenças entre os países se não falarmos línguas estrangeiras, também precisamos, da mesma forma, nos familiarizar com os diferentes significados e definições culturais.

Os estudos arquetípicos nos levam ainda mais fundo que a linguagem superficial, para que possamos compreender crenças e percepções culturais inconscientes. Quando nos familiarizamos com a linguagem inconsciente, tanto da nossa como de outras culturas, podemos descobrir maneiras pelas quais as nações podem trabalhar juntas de modo a resolver problemas de comunicação e desenvolver ferramentas eficazes de marketing. Podemos, por exemplo, entender uma cultura na qual a tortura é um meio aceitável de se obter informações, outra na qual fazer prisioneiros é um meio aceitável de ação política, e outra na qual se desconfia do foco no indivíduo e onde se valoriza apenas o trabalho em equipe.

É preciso enfatizar a noção de parceria cultural em oposição ao imperialismo cultural. "Parceria" significa que, como americano, tenho orgulho de ser americano; tenho consciência da minha própria cultura e estou certo dela. Ao mesmo tempo, no entanto, aceito que outras pessoas venham de culturas diferentes, e que tenham tanto orgulho de suas culturas como tenho da minha.

Outro ponto a ser enfatizado são os direitos da cultura individual e os vários benefícios que surgem da preservação da diversidade cultural para todas as pessoas, por meio do respeito aos arquétipos culturais de todo o mundo. Com essa perspectiva, as culturas são vistas como nossos mais preciosos tesouros, e os direitos das culturas devem ser uma grande prioridade, tanto quanto a preservação da vida selvagem e do meio ambiente.

Precisamos respeitar culturas diferentes

A globalização da economia não precisa ocorrer à custa do desaparecimento das culturas individuais. Elas representam as emoções de gerações e uma realidade coletiva única; em uma economia global, precisamos dessa diversidade cultural. Para cada cultura ter uma chance de sobrevivência, devemos ter um respeito coletivo por todas as culturas do mundo.

"Se nossa cultura é um texto, deveríamos procurar compreender sua estrutura para identificar seus pontos fortes, buscando consolidá-los, e identificar suas falhas, buscando eliminá-las", escreveu John L. Caughey em seu *Symbolizing America*.

Desconfio dos que pensam que possuem a verdade única e que todos os outros são inferiores. Decodificar culturas lança luz sobre a necessidade de se respeitar cada cultura, e a melhor maneira de fazê-lo é nos darmos conta dos nossos próprios arquétipos culturais. As idiossincrasias e familiaridades na nossa própria cultura são os motivos pelos quais sentimos saudades de casa, mesmo quando nos encontramos de férias em um paraíso estrangeiro. Sentimos falta de nossas estradas mentais habituais. Lembro-me de um casal americano em Veneza que me disse que mal podia esperar para estar de volta aos Estados Unidos — e logo para Akron, Ohio! Mesmo se as pessoas têm uma boa experiência em um país estrangeiro, ele não deixará de ser um país estrangeiro, o qual requer uma ginástica mental e cultural específica. Os visitantes não estão acostumados ao modo mental estrangeiro e, depois de algum tempo, ficam cansados de decifrar tudo o que os nativos fazem ou dizem. O mais importante é reconhecer que, para os outros, nossas estradas mentais podem ser frustrantes ou incompreensíveis, e que as culturas alheias (ou suas estradas mentais) merecem que as respeitemos como respeitamos a nossa.

Cinco forças americanas

Várias forças moldam a cultura americana. Sem um conhecimento profundo dessas forças, nossa compreensão do povo americano, de seus valores e de seus produtos continuará fragmentada.

1. A fuga. Os americanos enxergam a fuga como um meio de evitar uma determinada circunstância, acompanhado do desejo e da esperança de criar uma nova realidade melhor que a anterior. Os Estados Unidos foram criados por mestres no escape, ou pessoas que escaparam da perseguição religiosa, de sistemas sociais rígidos de nobreza, casta e classe, da decadência de vidas dedicadas aos prazeres sensoriais e da escassez de espaço e de tempo (ou seja, ênfase excessiva na História e nas tradições).

Percebe-se que, quando os europeus reclamam daquilo que chamam de "ausência de cultura" nos Estados Unidos, eles simplesmente não compreenderam a essência da cultura americana. Obviamente, aquilo a que se referem é a ausência da cultura européia nos Estados Unidos; mas é precisamente por isso que os primeiros americanos saíram da Europa, para criar algo diferente, com menos amarras. Em outras palavras, eles foram embora de modo a fugir das dimensões aprisionadoras dos pequenos estados e nações europeus, e para criar uma cultura de espaço que fosse especificamente americana.

Se os europeus apreciam *le juste milieu*, ou o equilíbrio correto e a harmonia, os americanos preferem extremos e tensões. Enquanto os europeus podem permanecer no mesmo local por várias gerações, os americanos preferem a mobilidade, a qual é um reflexo da força que a noção de "fuga" tem em sua cultura.

Muitos aspectos da sociedade americana podem ser compreendidos como uma manifestação dessa necessidade de fuga. Por exemplo, nos Estados Unidos é possível modificar o próprio nome, ir à bancarrota, mudar-se para outro estado e tentar novamente. Quase sempre há a possibilidade de uma segunda chance.

2. A escolha. Os Estados Unidos são, para muitos, o país "escolhido". Embora eu tenha nascido na França, não a escolhi como meu país, assim como não pude escolher minha mãe. Escolhi, entretanto, a mulher que amo, assim como escolhi me tornar americano. Os americanos que escolhem tornar-se americanos são, de certa maneira, mais "americanos" do que a segunda ou terceira geração de americanos que nasceram aqui e que sonham em ir para a Europa. O sangue novo, que há séculos chega por meio da imigração, é o que mantém vivo o espírito americano. Nenhum cidadão acredita no Sonho Americano, mas muitas pessoas em todo o mundo estão dispostas até a morrer para chegar aos Estados Unidos. Esse grande poder atrativo é singularmente americano; nenhum outro país aceita pessoas como os Estados Unidos.

146 OS 7 SEGREDOS DO MARKETING

A força da escolha é também o motivo pelo qual os americanos não se interessam muito por História. Eles não querem se limitar ao passado, a nomes, à religião, à tradição, a castas ou sistemas de valores. Os imigrantes não escolhem os Estados Unidos por causa de sua "cultura", no sentido europeu de História, arte ou tradição; escolhem os Estados Unidos devido à ausência de tal cultura. Escolhem o sonho, o potencial, a possibilidade, o espaço aberto, a ausência de amarras históricas, o espírito de fronteira, o desafio e, acima de tudo, a oportunidade que lhes é dada para provar quem são.

3. Um sonho impossível. O sonho impossível é a raiz da história norte-americana. Franklin, Jefferson, Adams e Washington perseveraram em sua luta contra a oposição nos Estados Unidos e no exterior para fundar uma nova nação, baseada em ideais explicitamente utópicos. Lincoln apegou-se à sua idéia de um "nobre experimento" sem escravos, o que levou a nação a uma sangrenta Guerra Civil de modo a preservar o sonho de 1776.

Da estrada de ferro transcontinental até o Projeto Manhattan, da construção do Canal do Panamá até a primeira expedição na Lua, os marcos culturais americanos podem ser vistos como a realização de um "sonho impossível" atrás do outro. Todas essas são grandes conquistas perante atribulações aparentemente gigantescas, e esse é o espírito que os americanos mais prezam, como podemos perceber pela sua cultura popular. Os "Quatro Fantásticos", o "super-homem" e o "Time dos Sonhos" representam o super-herói americano que pode realizar feitos aparentemente impossíveis usando seus superpoderes.

4. Ação. Os americanos acreditam que uma pessoa pode fazer o que quiser se simplesmente acreditar que pode. Não importa de onde venha, quem foi no passado ou o que fez anteriormente. Tudo o que ela precisa é de um sonho, de uma visão, e de ter coragem, fé e trabalhar muito.

A contrapartida desse mito é que, se você falhar, a culpa será exclusivamente sua. Existe uma dimensão moral por trás disso: agir é uma opção moral, enquanto a opção de não lutar por algo é imoral e até mesmo perigosa. Por causa desse pendor para a ação, os americanos costumam engajar-se em empreendimentos sem saber qual será o resultado. Os primeiros pioneiros não sabiam o que iriam encontrar, mas ainda assim partiram, e acabaram por encontrar um novo mundo. E quando sabemos que "agimos"? Nos Estados Unidos, geralmente se considera que o dinheiro é a prova de que conquistamos algo.

5. Quantificação. Números são algo sagrado nos Estados Unidos. Os americanos querem ser os melhores, mas como você sabe que é o melhor? Porque você possui mais do que os outros; a ação e o desempenho são medidos numericamente. Assim, a arte é julgada por seu valor monetário. Os americanos se sentem confortáveis com os números, mesmo quando não são bons em matemática: contamos as calorias durante o jantar, medimos nossa pressão arterial no supermercado e vigiamos nosso peso na balança do banheiro. Outras culturas não perceberam a beleza e o romantismo dos números da mesma forma que os americanos.

Os códigos são coerentes

Qualquer código está interligado a todos os outros aspectos de uma cultura. Cada código também é coerente com outros arquétipos culturais de uma cultura. Na biologia, cada elemento do nosso corpo tem sua identidade biológica armazenada no DNA que carrega. O mesmo vale para as culturas: todo elemento de uma cultura contém sua identidade cultural. O modo como comemos, dormimos, fazemos amor, educamos nossos filhos ou escolhemos queijo está repleto de arquétipos puramente americanos. Isso não significa que não tenhamos semelhanças com outras culturas, e sim que temos nossa identidade ou código único, o qual está entremeado em cada aspecto de nossa vida cultural.

Esse tipo de consistência existe em todas as culturas; todos temos o mesmo conhecimento, mas a maneira com que usamos esse conhecimento varia de acordo com os códigos culturais.

Estrangeiros em nossa própria cultura

Os americanos não compreendem a cultura americana, e os brasileiros não compreendem a cultura brasileira. É por isso que precisamos de estrangeiros, ou de nos "tornarmos" estrangeiros, quando estudamos nossas culturas. O "estrangeiro profissional" pode dar-nos uma nova perspectiva de nossa cultura. O estrangeiro pode ver coisas das quais nem nos damos conta. A "conspiração coletiva" aparece quando sabemos que algo tanto pode ser verdadeiro como falso, mas como isso faz parte de nossa cultura, ninguém ousará dizê-lo.

Alexis de Tocqueville, em seu *Democracia na América*, era outro estrangeiro profissional. Entretanto, não é preciso ser um francês para decifrar os americanos ou vice-versa. Uma vez que você tiver treinado sua mente para esse tipo de abordagem, você poderá aplicá-la à sua própria cultura ou a qualquer outra.

Se o peixe não compreende a água que o cerca, precisamos de estrangeiros profissionais para nos mostrar o que não conseguimos enxergar em nós mesmos, em nossas organizações, nossos produtos, nossos serviços e nossas oportunidades de marketing.

SEGREDO Nº 4:

TEMPO, ESPAÇO E ENERGIA SÃO OS ELEMENTOS CONSTITUTIVOS DE TODAS AS CULTURAS:
Cada cultura possui um DNA, e você pode "modificar geneticamente" sua cultura para obter excelentes resultados em marketing e desempenho de vendas.

Quanto maior a sua percepção global, mais você será sensível aos códigos locais — e mais as suas estratégias de marketing refletirão essa abordagem inteligente. É tendo uma postura global com sensibilidade para códigos locais que você obterá a liderança de marketing.

CAPÍTULO 11

O Código Central ou CNA

*O CNA está para a cultura
assim como o DNA está para a espécie.*

Cada elemento cultural contém um núcleo, que por sua vez contém as forças mais fundamentais de que uma cultura inteira necessita para se perpetuar e transmitir sua força vital. Esse "kit de sobrevivência" que garante a vida da espécie é o Arquétipo Nuclear Cultural (Cultural Nuclear Archetype — CNA). Esse código está por trás de todas as estruturas de uma cultura; ele representa para a cultura o que o DNA representa para a espécie. Ele representa os elementos mais simples necessários para a duplicação e perpetuação de uma cultura. Cada elemento cultural contém seu CNA, assim como cada célula humana contém DNA, o código genético. O CNA, no entanto, contém o código cultural básico, ou código central.

O CNA ocupa um nível cultural diferente. Ele é inconsciente e é feito de componentes centrais que padronizam nosso raciocínio e nos dão conjuntos de afirmações para que possamos chegar à nossa verdade cultural. O CNA é altamente resistente a tentativas de manipulação externas.

Em torno do CNA há níveis culturais diferentes que podem ser categorizados de acordo com o nível de familiaridade que as pessoas têm com eles. O nível arquetípico é o nível inconsciente de forças ocultas que organizam permanentemente o material de um segundo nível, no qual as palavras, os símbolos, os clichês, os estereótipos, os mitos, os heróis e os rituais desempenham um papel fundamental.

O núcleo contém o mínimo necessário de informação para que a cultura possa se reproduzir. No âmago da cultura está o código central, incluindo o CNA e seus três componentes primários: tempo, espaço e energia. Em seguida vem o nível arquetípico, com seus códigos, forças, eixos, quaternidades, lógica emocional e cronologia. No círculo exterior está a cultura consciente, cujas manifestações incluem os clichês, estereótipos, símbolos, heróis, rituais, mitos, ícones, padrões, verdades, leis e procedimentos.

A vida é movimento: tempo, espaço e energia

Sabemos, graças à biologia, que a vida é movimento, e que a rigidez equivale à morte. Somos seres vivos, e portanto devemos respirar, beber líquidos e excretar constantemente. Se algum desses movimentos parar, estamos em uma situação perigosa. Se todos pararem, não temos esperança.

O movimento possui três elementos: tempo, espaço e energia. Esses elementos formam o código central de uma cultura. A relação que mantêm entre si pode ser expressa na seguinte fórmula:

$$CNA = (TxS) + (ExS) + (TxE) = Movimento.$$

Podemos usar uma analogia para explicar esses três eixos: se você quiser ir de uma cidade a outra de carro, precisará de tempo e espaço para determinar que a distância é de 50 km, e que você fará o percurso em uma hora se dirigir a uma velocidade média de 50 km por hora. Mas você também precisará de combustível (energia) para a viagem. Se o seu carro faz 10 km por litro, precisará de cinco litros.

A primeira parte da fórmula (TxS) é uma definição de velocidade. Com que velocidade você deseja se locomover? Qual a velocidade com que caminha uma cultura? A segunda parte da fórmula (ExS) diz respeito ao consumo. Quanta energia você despenderá indo do ponto A ao B? De quanto você dispõe? Quanto poderá produzir ou comprar? A terceira parte da fórmula (TxE) é a dimensão de tempo do consumo. Quanto combustível (energia) será queimado em uma hora? Para entender o CNA, devemos compreender esses componentes. Eles estão no âmago de cada cultura, e variam de uma cultura para outra.

Exploremos esses três componentes do CNA da cultura americana, e como as noções de tempo, espaço e energia representam o CNA de tudo o que é considerado americano.

Tempo: parte da cultura

O tempo é uma linguagem, um organizador de atividades, um sintetizador e integrador. Mas é ainda mais do que isso: o tempo faz parte do sistema central de todas as culturas e, devido ao fato de que a cultura desempenha um papel primordial na nossa percepção do tempo, é virtualmente impossível separar o tempo da cultura, qualquer que seja o nível analisado. Isso é particularmente verdadeiro no que diz respeito ao primeiro nível da cultura.

Tempo animal. O código americano para o tempo é de natureza animal, a qual enfatiza o presente imediato. Todos nos damos conta dos clichês culturais relacionados aos americanos e à sua pendência para o presente imediato: *just do it*, gratificação instantânea, cobiça, ausência de planejamento, soluções a curto prazo. Esse código americano para o tempo não precisa ser visto como algo negativo, no entanto. Os americanos querem ver os resultados agora porque não irão sacrificar uma geração na esperança de um mundo melhor. Eles já são o futuro, e querem uma vida melhor agora, neste instante.

Assim, um grande número de mitos persiste sobre o modo como os americanos alcançam o sucesso imediato: o vendedor que vai de porta em porta e se torna mais tarde o presidente da empresa, os mitos relacionados à Califórnia, aos novos ricos, a Wall Street e ao mercado imobiliário. Mas o que é importante notar aqui é o período de tempo visto como necessário para se alcançar uma mudança completa de vida. Em outras culturas, esse tipo de mudança pode levar gerações, ou pode até mesmo ser impossível, caso o indivíduo tenha nascido, por exemplo, num sistema de castas. Os Estados Unidos acumularam mais de um bilhão de cidadãos estrangeiros durante sua breve história, e a maioria encontrou uma vida melhor em solo americano do que em seus países de origem. Assim, esses mitos têm um certo fundamento real.

De Donald e Ivana Trump a Sam Walton, qualquer um pode ser bem-sucedido Estados Unidos. Você pode atingir o sucesso durante o seu tempo de vida, não importa o seu nome, seu lugar de nascimento, sua educação. Você pode ser bem-sucedido, fracassar e voltar a ser bem-sucedido; os milionários americanos, em média, perdem toda a sua fortuna 5,2 vezes, o que significa que eles a recriam o mesmo número de vezes. Essa estatística é fascinante. Em outras culturas, geralmente é preciso que várias gerações transcorram para alcançar as dimensões de riqueza e poder de um milionário. Nos Estados Unidos, isso pode acontecer num instante.

154 OS 7 SEGREDOS DO MARKETING

A noção de período curto de tempo deve ser levada em conta em tudo que fazemos nos Estados Unidos. Nada dura para sempre. Se a nova palavra de ordem em uma fábrica é qualidade, os trabalhadores sabem que não será assim daqui a algum tempo; logo ela desaparecerá, e por isso eles aguardam para saber qual será a próxima palavra de ordem. O presente, o agora, é o que chamamos de *tempo animal*. Os animais não compreendem a história ou o tempo futuro — eles funcionam de acordo com a cadeia alimentar, comendo ou sendo comidos. O tempo animal é imediato.

O que é popular hoje em dia pode tornar-se obsoleto amanhã. Essa estrutura mental explica por que é tão difícil para os americanos tornar-se profundamente envolvidos emocionalmente (altamente motivados) com alguma coisa (uma noção, um conceito, uma nova técnica) que percebem como algo relacionado a esse tempo animal — são modismos, tendências, nada mais.

Tempo fundador. Entretanto, toda estrutura óbvia possui uma estratégia latente. Se estivermos conscientes do "imediatismo" da cultura e da sociedade americanas, estaremos nos dando conta de sua outra dimensão? Vários estudos sobre o tempo nos Estados Unidos indicam que o outro lado do eixo do tempo americano é o "tempo fundador".

Os americanos apreciam as mudanças, mas, ao mesmo tempo, gostam daquilo que é duradouro, que nunca muda. Por exemplo, os Estados Unidos possuem a constituição mais antiga do mundo, principalmente porque os britânicos não escreveram a deles, e também porque os outros países vivem mudando suas constituições. A Constituição Americana foi muito bem-sucedida; tem mais de 200 anos, e são raras as pessoas que não a aprovam.

Na França, por outro lado, todos os políticos, de Napoleão a Mitterand, passando por De Gaulle, alteraram a constituição existente no período em que estiveram no governo. Não conseguimos imaginar ninguém sendo eleito nos Estados Unidos que seja oposto à Constituição. Nos Estados Unidos a Constituição é considerada sagrada e até mesmo intocável. Suas verdades são auto-evidentes, e seus princípios são universais. E isso vindo de pessoas que dizem adorar mudanças!

O que devemos esclarecer é que os americanos apreciam mudanças, contanto que certos fundamentos não sejam alterados. Chamo essa dimensão do tempo americano de tempo fundador, porque remete aos "pais fundadores" da pátria, os descobridores do Novo Mundo. O tempo fundador não pode ser questionado, porque seus princípios (liberdade, igualdade de oportunidades etc.) são inerentemente intocáveis. Que as pessoas nascem iguais é um princípio óbvio e inquestionável para a maioria dos americanos, uma vez que é uma crença associada com o tempo fundador. Esse mesmo conceito não sobrevive ao teste da realidade em muitas outras culturas, as quais vêem a desigualdade na biologia (raça, gênero, problemas congênitos etc.) ou nos fatores sócio-econômicos (local de nascimento, clãs, classes, castas, nomes etc.).

O tempo fundador dá aos americanos uma certa segurança e estabilidade. Dado que temos certeza da solidez de nossas bases, também somos capazes de desfrutar do nosso tempo animal. Podemos nos entregar ao nosso pendor para a ação, gastar nosso dinheiro e viver no presente, porque sabemos que, por baixo de tudo isso, estão os princípios que mais prezamos.

O tempo difere de cultura para cultura. O modo como os americanos assistem à TV é outra manifestação de sua percepção de tempo e espaço. Queremos ter tantos canais quantos forem possíveis (escolha ilimitada), e ficamos pulando de um canal a outro com o controle remoto. Só valerá a pena assistir a um programa se ele for uma sucessão interessante de "agoras". Se existe um pequeno "agora" que não é satisfatório, não esperamos. É por isso que a TV é um meio de comunicação não-cumulativo; todo programa deve ser um "agora". As séries são escritas para que possam ser vistas em ordem aleatória, cada episódio contendo um começo, um meio e um fim. Mesmo dentro de um programa, cada seção do *show* (entre comerciais) deverá ser uma unidade contida em si mesma. Nossos hábitos televisivos revelam uma percepção bastante esquizofrênica dos elementos de tempo e espaço em nossa cultura.

Quando os japoneses vêem os programas de TV americanos prometendo-lhes que podem tornar-se multimilionários do dia para a noite no ramo imobiliário, não conseguem acreditar. Por quê? Porque não querem tornar-se multimilionários (mudar a própria identidade) do dia para a noite; isso seria rude para com sua família e seus vizinhos. Enquanto os americanos geralmente querem ter mais bens materiais que seus pais, os japoneses vêem isso como falta de respeito aos pais. "O que havia de errado com seus pais?", eles perguntariam. Realizar-se no presente não é uma necessidade em outras culturas — e, certamente, não é uma prioridade. No Japão, *giri* (ou seja, cumprir com as próprias obrigações) é a maior prioridade.

As companhias americanas gastam muito tempo e energia para melhorar sua qualidade. A abordagem que adotam é a de copiar o sucesso japonês nesse setor. Fazendo isso, negligenciam o tempo fundador e tentam colocar qualidade no tempo animal (assim, as pessoas esperam para ver desaparecer o destaque do momento e aguardam o próximo "programa do mês"). Não apenas negamos nosso tempo fundador, mas pedimos aos americanos que se comportassem como os japoneses. Os americanos traduziram isso no próprio inconsciente da seguinte forma: ser americano deixou de ser bom.

É aí que o entendimento do eixo americano de tempo é fundamental. Forças opostas sobre o eixo criam uma tensão dinâmica; se tentarmos focalizar muito uma única direção, a cultura criará energia na outra direção, espontaneamente. Tentar copiar os japoneses resultou em livros como *More Like Us* ("Mais Parecidos com Nós Mesmos"), de James Fallows, e *America First* ("Os Estados Unidos em Primeiro Lugar"), de Pat Buchanan, os quais propagam a idéia de que devemos voltar aos princípios americanos do tempo fundador.

O tempo animal, por natureza, não é duradouro. A Guerra do Golfo é um bom exemplo de uma ação baseada no tempo fundador (princípios básicos, "vontade divina", "fomos justos, corretos e morais", nas palavras de George Bush) e no tempo animal (a guerra durou cem dias). Foi a enorme pressão do tempo animal que fez com que os Estados Unidos não terminassem o trabalho (um adesivo de carro, que criticava George Bush, mostrava a pergunta: "Saddam ainda tem um emprego. E você?"). Uma vitória no tempo animal é apenas isso; não é possível continuar a lucrar com ela.

Depois da Guerra do Golfo, Bush tentou lucrar com os valores familiares, adotando uma postura pró-vida, sem compreender que estes valores não eram nem universais, nem estavam associados com o tempo fundador. Outro *slogan* usado contra Bush foi bem claro: "É a economia, estúpido". Ao compreender um dos eixos cruciais que estruturam a mente americana, Bush poderia ter entendido que, se o povo americano estava preocupado com a economia, era porque o ideal de sucesso americano estava ameaçado, estava desaparecendo. Um retorno aos valores familiares americanos tradicionais, quando apenas 17 por cento dos americanos viviam em uma estrutura que poderia ser chamada de família americana tradicional, foi obviamente um erro.

O segundo erro de Bush foi pensar que poderia continuar a lucrar com um sucesso devido ao tempo animal. A Guerra do Golfo foi feita em tempo animal; uma vez terminada, nada mais havia. Esses erros lhe custaram a presidência.

Não é suficiente compreender o tempo fundador e o tempo animal; deve-se estar ciente da relação existente entre eles. Manter tensões entre as forças é o que perpetua uma cultura, e o que faz um grande líder americano.

A exploração do espaço físico nos Estados Unidos

O conceito de espaço está obviamente ligado à biologia e à fisiologia. A primeira noção de espaço que se tem pode ser a de espaço fechado, como dentro do útero; a isso segue-se a libertação da criança para o mundo externo. Essa noção básica de pele, de barreiras, de separação entre espaço interno e externo é fundamental. Decifrar um sistema cultural de espaço é algo básico para compreender uma cultura. O modo como lidamos com o conceito de espaço, quanto espaço está disponível, e o que uma cultura nos diz que devemos fazer com ele são considerações que influenciam tudo que fazemos, desde nossa vida privada até nossas relações comerciais. Esses conceitos representam a gramática do espaço para uma determinada cultura.

As pessoas geralmente me perguntam onde moro, e sempre respondo: "Dentro de aviões", percorrendo uma média de 12.000 km por semana. Olhando através de uma janela de avião, enquanto cruzo os Estados Unidos, fico fascinado com a beleza da vista. Em um desses vôos eu estava indo para a Califórnia e, embora eu não seja mais jovem, pude sentir a mágica da experiência nas montanhas, nos lagos, nas planícies, nos desertos. O que mais me impressionou foi que, durante horas, nada se via além de terra vazia e bela. Fiquei maravilhado com aquele espaço incrível e poderoso.

Vieram à minha mente as histórias dos pioneiros americanos, que descobriam pela primeira vez a beleza do Oeste. Lembrei-me de ter olhado a estátua dos pioneiros mórmons em Salt Lake City. Aqueles pioneiros tiveram de puxar suas próprias carroças porque seus cavalos e bois tinham morrido. Metade das pessoas que cruzaram o continente morreram no caminho. De repente, dei-me conta do poder e da magnitude de tal tarefa. Ficou claro para mim que não podemos compreender a mente americana sem considerar a noção de espaço.

O código número um para espaço nos Estados Unidos é o cosmos. Os americanos gostam do espaço e se sentem confortáveis com ele; além disso, gostamos de ser donos de um espaço. É por isso que pusemos a bandeira americana na Lua enquanto o mundo todo assistia. O ato simbolizava a idéia de que o universo era nosso. Os americanos realmente acreditam que o resto do mundo é feito de futuros americanos, ainda não desenvolvidos. Não é que sejamos imperialistas ou que queiramos invadir o mundo inteiro; simplesmente acreditamos que os princípios sob os quais vivemos são universais.

A mente americana se sente à vontade no espaço vasto; temos a habilidade de nos mover facilmente de cidade a cidade, de estado a estado, e, em breve, de planeta a planeta. Essa conhecida mobilidade americana origina-se na relação especial que temos com o espaço. É importante notar que os americanos usam a mesma palavra (*shuttle*) para um veículo que trafega entre cidades e para naves espaciais, o que reflete sua percepção do espaço.

Nenhuma cultura européia teve a experiência de pioneiros enchendo suas carroças, esperando por um sinal e, então, seguindo loucamente em direção a um pedaço de terra que seria deles caso lá chegassem primeiro. O espaço era gratuito nos Estados Unidos. À medida que expandiam a fronteira para o Oeste, sentiam que estavam no começo, criando um novo mundo com o espaço que Deus lhes dera. A mesma força está em ação quando vamos para o espaço sideral. Os americanos têm a missão de serem os primeiros na Lua, os primeiros em Marte, os primeiros no universo inteiro. A série Star Trek é uma manifestação da mente americana. Fomos os primeiros a conquistar o Oeste e, usando o mesmo código cultural, fomos os primeiros a pisar na Lua. Há uma certa margem de segurança que nos permite prever que esse mesmo código poderá ser usado no futuro.

Se o cosmos é o código dominante para o espaço nos Estados Unidos, o que é a força latente desse eixo? A resposta é "lar", como podemos perceber nesta fala da personagem Dorothy, no filme *O Mágico de Oz*: "Não há lugar melhor que o nosso lar." Uma frase popular em tempos de guerra é "traga os rapazes de volta para casa". E ocorrem celebrações quando eles voltam. Essas duas forças contraditórias, lar e movimento, ou exploração, estão sempre agindo.

Geralmente podemos perceber essas contradições aparentes embutidas em comportamentos que não fariam sentido algum em outra cultura. Por exemplo, os Estados Unidos são o único país onde as pessoas possuem casas móveis que nunca saem do lugar. Por quê? Porque as pessoas gostam da idéia de que, se quiserem, poderão mudar-se para outro estado, mas também gostam de onde vivem — então permanecem no mesmo local.

Outro exemplo dessa contradição pode ser visto no fato de que os americanos podem mudar-se de Boston para San Diego sem o menor problema. A uniformidade da vida americana facilita a recriação de nossos lares. Já conhecemos o supermercado, a cafeteria e a companhia telefônica; é como se já tivéssemos estado lá. Não importa aonde vamos, ainda estamos em casa; tudo faz parte de nosso conceito de espaço.

Outro símbolo americano que prova a identidade entre espaço e lar é o da lojinha de conveniências, aberta 24 horas por dia. Onde quer que vamos, sempre podemos encontrar uma loja assim, onde podemos comprar uma Coca, um café, um jornal. É um tipo de casa. Quando os americanos chegam à Europa, onde tudo fecha às cinco da tarde, onde Bruce Willis fala em francês na TV, e onde precisam de outro visto no passaporte caso dirijam por mais de três horas na mesma direção, logo sentem saudades de casa. Eles se perguntam: "Qual o problema com essas pessoas? Por que fazem tanto esforço para me dificultar a vida?"

Os arquétipos culturais para o espaço também influenciam o espaço pessoal. Na primeira vez em que peguei o metrô de Tóquio, fiquei maravilhado com quão confortáveis os japoneses se sentem na multidão. Alguns funcionários uniformizados têm o trabalho de empurrar as pessoas para dentro do vagão do metrô para que as portas se fechem. As pessoas são capazes de passar duas horas indo ou voltando do trabalho, com o cotovelo de alguém no seu nariz, sem dizer nada. Em contraste, quando voltei para os Estados Unidos e esperei na fila pelo funcionário da alfândega, notei linhas vermelhas no chão para manter cada pessoa a uma certa distância da que estava à frente. A mensagem era clara: não chegue perto demais das pessoas e não invada o espaço pessoal delas. O espaço pessoal cultural (o espaço à sua volta, que ninguém pode invadir sem autorização) é maior nos Estados Unidos do que em outros países. Como nunca tiveram seu país invadido ou ocupado, os americanos realmente acreditam que seu espaço ilimitado é seu espaço natural, seu lar.

O experimento americano precisa de espaço, e nós temos bastante espaço. Temos muitas opções, muito espaço disponível, muita variedade de climas e solos, muita beleza. Devido ao fato de que o espaço é livre e abundante, nossa cultura não nos imprime muito respeito pelo valor da terra. A terra ainda é relativamente barata nos Estados Unidos. Mesmo que seja cara em alguns lugares mais sofisticados, como Beverly Hills ou no centro de Manhattan, no meio-oeste você pode ainda comprar

5.000 acres de terra por alguns milhares de dólares, algo que jamais seria possível no Japão ou na Suíça.

Os americanos também têm a tendência a querer fazer do mundo o seu lar. Essa é a outra força que equilibra o espaço cósmico ilimitado. Assim como pusemos uma bandeira americana na Lua, acreditamos que um dia construiremos também um hotel lá.

A experiência do espaço, é claro, varia de cultura para cultura. Por exemplo, quando morei em Genebra, eu pegava o meu carro e em cinco minutos estava fazendo compras na França; dirigia algumas horas e podia ir ver a ópera *Rigoletto* no La Scala de Milão, ou então eu podia seguir mais um pouco na direção oposta e visitar o castelo de Luís II em Munique. Essa era minha experiência espacial.

Logo depois de vir para os Estados Unidos, aluguei um carro em Nova York para ir dirigindo até a Califórnia. Dirigi durante uma semana e ainda estava em solo americano, nem podia acreditar! Durante aquela semana, percebi claramente que estava no mesmo país, com a mesma língua, sem fronteiras nem alfândegas. Todas as noites eu dormia num quarto da mesma rede de hotéis, com o mesmo tapete verde no quarto, e comia a mesma salada, bonita mas sem gosto.

Aquela foi minha primeira experiência do espaço americano, assim como com a uniformidade e a padronização. Todas as noites eu assistia ao programa de Johnny Carson, em inglês, e usava o mesmo procedimento para dar um telefonema. Dei-me conta de que estava em um novo mundo, um lugar maior do que tudo que havia visto até então. Os europeus ainda tentam alcançar todas essas conveniências, às quais os americanos já estão acostumados.

Europa: a invasão dos vizinhos. Os europeus sempre tiveram de lutar por espaço. Todo país europeu tentou conquistar os outros, e essas guerras sempre tiveram como motivo o espaço (território). Os espanhóis ocuparam a Holanda, os franceses ocuparam Moscou, os britânicos e os árabes ocuparam a França por cem anos, e a identidade dos suíços formou-se com as invasões austríacas. Os europeus têm uma longa e infeliz tradição de matar-se uns aos outros para roubar território. Na Europa, o tamanho é, de certa forma, irrelevante. Se você puder dizer que um pequeno espaço é seu, você poderá formar um país. Luxemburgo, por exemplo, tem apenas 450.000 habitantes, mas possui suas próprias leis e é uma das nações independentes que fazem parte da Comunidade Européia. A mente dos americanos não pode se identificar com esses pequenos "ranchos" que outros chamam de nações. Se o Texas às vezes dá a impressão de ser outro planeta, talvez seja porque no seu território poderia caber a França inteira.

Japão: quanto menor, melhor. A noção japonesa de espaço é quase oposta à dos americanos. Os japoneses não têm espaço. Durante séculos, souberam que suas ilhas são todo o espaço limitado que possuem. Com metade do tamanho da população americana, o Japão tem uma área equivalente a um quarto do estado do Oregon. Portanto, não é de surpreender que os japoneses relacionem-se com o espaço e com o tamanho de uma maneira bem diferente. Suas noções de beleza e estética mostram como o espaço pré-organizou a mente japonesa. Cada polegada de um jardim japonês deve ser bela. As mulheres devem ter pés pequenos, bocas pequenas e olhos pequenos, o que equivale ao completo oposto do padrão de beleza do Ocidente, no qual mulheres usam maquiagem para fazer com que seus lábios e bocas fiquem maiores. Os cirurgiões japoneses são excelentes em microcirurgia, e a manufatura japonesa é fantástica. A noção de comida também é diferente para os japoneses. A comida, para os japoneses, é feita de pequenos pedaços aos quais se dá muita atenção. O resultado é que o prato parece uma obra de arte. Alguns de meus amigos japoneses me dizem abertamente: "Não é muito, e talvez não tenha um gosto tão fantástico, mas é lindo de se olhar." Para os americanos, a quantidade de comida é importante; os pratos são grandes, as porções são enormes ("tudo o que puder comer") e há inúmeros casos de obesidade.

Os japoneses também possuem pouca mobília porque não possuem espaço. As camas são como colchões que podem ser enrolados durante o dia para que se ganhe mais espaço. Os japoneses não têm uma palavra para "intimidade". Eles não precisam de intimidade; não há espaço para intimidade quando uma família de no mínimo cinco pessoas (dois avós, dois pais e uma criança) vivem juntos num pequeno apartamento de dois quartos. Como resultado da limitação de espaço, sua cultura desenvolveu-se em meio a regras severas de coabitação e educação, incluindo uma "máscara" que permite criar a harmonia necessária para tornar a vida possível em um ambiente tão cheio de gente.

Os eixos de tempo e de espaço são fundamentais para o entendimento da política externa ou, falando mais claramente, da ausência de política externa americana. Ao mesmo tempo que os americanos têm de sair de suas fronteiras para lutar por uma causa moral e justa, eles também não querem ficar longe do território americano. Depois de realizado o serviço e terminada a guerra, eles não expressam o desejo de ocupar o Japão, o Kuwait ou a Somália. Eles querem voltar para casa.

Energia: fator essencial ao movimento

Como uma cultura encara a energia é outro elemento essencial para decifrar seu inconsciente coletivo. Algumas culturas obtêm sua energia do homem, outras da tecnologia; algumas valorizam um alto nível de energia, outras um nível baixo. A energia é essencial ao movimento. Como não pode haver vida sem movimento, não há movimento sem energia. Precisamos de combustível para fazer tudo: ir de um lugar a outro, respirar, lutar, construir e reproduzir-nos. Poderíamos dizer que não há vida sem energia. Saber como uma cultura lida com o conceito de energia é tão importante quanto nossa percepção de tempo e espaço. Se o combustível da vida é o dinheiro, o dinheiro torna-se símbolo da energia — uma fonte bastante superficial e remota. Se você acreditar que a energia está dentro de você, no seu *hara* ("estômago", em japonês), você terá uma percepção inteiramente diferente do que ela é.

A história, a geografia e a geologia pré-organizam o modo como a cultura lida com a noção de energia. Assim, a produção, o consumo e o preço da energia são indicadores interessantes do modo como o inconsciente coletivo de uma cultura lida com o movimento, com a vida e com as mudanças. Por exemplo, se compararmos os Estados Unidos, a Arábia Saudita e a França, encontraremos três modelos diferentes. A Arábia Saudita produz a maior quantidade de energia *per capita* do mundo. Os Estados Unidos consomem a maior quantidade *per capita* e na França paga-se o maior preço *per capita*. Obviamente, esses fatores moldarão cada cultura de maneira diferente.

Qual é o código para a energia nos Estados Unidos? Petróleo. Sua energia descansa sob o solo durante séculos: é a energia congelada, esperando ser explorada. Quando utilizada, não tem limites.

As reservas de petróleo americano estão entre as mais importantes do mundo. A Exxon é a companhia de óleo número um do mundo, e é também a que mais tem lucros. Seu nome simboliza a energia. Portanto, sob muitos aspectos, os Estados Unidos são a nação número um em energia.

O código americano para a energia é petróleo, que também é um símbolo dos recursos incríveis que estão dentro de cada cidadão americano. Temos uma grande energia por dentro, e precisamos apenas encontrar uma maneira de expressá-la. Quando temos uma oportunidade, mostramos ao mundo o que temos dentro de nós. Assim, o lema "Você não sabe se vai dar certo a não ser que tente" faz parte da lógica emocional americana.

A síndrome do gigante adormecido. No entanto, os Estados Unidos também são um "gigante adormecido", devido à sua tendência à procrastinação. Trata-se da atitude "para que consertar o que não está quebrado?" É uma maneira de evitar, de não querer entender ou encarar os problemas, esperando que simplesmente desapareçam. Geralmente, os americanos precisam levar vários golpes antes de começar a reagir. Há um limite, no entanto: se apertarmos o botão errado, o "gigante adormecido" acorda e, então, pessoas comuns podem fazer coisas extraordinárias (tais como derrotar os alemães e os japoneses em diferentes guerras). Se a receita estiver certa, não há limites para o que a energia americana é capaz de fazer. Se há elementos faltando, como no caso do Vietnã, os americanos tendem a ir para uma zona de autodestruição.

A síndrome do super-homem. A síndrome do super-homem é o oposto da síndrome do gigante adormecido. É, na verdade, um roteiro cultural. O homem comum pode transformar-se se tiver uma causa nobre para inspirá-lo (salvar uma criança, resgatar uma família etc.). No entanto, uma vez feito o trabalho, ele voa para longe e retorna como o homem comum que sempre foi. Os americanos precisam de uma crise nobre para acumular a energia do super-homem. Não é suficiente obter mais dinheiro, 15 por cento a mais de lucro, ou mais *market share*. O eixo americano da energia pode ser visto como tendo o "gigante adormecido" de um lado e o super-homem no outro.

A cultura adolescente

A dimensão adolescente da cultura americana acentua essa tensão entre o "gigante adormecido" e o super-homem. A depressão que acomete os americanos costuma ser dolorosa e difícil, mas também sabemos que nosso destino é o de nunca desistir, de sempre tentar novamente. Essas forças poderosas estão continuamente em ação, dentro de nós.

Esta cultura tem a forte dimensão energética e hormonal de um adolescente, assim como a dimensão repressora do calvinismo, com suas leis severas de autocontrole (no calvinismo, não há possibilidade de absolvição mediante a confissão, como na religião Católica). Essa tensão pode explicar por que percebemos em muitos americanos uma fascinação pelo proibido, uma projeção de limites e amarras insuportáveis, e uma transferência da necessidade de prazer para dimensões mais aceitáveis, como violência, comida e drogas.

Nunca ataque primeiro. Os americanos em geral sentem que, para mobilizar sua energia, precisam de uma causa moral. Precisamos sentir que o que fazemos é justo e correto. Assim, os americanos nunca atacam primeiro; apenas respondem. Os japoneses, por outro lado, sempre atacam primeiro, para maximizar a vantagem da surpresa. Os americanos são guerreiros morais; os japoneses são guerreiros maquiavélicos. Os americanos necessitam ter Deus, a justiça e a moral ao seu lado antes que possam causar destruição. Precisam ser provocados. Então explicarão em detalhes seu "ataque surpresa" na CNN para que seu inimigo tenha tempo de preparar-se, e só então poderão atacar.

John Wayne, um herói americano clássico, não atira sem que seu oponente esteja ciente de que ele vai atirar. Mocinhos não atiram pelas costas. Então o "melhor", aquele que saca mais rápido e tem melhor mira, irá sobreviver. Os japoneses, todavia, podem matar um inimigo enquanto este dorme, simplesmente porque ele é o inimigo e o inimigo deve morrer. Se não conseguirem matar o inimigo de seu país, isso significa que falharam, e terão de matar a si mesmos.

A diferença entre a energia americana e a japonesa é bastante evidente em uma cena do filme *Os Caçadores da Arca Perdida*. O herói americano encontra um guerreiro japonês ameaçador, o qual gastou todo o seu treino para aprender a usar sua energia interior (*hara*) e sua intuição para mover sua espada com todo o poder necessário para matar; ele preparou sua mente praticando o Zen Budismo. E o que faz nosso herói americano? Ele saca sua arma — um revólver — e atira no inimigo.

O excesso de energia da cultura americana é uma explicação para sermos, além de tudo, uma cultura de armas. Com uma arma, é possível ter um rápido poder de fogo, o que também está relacionado com a idéia de espaço ilimitado; gostamos de atirar de aviões (um exemplo é o filme *Top Gun*) ou lançar foguetes e ir à Lua (a arma é um meio simbólico de dizer que, assim como temos o direito de procurar ser felizes, temos o direito de acesso à energia ilimitada (a arma) para obter o que queremos aqui (espaço) e agora (tempo).

O Japão é uma cultura de espadas (usam-se lâminas para o haraquiri, para preparar sushi, para fazer cesarianas, para praticar a arte marcial do kendô etc.) e os Estados Unidos são uma cultura de armas (Colts 45, Winchesters, crianças em idade escolar armadas, 2,5 armas por família, a National Rifle Association e o direito de portar armas).

O sucesso improvável dos Estados Unidos

A cultura americana é formada pelas influências cumulativas dos três componentes do CNA. Cada força tem sua sombra, a outra polaridade do eixo, que é também um aspecto importante da psique americana: espaço e lar, tempo e eternidade, energia e inação.

Uma análise do movimento nos Estados Unidos explica por que criamos 50 estados que não impedem o fluxo de movimento entre eles. Em contrapartida, os canadenses criaram um sistema altamente burocrático, e os europeus não conseguiram obter o mesmo tipo de movimento entre seus doze estados-nações.

A vitalidade dos Estados Unidos é evidente em seu tempo (pendor para a ação), seu espaço ilimitado (por exemplo, expedições lunares) e sua incrível energia (o novo sangue de imigrantes que não param de chegar em solo americano). Nenhum outro país ou cultura no mundo possui esses três fatores. Os australianos possuem espaço, mas não têm sangue novo, o qual é limitado pelo controle de imigração e pela legislação dos brancos. Os japoneses não têm espaço e, portanto, não têm imigração. Os europeus estão divididos e não possuem movimento nem unidade, e parecem estar longe de alcançar qualquer uma dessas qualidades.

Enquanto cultura adolescente, os Estados Unidos sempre têm altos e baixos, mas somos ágeis para driblar esses altos e baixos. Os europeus há décadas preveem o fim dos Estados Unidos; muitos deles consideravam a União Soviética o provável ganhador da Guerra Fria. Essas pessoas estavam julgando os Estados Unidos a partir de um só lado do eixo, ignorando o outro, ou percebendo tudo como uma contradição.

A Europa não possui liberdade de movimento, liberdade em relação ao passado, sangue novo chegando continuamente ou espaços abertos, como os americanos. Os europeus são como pessoas idosas que acham que vão morrer com um ataque de tosse.

Os americanos, por sua vez, são jovens extremistas adolescentes que apreciam os altos e baixos, que aprendem com sua dor, que nunca desistem. Os europeus sempre se surpreendem ao ver que o país que escolheram para "vencedor" (Rússia, Japão etc.) sempre é, no fim das contas, derrotado pelos americanos.

Saber como as diferentes culturas lidam com o tempo, o espaço e a energia nos dá dicas muito valiosas para o marketing de produtos e de serviços neste mundo multicultural.

CAPÍTULO 12

Elementos para Decifrar uma Cultura

Precisamos observar as culturas como se fôssemos de outro planeta.

Enquanto percorre o caminho das suas memórias, talvez você se lembre de alguns acontecimentos importantes na sua vida, os quais moldaram sua identidade e personalidade. Este capítulo, entretanto, é sobre algo mais que meras memórias e experiências individuais. É sobre marcas culturais e o modo como conceitos, objetos e relacionamentos estão entremeados em uma mente coletiva. É sobre como codificamos e perpetuamos nossa cultura.

Minha crença na importância da minha primeira imagem dos Estados Unidos foi intuitiva. Hoje em dia, fica claro que, se uma experiência de infância pôde ter influenciado tanto minha vida, deve haver na vida de todas as crianças uma série de experiências emocionais que são muito mais importantes para moldar seus anos de vida vindouros do que qualquer instrução educacional formal ou religiosa pela qual tenham passado.

Como, então, podemos decodificar uma cultura? Há quatro elementos básicos. Primeiro, há o momento em que as marcas são deixadas; essa é geralmente nossa primeira experiência consciente de um acontecimento. Esse momento está repleto da emoção que faz com que a marca permaneça. Em segundo lugar, deve haver repetição. A repetição reforça as conexões mentais iniciais e transforma os caminhos mentais em estradas mentais. Em terceiro lugar, há o programa de manutenção. Toda noite, enquanto dormimos, usamos nossas estradas mentais. Os sonhos e pensamentos que contêm os objetos marcados são usados e reciclados, como uma equipe de manutenção que remove as obstruções e mantêm as estradas limpas para o uso diário. O quarto elemento é a cristalização de uma marca na língua e nas leis. Vamos, agora, rever esses quatro elementos com mais detalhes.

1. O momento da marca — nossa primeira experiência. As crianças são especialistas em arquétipos. Aprendem suas culturas muito antes de aprender a língua; decodificam a maioria das conexões mentais que usarão mais tarde na vida antes mesmo de aprender a falar. Conseguir se comunicar em um dado grupo de pessoas requer a habilidade para decodificar e utilizar essas representações inconscientes da realidade. As crianças tornam-se especialistas em uma determinada cultura em apenas alguns anos, incluindo o uso da linguagem; elas deduzem as regras de uma cultura a partir das regularidades ou padrões que experimentam em suas relações com outras pessoas, assim como aprendem a língua com seus pais. Cada criança é um estudante de arquétipos que precisa decodificar sua cultura nativa e as regras da língua dessa cultura.

2. Repetição. É fascinante observar crianças pequenas brincando, porque elas adoram repetir a mesma coisa várias vezes, sem ficarem entediadas. Uma vez, quando meu filho tinha 3 anos, ele intencionalmente quebrou um copo. Sua mãe ficou chateada, é claro, e disse-lhe que ele não deveria quebrar copos porque poderia se machucar, ou machucar outras pessoas. Mas, no momento em que ela saiu pela porta, ele quebrou outro. Por quê? Porque ele estava estabelecendo alguns princípios, reforçando suas estradas mentais e descobrindo coisas sobre conceitos importantes como fragilidade, a natureza do vidro e os limites dos pais. Assim como um cientista repete seu experimento cem vezes para testar a hipótese, a criança também repete suas experiências para solidificar as estradas mentais criadas por suas primeiras imagens.

3. Manutenção. O reforço também pode acontecer pelo contraste, em vez de pela coerência. As crianças geralmente ficam fascinadas com truques mágicos porque são obrigadas a criar uma nova categoria na mente para os elementos que são inconsistentes com as estradas mentais já solidificadas. Com a magia, os pássaros podem falar, renascer, ou se transformarem em outros bichos. A criança experimenta a realidade compreendendo a magia, ou seja, aquilo que não é real.

4. Cristalização na linguagem e nas regras. Quando aprendemos uma língua, aprendemos mais que meras palavras; aprendemos uma maneira de observar o mundo. Vemos o mundo através das lentes culturais que adquirimos enquanto crianças; essa é a realidade como sua cultura a percebe. Sem decodificar os arquétipos, essa é a única realidade que você e todos os membros da sua cultura serão capazes de ver. O problema é que outras culturas geralmente vêem o mundo através de um par de lentes diferente, e estão sempre convencidas de que o que vêem é o certo e o verdadeiro.

A taxonomia é a ciência da classificação. A linguagem serve como um tipo de taxonomia cultural, pela qual nos é dado um conjunto de categorias com os quais podemos olhar o mundo — e é a categorização com a qual nos comunicamos. Por exemplo, se a sua primeira língua é o francês, você saberá certamente que o Sol (*le soleil*) é masculino. Todas as associações com o Sol, tais como a natureza agressiva e a capacidade de queimar, reforçam essa percepção. Em contraste, a Lua (*la lune*) está no feminino. Ela tem poderes misteriosos e aparece à noite.

Se a sua primeira língua for o alemão, você saberá que nada disso faz sentido. Obviamente, para os alemães, o Sol (*die sonne*) é feminino. Só um ser feminino poderia trazer tanta luz e calor, só um ser feminino poderia brilhar e ser radiante. A Lua (*der mund*) está no masculino, e se assemelha aos homens alemães, que estão sempre oscilando.

A linguagem não é apenas um meio de comunicação, mas também uma maneira de definir as realidades de uma cultura. Os japoneses, por exemplo, têm muitas maneiras de dizer "eu". O "eu" que usamos quando falamos com nosso chefe não é o mesmo "eu" que usamos para falar com nosso cônjuge ou nossos filhos. A escolha de qual "eu" utilizaremos define a natureza da relação; todas as pessoas japonesas entendem isso. Os japoneses podem usar palavras diferentes quando contam objetos oblongos ou arredondados. Os suecos têm dois sistemas de gênero neutro: um para objetos que se movem e outro para objetos imóveis. Os esquimós possuem pelo menos vinte palavras para "neve". Obviamente, eles percebem a neve de uma maneira diferente da nossa, distinguindo entre a neve sobre a qual podemos andar e aquela sobre a qual não podemos, a neve com que se pode construir uma casa, a neve que se pode ou não comer, e assim por diante.

Apesar de todas essas diferenças lingüísticas, é importante notar que uma criança, por razões biológicas, primeiramente experimenta o mundo sem o uso da linguagem. Depois disso, podemos começar a utilizar a taxonomia francesa, japonesa ou americana para classificar as experiências culturais. Uma cristalização mais profunda ocorre em uma escala ainda maior, pelo cumprimento das regras.

As regras, em muitas culturas, também definem categorias. A simples distinção entre comportamentos indesejáveis e ofensas mais graves já coloca os crimes em categorias diferentes. Todos possuímos essas categorias mentais e, às vezes, elas são tão inconscientes que se tornam uma segunda natureza, pré-organizando o modo como vemos o mundo.

Tire os óculos

As estradas mentais já foram, no passado, necessárias para a sobrevivência física. Serviram quase como instintos culturalmente criados, que se tornaram uma segunda natureza. Às vezes essas estradas mentais tornam-se obsoletas e, com o tempo, nos esquecemos de sua utilidade. Nós as percebemos como a maneira "natural" ou única de fazer as coisas, mas a essência de sua construção já foi esquecida. É como usar óculos de sol à noite, simplesmente porque você se esqueceu de que estava de óculos escuros. Torna-se essencial decodificar estas forças no nosso inconsciente cultural para fazer com que uma cultura elimine soluções obsoletas e, em vez disso, crie soluções que funcionem.

O processo para alcançar essa compreensão pode começar com qualquer elemento da nossa vida diária. Já que a cultura inteira manifesta-se por meio de cada um dos elementos que contém, o estudo dos objetos mais mundanos, tais como papel higiênico ou café, pode revelar a estrutura de toda uma cultura.

O estudo das tribos modernas

Todos sabemos que o café americano não tem o mesmo gosto que o italiano; na verdade, eles nem sequer estão na mesma categoria mental. É um erro usar a mesma palavra para descrever muitos objetos e produtos que podem parecer universais, mas são coisas bem diferentes para cada cultura. Precisamos de uma mudança paradigmática completa para compreender o modo como culturas diferentes identificam-se com os objetos e os percebem.

Para algumas pessoas, um golfinho é um peixe. Ele possui nadadeiras e vive em grupos — então, parece pertencer à categoria dos peixes. Para outros, o golfinho é obviamente um mamífero, por evidentes razões biológicas. Nosso comportamento em relação aos golfinhos pode ser muito influenciado pela categorização utilizada. Se o golfinho é um peixe, nossa preocupação maior pode ser a de como cozinhá-lo. Se é um mamífero, nossa preocupação pode ser a de ensinar-lhe uma linguagem e técnicas de comunicação. A categorização, ou taxonomia, fará uma diferença enorme (principalmente para o golfinho!).

Outro exemplo de diferenças de categoria é a percepção do café na França em oposição à percepção do café nos Estados Unidos. Após o jantar, os franceses levantam-se e vão a outra sala (*le salon*) onde tomam café. O ritual é sempre o mesmo, e o café, portanto, sinaliza o fim do jantar.

Na primeira vez em que jantaram na França, alguns de meus amigos americanos pediram café bem no meio do jantar. A anfitriã, com um tom de voz preocupado, perguntou: "Vocês não prefeririam uma salada, um queijo, ou a sobremesa?"

Freqüentemente pensamos que sabemos do que estamos falando quando usamos palavras comuns em línguas diferentes, quando, na verdade, aquilo de que precisamos são os códigos por trás dessas palavras. Sem os códigos, podemos cometer grandes erros e até mesmo perder milhões de dólares enquanto tentamos vender nossos produtos ou serviços para outras culturas. Embora a diferença entre o café nos Estados Unidos e o café na França seja insignificante, essas diferenças podem obviamente ter um grande efeito no marketing do café em qualquer uma dessas culturas.

De modo semelhante, quando tentamos implementar a qualidade nos Estados Unidos, não podemos usar os princípios alemães ou japoneses, porque seus códigos para a qualidade podem não combinar com nossos arquétipos. Em vez disso, devemos decodificar o que a qualidade significa para os americanos. A antropologia é comumente associada ao estudo de indivíduos primitivos ou de tribos remotas, mas um dos objetivos da antropologia cultural é decodificar a tribo americana, a tribo canadense, a tribo francesa, a tribo inglesa... Os costumes, línguas e sociedades ocidentais são tão "estrangeiros" e dignos de estudo quanto as culturas não-ocidentais. Só porque essas culturas assistem à CNN isso não significa que cada uma delas não seja uma tribo diferente, com códigos inconscientes também bastante diferentes.

Descobrindo a janela do tempo

Percebemos como a emoção, a repetição e a manutenção são importantes no processo de estampagem. Outro elemento é também importante se quisermos entender a estampagem e o modo como decodificamos as culturas: o momento em que a cultura nos dá um comando para gravar aquilo que foi aprendido. Denomino esse momento uma "janela no tempo" para a estampagem. A descoberta dos arquétipos e dos momentos em que eles deixam suas marcas é a base dos recursos culturais que estão disponíveis para todos nós. Mas, no processo de decodificação do momento da estampagem, entram em ação certos limitadores que são a chave para uma possível decodificação da cultura. Vamos, agora, explorar essa janela cultural no tempo.

A janela de tempo que determina o momento da codificação faz parte, na verdade, do próprio código. Os patinhos, por exemplo, têm uma janela de tempo muito pequena durante a qual podem ser marcados pela "mãe". Qualquer objeto ou pessoa ou animal que esteja próximo aos patinhos durante aquele período de tempo será, para eles, a sua mãe. Essa marca é tão forte e duradoura que os patinhos irão seguir aquela figura materna por toda parte, mesmo que não seja realmente sua mãe biológica. A "mãe" não precisa nem mesmo ser uma coisa viva — os patinhos seguirão qualquer coisa que se mova perto deles.

Esse momento de estampagem também existe na espécie humana. A janela de tempo para os seres humanos tem resultados ainda mais poderosos quando ocorre bem no início da vida. Nessa época, uma criança está em uma fase bastante emotiva e possui bastante energia, sempre descobrindo novas coisas, explorando novos territórios e exigindo atenção. Os pais sabem que seus filhos precisam descobrir o mundo, mas, ao mesmo tempo, são temerosos e protetores. Suas reações emocionais dão ainda mais impulso à estampagem, mantendo a criança longe do perigo; isso serve como condição ideal para a estampagem.

Cada cultura fornece uma janela de tempo diferente para a estampagem de coisas diferentes. Obviamente, algumas janelas são ditadas pela biologia. Uma criança, por exemplo, terá de aprender uma língua antes dos 10 anos de idade, ou jamais falará nada além de poucas palavras desconexas. De modo semelhante, uma criança deve aprender a controlar seu esfíncter antes dos 3 anos de idade, ou estará em apuros. Coisas como linguagem e controle intestinal não podem esperar. Mas a janela de tempo na qual são estampadas coisas como manteiga de amendoim ou carros é muito mais flexível, e pode variar de uma cultura para outra (ou até mesmo ser omitida), sem grandes conseqüências. Mesmo quando uma criança aprende a usar o banheiro, há uma grande margem de tolerância. No Japão, por exemplo, as crianças aprendem a usar o banheiro cerca de seis meses antes das crianças americanas, e em um período muito mais curto de tempo. Aprender a usar o banheiro no Japão está mais associado a uma obrigação social, enquanto nos Estados Unidos está associado à autonomia da criança.

Alguns elementos nem sequer são estampados em algumas culturas, ou então são estampados muito mais tarde na vida; os holandeses não estampam os palitinhos japoneses ou chineses em sua infância, nem os americanos estampam o álcool em sua infância. A cultura não apenas determina o que será estampado e quando, mas também como será estampado — em outras palavras, que tipo de emoção será a energia necessária para realizar a estampagem. Atravessar vários estágios de crescimento diferentes cria condições diferentes para a estampagem. Isto é fundamental para se saber o que é ou não estampado em uma cultura. A idade em que essas marcas ocorrem é igualmente importante.

A codificação em idades diferentes

As crianças são diferentes aos 2 e aos 7 anos de idade. Isso pode parecer óbvio, mas em geral é menos óbvio que o fato de que, em idades diferentes, as crianças têm ferramentas mentais diferentes para apreender o mundo. Um fenômeno observável, que marca o desenvolvimento por estágios, é a explicação da conservação da matéria. Depois que a maioria das ferramentas mentais já estiver no lugar (por volta dos 7 anos), uma criança será capaz de compreender que uma quantidade de líquido permanece constante independentemente do recipiente que o contiver.

Estágios cognitivos. Toda criança atravessa uma série de estágios cognitivos. Em determinada idade, ela dispõe apenas de ferramentas intelectuais limitadas; mais tarde, poderá ter mais ferramentas à sua disposição. A lógica é apenas um aspecto do crescimento da criança. As emoções também passam por estágios de desenvolvimento. Descobrir em qual estágio e qual idade uma cultura estampa o café ou o papel higiênico é algo que pode ter um efeito importante no nosso processo de decodificação, assim como nos dará uma compreensão profunda daquilo que esses elementos representam na cultura em questão.

Estágios emocionais. Sabemos que as crianças são muito diferentes aos 2 e aos 8 anos de idade. Também sabemos que crianças pequenas são bastante emotivas, enquanto aquelas que têm mais de 7 anos são geralmente mais lógicas. Na adolescência, as crianças novamente passam a ser emotivas e torna-se difícil compreendê-las. Qualquer coisa que seja estampada nesse período emocional ficará fortemente associada com a emoção gerada durante esse estágio. As crianças usarão todos os elementos de que dispuserem para estampar algo; em outras palavras, usarão a energia ou emoção disponíveis no momento. A emoção que associarmos com nossa primeira experiência será a energia que utilizaremos para a estampagem.

O resultado de todos esses elementos é o código

Descobrir a janela de tempo é importante para compreender a importância relativa dos vários elementos do processo de estampagem. A energia e emoção utilizadas para estampar uma estrada mental serão de natureza e intensidade diferentes, dependendo da idade e do contexto cultural da criança. A repetição pela cultura, a existência de rituais e mitos, o reforço pela mídia e a cristalização pela linguagem são os elementos que criam um código e o estampam profundamente na parte do nosso inconsciente que é comum a todos os membros da nossa cultura. Uma vez lá alojada, é difícil acessar ou modificar essa estampagem. De fato, o que aprendemos na infância geralmente fica conosco para sempre.

Segunda natureza. Em pouco tempo, essas marcas se tornam uma segunda natureza para nós, com tal intensidade que não as questionamos mais. Se nos damos conta dos costumes estranhos das pessoas de outras culturas, raramente nos damos conta de que nossos próprios costumes podem parecer também estranhos a elas. Além disso, é extremamente difícil ver nossa própria cultura com os olhos de um estrangeiro. Então, como podemos decodificar não apenas culturas alheias, mas também a nossa própria? Quais são as novas lentes que nos permitirão ver nosso próprio inconsciente coletivo e nos darão a chave para entender por que fazemos o que fazemos, por que pensamos o que pensamos, e por que sempre repetimos os mesmos padrões?

O estudo da janela de tempo não apenas nos dá o contexto do momento de estampagem como também o estágio cultural ou idade habitual em que um dado elemento cultural costuma ser estampado.

Apesar das dificuldades pelas quais passa um estrangeiro quando tenta penetrar a superfície de uma outra cultura, ser um "estrangeiro em uma terra estrangeira" também pode nos dar muitas vantagens. Pode-se olhar para tudo com espanto. Os estrangeiros geralmente conseguem perceber os elementos daquela cultura mediante uma perspectiva mais objetiva, porque essas coisas não são "normais" para eles.

Precisamos olhar para outras culturas como se tivéssemos acabado de chegar de outro planeta, sem pré-julgamentos de qualquer espécie e sem usar nossos sistemas de valores. Devemos observar com humildade e respeito. Geralmente precisamos de um estrangeiro para nos mostrar coisas sobre nós mesmos que não conseguimos enxergar, já que estamos próximos demais de nossas próprias culturas para que possamos ter uma visão clara delas.

Capítulo 13

A Cultura como Kit de Sobrevivência

*Provavelmente, a sua cultura
é a melhor para você.*

Quando observamos um comportamento coletivo, precisamos de um código para dar um sentido ao que as pessoas fazem. A decodificação de culturas pode explicar nosso próprio comportamento, no nível do inconsciente coletivo, com mais exatidão que as estatísticas ou pesquisas, e nos levar a um entendimento que não apenas fornece uma vantagem competitiva para os profissionais de marketing, como também nos ajuda a lidar com problemas como gravidez na adolescência e uso de drogas, a evitar conflitos entre culturas e a melhorar a educação.

Se os elementos simples de uma cultura, como o xampu e o álcool, podem ter significados inconscientes surpreendentes em uma cultura, imagine quão poderoso e diferente seria o significado cultural de conceitos emocionais e psicológicos como amor, liberdade, proibição, paz e qualidade.

O que importa não é o conteúdo, e sim as forças que organizam este conteúdo, especialmente quando essas forças são inconscientes. As expressões de conteúdo são como pedaços de metal num campo magnético; o que importa não são os pedaços, mas o modo como eles são organizados pelas forças invisíveis.

Assim como um campo magnético, a cultura organiza uma geração após a outra, desde o modo como nos sentimos e amamos até o modo como odiamos, vivemos e sobrevivemos. Para entender o nosso comportamento coletivo, devemos antes entender o que nos torna membros de nossa cultura, ou como nos tornamos "animais culturais". Não importa o quanto tentemos, não podemos nos livrar da nossa cultura, pois ela penetra profundamente no nosso sistema nervoso e determina o modo como percebemos o mundo. Grande parte dos efeitos culturais está escondida e fora do alcance do controle voluntário. Mesmo quando tomamos consciência de pequenos fragmentos de cultura, eles são difíceis de modificar, não apenas porque são experimentados de maneira muito pessoal, mas também porque as pessoas não podem agir ou interagir de modo significativo exceto por intermédio da cultura.

A maioria dos animais é desenvolvida o suficiente para sobreviver sozinha após o nascimento. Mas não as pessoas. É por isso que somos "animais culturais". Nossa cultura serve como um kit de sobrevivência dado pelos adultos aos recém-nascidos para ajudá-los a sobreviver e crescer; essa é uma característica comum a todas as culturas humanas. Somos seres frágeis: não podemos suportar grandes variações de temperatura, não temos nenhuma proteção natural, e não possuímos nenhum mecanismo de defesa natural, a não ser nosso intelecto.

A cultura é uma resposta às necessidades biológicas

Nossa ausência de mecanismos de defesa naturais gera a necessidade humana de sobrevivência coletiva. Se construirmos um kit de sobrevivência que funcione, iremos sobreviver; se não, iremos desaparecer.

O reino animal nos fornece alguns modelos básicos de cultura. Essencialmente, os animais também são capazes de aprender novas maneiras de lidar com suas necessidades diárias e compartilhar esses novos métodos com outros membros do grupo. Os macacos, por exemplo, comem batatas, mas não gostam da casca. Um macaco descobriu por acaso que, quando as batatas eram levadas por um riacho da montanha, elas chegavam descascadas na base da montanha. Esse macaco começou a jogar batatas na corrente, no topo da montanha, e esperava na base pelo seu almoço. Essa inovação, no entanto, não pode dar origem a uma cultura. O que faz uma cultura é quando, vários anos depois, todos os macacos da ilha têm o hábito de jogar suas batatas no rio e esperar por elas na base da montanha. Uma ferramenta de sobrevivência deve ser transferida às gerações futuras para se manifestar como cultura. Se você fosse embora, voltasse várias gerações mais tarde e visse que os macacos continuavam a preparar batatas dessa maneira engenhosa, então poderia concluir que eles desenvolveram uma cultura básica, transmitindo técnicas de sobrevivência aos mais jovens.

Obviamente, muitos fatores contribuem para formar as especificidades de uma cultura. Em um nível extremamente geral, as diferenças de localização geográfica e de disponibilidade de recursos afetam essas características. Por exemplo, usar um arbusto ou uma árvore para se esconder de leões enormes é algo que faz parte da cultura de certas regiões da África, enquanto construir iglus e pescar no gelo têm maior importância na região dos esquimós. Uma cultura não precisa ser sofisticada; ela precisa apenas funcionar. Se, de uma geração a outra, ela continua a funcionar como mecanismo de sobrevivência, ela é então internalizada e se torna uma "segunda natureza". Esses padrões ou estruturas mentais herdados são usados como se fossem "maneiras naturais" de funcionamento; eles se tornam tão arraigados que passam a ser transmitidos sem questionamentos e geralmente sem que os percebamos.

Prioridades e a lógica da vida

A cultura é um sistema de respostas cristalizadas a necessidades biológicas. Se uma cultura é bem-sucedida na sua tentativa de atender satisfatoriamente a essas necessidades, a espécie irá sobreviver, e a cultura também. Quando falo de "cultura", não me refiro à ópera ou ao balé, e sim ao kit de sobrevivência básico de que todos precisamos; se você está vivo, você tem uma cultura. Se essa cultura não preenche as suas necessidades biológicas, ela deverá mudar ou você morrerá.

A biologia é a lógica da sobrevivência, a "lógica da vida" que partilhamos com todos os membros da nossa espécie e até mesmo, em algumas áreas, com muitas outras espécies. A biologia é, em certo sentido, a ciência das prioridades, de como certas prioridades devem ser atendidas para que se sobreviva.

O entendimento das prioridades é a chave para se compreender a sobrevivência. Por exemplo, respirar é mais importante que beber. Se alguém não puder respirar, não terá muito tempo para sequer pensar em beber (ou em qualquer outra coisa, aliás). Beber é mais importante que comer; você pode viver mais tempo sem comer do que sem beber. Os líquidos desempenham um papel fundamental na sobrevivência do corpo, e o cérebro não pode ficar vivo por mais que alguns minutos sem um influxo de oxigênio, o qual é carregado por um fluxo de sangue fresco. Aprender essas prioridades permite que um médico tome as medidas necessárias para salvar uma vida. Se o médico não respeitar essas prioridades, seu paciente morrerá.

Essa ordem de prioridades é o que chamo de "lógica da vida". Todos estamos programados para sobreviver, e as prioridades formam nosso programa biológico. Esse programa biológico está de acordo com o programa cultural inconsciente que organiza as respostas coletivas a necessidades (ou "questões") básicas de sobrevivência, tais como alimento, água, ar puro, abrigo, procriação e território.

No nível individual, todos somos únicos. Não apenas as crianças são distintamente diferentes de seus pais, mas os próprios pais podem mudar drasticamente no curso da própria vida, seja por uma reestruturação motivada pela vontade, determinação, coragem, aconselhamento, ou simplesmente pelo processo de "crescimento".

Contudo, todos os povos têm em comum o mesmo programa biológico de necessidades. Certos grupos partilham a mesma resposta coletiva a essas necessidades (cultura). A partir dessa base comum fornecida pela biologia e pelo acervo da cultura as pessoas escolhem as ferramentas que usarão para criar e exercer suas individualidades próprias.

A pirâmide

A busca pela identidade remonta às eras mais remotas. O conhecimento das necessidades biológicas universais e da resposta cultural coletiva a essas necessidades representa um avanço para qualquer indivíduo na busca por sua identidade pessoal. Sempre consultamos um mapa para saber para onde estamos indo ou de onde saímos. Para compreender a nós mesmos e a nossas ações, podemos também consultar um mapa cultural que mostra de onde viemos e para onde podemos ir. Este mapa é facilmente visualizado como uma pirâmide, como se vê na ilustração.

Essa pirâmide explora a relação entre as necessidades biológicas e o modo como as culturas lidam com essas necessidades, como usam as forças inconscientes para sobreviver, e como essas forças determinam o modo como funcionamos como indivíduos.

A vida é tensão

Às vezes, as pessoas passam a vida inteira tentando aliviar tensões ou evitando-as. Isso é não entender o propósito da vida. Sem tensões, não há vida. As prioridades biológicas criam tensões, as quais são o próprio ímpeto e movimento da vida. Quando o movimento pára, não há mais vida.

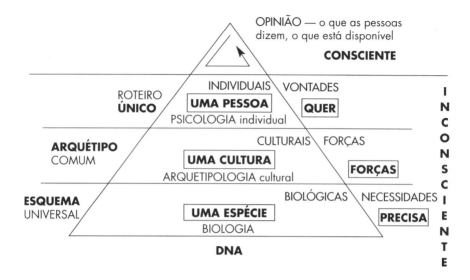

Por exemplo, o prazer e a dor são dois lados da mesma realidade. O sistema sensorial que comunica a dor dos meus dedos até o meu cérebro é o mesmo que comunica o prazer de acariciar um gato. A rede independe da mensagem; uma linha telefônica não se modifica caso estejamos apaixonados e loucos para telefonar para a pessoa amada, ou caso estejamos bravos com nossos vizinhos e chateados porque não tiram o carro da frente da nossa garagem.

As tensões são mensagens enviadas pelo nosso corpo, as quais chamam a nossa atenção para certas necessidades. Suponhamos que você está fascinado por um livro, e que o está lendo há horas, sem parar. Você continua fascinado, mas começa a sentir algumas tensões persuasivas, sugerindo que é hora de ir ao banheiro. O livro é tão interessante que você ignora essa tensão e continua lendo. Depois de uma hora, no entanto, a tensão se torna dolorosa, e você não consegue mais se concentrar no livro. Você corre para o banheiro e alivia a tensão com um sorriso de satisfação: você pode voltar ao livro e continuar desfrutando dele.

O que aconteceu foi uma mudança de prioridades criada pela dor. O alívio da tensão criou prazer. O prazer então desapareceu, e você retornou à prioridade anterior. Essa habilidade das tensões — de trazer para o primeiro plano um elemento que antes estava no plano de fundo — é indispensável à nossa sobrevivência.

Adaptar-se ou morrer

Chamo essa flexibilidade de *gestalt*, uma palavra alemã que significa estrutura — nesse caso, as estruturas em que as pessoas se baseiam para decidir o seu comportamento. Quão flexíveis são as suas *gestalts*? Você ouve o seu corpo dizendo-lhe várias vezes para não comer um determinado tipo de comida que lhe faz mal, ou a sua *gestalt* está congelada em um padrão destrutivo? Algumas culturas, assim como os indivíduos, podem ficar congeladas em *gestalts* que acabam por destruí-las.

Suponhamos, por exemplo, que um de meus ancestrais seja o chefe de uma pequena tribo nômade do Oriente Médio, que existiu há 3.000 anos. Certo dia, o chefe decide que a tribo precisa expandir seu território e, para fazê-lo, precisa atacar outra tribo que está do outro lado do deserto. No entanto, o deserto é imenso, e a travessia demorará várias semanas. Eles precisam conseguir comida suficiente para a viagem. Mas há um problema: eles são bons soldados, mas seu alimento favorito, e o mais abundante, é um pequeno animal chamado marsupilame. Esse animal só é encontrado no lado do deserto em que a tribo está, e as criaturinhas precisam de tanta água para sobreviver que seria impossível levar alguns deles vivos. Eles não têm idéia de como conservar a carne de maneira segura; por isso, é igualmente impossível pensar em matar alguns desses marsupilames e levar a carne como alimento.

No meio do deserto, o chefe descobre que alguns de seus melhores soldados estão doentes. Uma breve investigação revela que esses soldados tinham levado consigo alguns marsupilames mortos, os quais, obviamente, apodreceram, e dos quais comeram. Então o chefe, que não quer perder esses guerreiros, declara que é ilegal comer marsupilames no deserto. No dia seguinte, durante uma batalha contra outra tribo, ele morre.

Seu filho assume a liderança e tem de enfrentar o mesmo problema: seus soldados apreciam a tenra e delicada carne proibida, a ponto de desobedecer à lei e pôr sua saúde em risco para comer os marsupilames. Então o filho sabiamente diz: "Meu pai, que era um homem sábio, e que agora está com Deus, disse a vocês que não deveriam comer desta carne. Portanto, agora, a regra está sendo ditada do além. Não é apenas ilegal comer desta carne, como também é contra a lei de Deus." Para reforçar a "lei divina", o filho deixa claro que não apenas perderá a vida quem for pego comendo a deliciosa iguaria, mas perderá a vida eterna e toda a sua família será banida. A essa altura isso já se

180 OS 7 SEGREDOS DO MARKETING

tornou um assunto sério, e os guerreiros pensam duas vezes antes de ingerir a sua própria condenação. O sistema estabelecido, assim, passa a funcionar: o chefe mantém seus guerreiros saudáveis e eles vencem a batalha seguinte.

O problema é que, 3.000 anos depois, a mesma tribo possui geladeiras. Eles têm marsupilames congelados, mas estão passando fome por causa da lei divina que os proíbe de comer essa carne. Obviamente, a origem da lei já se perdeu no tempo. É a isso que chamo de "lei reversa" da cultura: uma solução que estava bem adaptada a uma determinada situação, em uma determinada época, agora está cristalizada e não é mais desafiada. Quando uma cultura torna-se rígida demais e incapaz de adaptar-se a novas circunstâncias, suas chances de sobrevivência são limitadas. Sabemos que culturas poderosas podem desaparecer dessa maneira: os egípcios, os gregos e os romanos, para citar alguns, são bons exemplos do que acontece com as culturas dominantes quando não têm flexibilidade de *gestalt* ou de estrutura cultural.

Os velhos dragões nunca morrem

O intervalo de tempo necessário para que ocorram mudanças em uma cultura é variável — certas mudanças podem demorar séculos. Os americanos gostam de pensar que as pessoas podem mudar rapidamente. Em minhas pesquisas, geralmente ouço que "a nova geração de japoneses é diferente — eles comem cachorro-quente e usam jeans" ou que "os alemães não são como seus ancestrais". Mas os recentes acontecimentos na Iugoslávia, o ressurgimento de atividades fascistas na Alemanha, ou mesmo a guerra comercial com o Japão servem para lembrar-nos daquele velho ditado: "Os velhos dragões nunca morrem."

Após três gerações de repressão soviética, os sérvios são hoje mais sérvios do que nunca, os croatas ainda mais croatas, e estão dispostos a morrer por suas culturas. Pode levar séculos para mudar uma cultura e, quando uma delas corre perigo, vemos um incrível ressurgimento de velhos arquétipos.

Assim, apresenta-se a nós um paradoxo: as culturas não podem sobreviver com uma *gestalt* flexível; ainda assim, seus arquétipos quase sempre permanecem imutáveis, mesmo em caso de enorme pressão ou opressão, que podem durar centenas de anos. Essa situação não é tão irreconciliável quanto parece, pois, embora as culturas mudem muito lentamente, elas também podem sofrer grandes abalos de uma hora para a outra. Obviamente, todas as mudanças ocorrem dentro de um eixo, e os próprios eixos não mudam, como vimos anteriormente. O ponto onde nos encontramos no eixo ou o peso em um dos lados mudará com o tempo. As culturas podem modificar o modo como usam suas forças e como se posicionam em um eixo, e uma percepção dos arquétipos e das forças permite que se entenda a mudança.

A sobrevivência e o sucesso de nossas campanhas de marketing dependerá da nossa consciência dos arquétipos culturais.

CAPÍTULO 14

Velhos Líderes, Novo Mundo

O mundo global é cada vez mais um mundo local.

Muitos líderes pensam que ser global significa ser forte o suficiente para impor seu modo de vida ao resto do mundo. Mas a humanidade como um todo tornou-se mais e mais resistente a essa visão de mundo monolítica.

A realidade dos dias de hoje é bem diferente. O que está acontecendo atualmente na antiga Iugoslávia é um bom exemplo. Tão logo a liderança soviética enfraqueceu, as nações e culturas que haviam sido reprimidas por três gerações começaram a emergir e a lutar por sua sobrevivência. Quanto mais assistimos à globalização da economia, mais vemos esse tipo de ressurgimento das culturas locais. Desse modo, o mundo global é cada vez mais um mundo local. Isso não é uma contradição; a tecnologia moderna, especialmente a Internet, permite que os membros de uma mesma cultura reforcem suas identidades locais e, ao mesmo tempo, façam parte do mercado global.

Então, quem são os novos líderes? Poucos CEOs são multiculturais e, ao mesmo tempo, poderiam considerar-se alfabetizados na tecnologia da globalização. Muitos ainda estão engajados em velhas batalhas que são completamente irrelevantes para a sobrevivência no século XXI. Alguns, por exemplo, procuram preservar empregos do passado, quando deveriam, na verdade, liderar a criação de empregos do futuro.

Muitos líderes, ao lutarem para encontrar o melhor caminho para a globalização, perdem a oportunidade de competir globalmente. Vários executivos me disseram: "Se soubéssemos o código para a liderança no século XXI, poderíamos encontrar os líderes do futuro, treiná-los e mantê-los."

O grande conector

Hoje em dia já é extremamente difícil encontrar um líder para uma empresa americana local, que opere apenas nos Estados Unidos. Mas, quando é preciso encontrar um líder global para a travessia imprevisível e turbulenta que está à frente, a tarefa torna-se ainda mais difícil. É impossível liderar uma fabricante de automóveis sem compreender como lidar com os alemães e com os japoneses, ou sem estar ciente das diferenças culturais entre a América do Sul e a Europa.

É óbvio que um mundo global precisa de líderes globais. As fabricantes de automóveis de Detroit podem estar bem preparadas para lidar com os desafios de Detroit, mas como irão lidar com a negociação e administração em Tóquio, Stuttgart, Paris ou Milão?

Decifrando o Código

Em 1997, decidi começar um programa de pesquisa sobre arquétipos para decifrar o código inconsciente daquilo que "líder" e "liderança" realmente significam no mundo atual. A General Motors, a Kellogg's, a Canada Trust e o Royal Bank juntaram-se à nossa equipe na Archetype Discoveries Worldwide. Os resultados foram surpreendentes. Ouvimos muito sobre consenso, comissões e comitês, sobre líderes como facilitadores, e sobre líderes como criadores do ambiente apropriado. Descobrimos quatro traços ou responsabilidades básicas que um líder deve possuir.

1. Líderes lideram. No fundo, o que as pessoas querem e precisam são líderes que sejam capazes de guiá-las. Infelizmente, poucas pessoas realmente têm a coragem e a habilidade de serem líderes dessa maneira.

2. Líderes interpretam. Os líderes devem saber como interpretar várias situações, as emoções dos empregados e as intenções dos inimigos ou concorrentes.

3. Líderes criam modelos. Os líderes são arquetípicos, o que significa que constituem um padrão original, plano ou modelo original. Essa é uma descoberta importante: o líder arquetípico é aquele de que precisamos hoje. Apenas ele ou ela têm o poder necessário para liderar empresas e culturas pela mutação do mundo global.

4. Líderes conectam. Então, o que seria um líder arquetípico? O código para um líder arquetípico é "conector". Esse tipo de líder é aquele

184 OS 7 SEGREDOS DO MARKETING

que conecta quem é você e o que faz com uma missão e uma visão. As pessoas se rebelam e suspendem seu compromisso quando se sentem desconectadas ou inúteis.

Exemplo: a cruzada

Se o seu chefe lhe diz que você deve comprar um cavalo, você talvez o faça apenas por obedecer, mesmo se não souber por que está comprando um cavalo. Se ele lhe disser que você precisa comprar um cavalo porque irá montá-lo, você ficará mais interessado. Você pode ser mais cuidadoso na compra do cavalo, já que sabe que precisará cavalgá-lo.

Se o líder lhe diz que você irá cavalgar à frente de um exército, e que você será o comandante desse exército, você certamente irá querer ter a certeza de comprar o melhor cavalo para a tarefa, porque o chefe conectou claramente o cavalo a você pessoalmente (você irá montar o cavalo) e à sua função (você será o comandante, sobre o cavalo, à frente do exército). Mas, ainda assim, você não sabe o que se fará com esse cavalo e esse exército.

Então, o líder diz que você tem uma missão: você deve libertar Jerusalém antes do fim do ano. Você agora tem um prazo a cumprir (o fim do ano) e uma meta específica (libertar Jerusalém). Você pode agora avaliar por si mesmo se conseguiu ou não atingir a sua meta.

Você talvez ainda se pergunte por que precisa libertar Jerusalém. O líder diz: "Temos a visão de um mundo no qual todos estarão seguros e felizes, na mesma religião e com o mesmo deus." Essa visão é a razão para a cruzada que você está prestes a conduzir.

Finalmente foi feita a conexão definitiva. Você não está simplesmente comprando um cavalo; você está salvando o mundo, e uma recompensa clara, a vida eterna, está ao seu alcance.

Quando o presidente John F. Kennedy decidiu, em 1961, que os Estados Unidos deveriam colocar um homem na Lua antes de 1970, uma missão foi criada. Quando se perguntava a qualquer pessoa que trabalhava no Cabo Canaveral o que ela estava fazendo, a resposta seria: "Estou colocando um homem na Lua antes do fim da década." Todas as tarefas simples, mas úteis, de milhares de pessoas estavam, portanto, conectadas. Isso é liderança!

Os números não lideram; um aumento de 10 por cento nos lucros não é uma missão, e tampouco é uma visão. Na Idade Média, os participantes das Cruzadas viajavam principalmente a pé, da Europa até Jerusalém, sem receber pagamento, porque estavam motivados. Os trabalhadores de Detroit, no entanto, não ficarão motivados para trabalhar mais apenas por um melhor retorno percentual para os acionistas. Se os funcionários da GM fazem uma greve, é porque não há conexão significativa entre o que eles estão fazendo pessoalmente e uma visão ou missão maior; eles se sentem desconectados, e não têm nada a perder declarando uma greve. Os verdadeiros líderes não lideram com o córtex (racionalidade, números, estatísticas); eles lideram com o coração, conectando emoções arquetípicas a instintos de sobrevivência.

Quatro questões básicas

Agora que já estabelecemos as bases, vamos abordar as quatro questões que levantei anteriormente.

Quem são nossos líderes globais? Os líderes globais são os homens e mulheres que conectam uma visão de mundo global com sua cultura de origem e com uma missão local. Permitam-me voltar ao exemplo de Kennedy. Se os Estados Unidos são "a última esperança da humanidade", mandar um homem à Lua torna-se um grande passo para a humanidade. Nesse sentido, a bandeira americana na Lua é o símbolo da humanidade, e John F. Kennedy é, naquele momento, um líder global, porque ele é capaz de conectar a missão americana com uma visão global.

Mais e mais pessoas ao redor do globo estão fazendo as mesmas perguntas: Para onde o mundo está indo? Será que vamos perder nossa identidade cultural ao nos transformarmos em uma empresa global? O que significa ser uma empresa global? Como podemos ser uma delas? Qual é a nossa visão?

Os líderes globais precisam ter uma visão global antes que tenham esperanças de conectar-se com seus empregados. Eu comprarei um cavalo se souber que farei parte de uma cruzada. O papel de um líder global é mostrar as conexões entre o que faço todos os dias e o caminho que o mundo está tomando. Assim, posso me sentir parte dele, e tudo fará sentido.

Como encontrar líderes globais? Alguns administradores já pertencem a várias culturas. Eles falam várias línguas e moraram em diversos países. Eles têm sentimentos profundos a respeito das relações entre as culturas. Eles já usaram diferentes lentes arquetípicas para ver o mundo, e aceitaram a idéia de que as culturas não estão certas nem erradas: são simplesmente diferentes. Essas pessoas têm a atitude certa, e o que mais importa é a atitude, não o conhecimento. Um administrador pode aprender outra língua ou outra cultura, mas, se não tiver a atitude certa, ele não será eficaz.

Ao mesmo tempo, os administradores precisam ter raízes fortes na sua cultura local. Precisam ter um lar cultural, um lugar ao qual sentem que pertencem. É um erro pensar que os próximos administradores globais serão cidadãos do mundo e não terão pátria. Os líderes precisam ter raízes em uma cultura para aceitar o fato de que as outras pessoas têm raízes fortes em suas próprias culturas.

Como treinar um líder global? Os líderes futuros precisam estar imersos em culturas diferentes. Aprender uma língua não é o bastante; você tem de aprender uma cultura e a lógica da emoção daquela cultura. Descobrir arquétipos culturais é o melhor treinamento para administradores globais. Saber o código para "lealdade" para os americanos, os alemães, os ingleses, os japoneses e os franceses é essencial se você quiser criar uma organização global, assim como os códigos para "recompensa", "reconhecimento", "qualidade" e "liderança". Somente os que têm um profundo conhecimento dessas forças culturais inconscientes serão capazes de liderar a travessia até um mundo global.

Como manter líderes globais? Sempre leve em conta dois lados: o local e o global. Os líderes do futuro precisam de oportunidades para crescer em uma escala global e para obter mais responsabilidades pelo mundo afora. Mas, ao mesmo tempo, eles precisam voltar às suas bases culturais de origem, onde estão suas raízes e memórias. As empresas deveriam ter um fundo especial de bases culturais para ajudar os administradores a manter seus lares e a reconectar-se, indo para casa de vez em quando. Esses líderes do futuro precisam saber que, a partir de suas bases culturais, em casa, podem explorar o novo mundo global. Com o tempo, esses homens e mulheres capazes se tornarão líderes arquetípicos globais; eles conectarão todas as culturas do mundo com suas abordagens globais e terão um valor inestimável para suas empresas.

SEGREDO Nº 5:

RESOLVENDO O PROBLEMA CERTO:
Você deve projetar e criar novos produtos ou serviços para resolver os problemas certos dos consumidores.

Os americanos não se cansaram dos carros. Apenas não conseguem achar o tipo de carro que querem — por isso compram picapes, vans e utilitários.

Muitos profissionais de marketing têm as respostas corretas para as perguntas erradas. Para ser realmente inovador e criativo, você precisa abordar os problemas verdadeiros e elaborar produtos que os resolvam. A vantagem competitiva começa pela abordagem ao problema verdadeiro do consumidor.

CAPÍTULO 15

O Arquétipo da Criatividade

*Geralmente o problema verdadeiro é
diferente da avaliação original.*

Em meio ao ritmo acelerado das mudanças que ocorrem na economia global, os negócios à moda americana estão ficando para trás. É hora de acordar o gigante adormecido e nos tornarmos criativos e inovadores novamente — à maneira americana. Historicamente, os Estados Unidos sempre tiveram excelência em termos criativos, como se pode ver pela sua habilidade para criar novos produtos, novos métodos, e mesmo uma nova forma de governo. Hoje em dia, depois de verem o rápido desenvolvimento dos negócios em outros países, muitos americanos acham que deveriam imitar os métodos japoneses ou europeus para se tornarem mais criativos e inovadores.

Acredito, no entanto, que os americanos possuem um tipo único de criatividade. Os Estados Unidos, por serem feitos de tantas culturas, têm uma cultura toda sua no que se refere à criatividade. É uma nação que pode enfrentar os desafios globais compreendendo e utilizando da melhor maneira sua própria criatividade e inovação.

Para melhor entender como os empreendedores e cientistas americanos são naturalmente criativos, estudei o arquétipo americano da criatividade e da inovação e sua aplicação à administração de empresas nos Estados Unidos. Os resultados desse estudo são usados para treinar empreendedores americanos para serem mais criativos e inovadores e, assim, competir mundialmente e recuperar uma posição de liderança.

A pesquisa arquetípica decifra os significados inconscientes e as associações que um conceito ou produto têm dentro de uma cultura. É

OS 7 SEGREDOS DO MARKETING

a maneira mais avançada de "decifrar um código", tanto para compreender a lógica cultural como para usar essa lógica para tornar uma empresa muito competitiva.

Eis algumas das questões que devem ser abordadas: como posso selecionar, manter e motivar pessoas criativas e inovadoras? Como aumento a criatividade e o poder de inovação na minha empresa? Como posso estruturar, organizar e administrar a criatividade permanente e a inovação na minha empresa? Quando as pessoas deixam de ser criativas? Por quê? Como podemos prevenir esse declínio? Qual é a relação entre a criatividade ou inovação e noções como qualidade, equipes, recompensa, liderança, posse, produção, serviço, distribuição, globalização, culturas, mercados, crise, rotina, comunicação, motivação, treinamento e acontecimentos?

O experimento Chrysler

O PT (Personal Transportation) Cruiser foi o primeiro automóvel da Chrysler totalmente projetado por meio do nosso processo de pesquisa de mercado, conhecido como pesquisa arquetípica. Desde a primeira vez em que ouviu falar desse método, há cinco anos, a Chrysler, que hoje é a operação americana da Daimler-Chrysler, mudou boa parte de seu programa de pesquisa de mercado para os estudos arquetípicos. Em um negócio onde o investimento em produtos chega a bilhões de dólares, a Daimler-Chrysler espera que esse processo ajude a empresa a "institucionalizar a visão", como diz David P. Bostwick, diretor de pesquisas de mercado corporativas. "Ter sucesso por acaso é como jogar num cassino", afirma ele. "A boa prática de negócios é ser capaz de replicar o seu sucesso mediante a compreensão", conclui.

O objetivo da equipe de desenvolvimento do PT Cruiser, a qual começou a trabalhar antes da fusão entre a Chrysler e a Daimler-Benz AG, estava longe de ser modesto: criar um veículo que combinasse o passado e o futuro e se transformasse num objeto de "culto", assim como o novo Beetle, da Volkswagen.

O processo começou com uma série de sessões de *focus groups* bem livres, de três horas de duração, nos Estados Unidos e na Europa. Pedimos aos participantes, à meia-luz e com música de fundo apropriada, que voltassem à infância e anotassem as memórias evocadas por um protótipo do PT Cruiser estacionado dentro da sala. Após essas sessões, analisamos as histórias, procurando pelas emoções — e as "respostas automáticas" reptilianas — que haviam sido despertadas pelo veículo.

Quando a Chrysler me contratou, eu e cerca de doze membros da equipe de desenvolvimento do PT Cruiser pegamos os primeiros protótipos e caímos na estrada. Durante vários meses, fizemos uma série de sessões de três horas em várias cidades dos Estados Unidos e da Europa. Ao contrário dos *focus groups* tradicionais, nos quais os participantes são escolhidos por se encaixar em um determinado segmento demográfico, os membros desses grupos foram escolhidos de modo a representar culturas inteiras.

Na primeira hora após a exibição do PT Cruiser ao grupo, eu disse aos participantes, sentados em círculo: "Vim de outro planeta, e nem sei o que vocês fazem com esta coisa. Qual é o propósito desta coisa?" Muitos participantes reclamaram que um dos primeiros protótipos era parecido demais com um brinquedo. Eles disseram: "Sou um adulto, não quero um brinquedo", e então soubemos que o *design* estava errado.

Na segunda hora, pedimos aos participantes que se sentassem no chão, como crianças, e usassem uma tesoura e uma pilha de revistas para fazer colagens com palavras que achavam que servissem para descrever o veículo. A essa altura, ficou clara a maior preocupação do grupo quanto ao protótipo: ele parecia pouco substancial, pouco seguro. Esse desconforto era especialmente notável com os *focus groups* dos Estados Unidos, onde os carros tipo *hatch* não vendem tão bem quanto na Europa. Na conversa que se seguiu ao trabalho de colagem, muitos participantes sugeriram que a grande janela traseira daria aos curiosos uma vista ampla demais do interior do veículo e tornaria uma eventual colisão por trás ainda mais perigosa.

Um grupo de Paris teve uma reação diferente. Acostumados aos carros *hatch,* os franceses do grupo estavam mais preocupados com a utilidade do carro do que com a segurança. O grupo descreveu o protótipo como uma caixa maravilhosamente embrulhada, colocada debaixo de uma árvore de Natal e que prometia um presente magnífico, sem contudo cumprir a promessa.

O resultado: a equipe da Chrysler voltou à prancheta de desenhos e, nas sessões seguintes, apresentou um modelo com assentos traseiros removíveis e um assento dianteiro para passageiros que poderia ser dobrado para a frente, transformando-se numa espécie de bandeja para um *laptop*. Esses acabaram por se tornar os recursos mais famosos do PT Cruiser.

A terceira hora foi, talvez, a mais bizarra — mas também a mais produtiva. Pedi aos participantes para se deitarem no chão. Pus uma luz suave, coloquei uma música calmante e disse às pessoas que relaxassem o corpo. Eu queria conduzi-los a um estado de semi-adormecimento, no qual a parte intelectual do cérebro ainda não assumiu o controle sobre a parte instintiva. O objetivo era descobrir quais "respostas automáticas reptilianas" o PT Cruiser havia disparado.

Dei aos participantes papel e caneta e pedi-lhes que escrevessem as histórias inspiradas pelo protótipo que tinham acabado de ver. Nos primeiros *focus groups*, as histórias estavam novamente relacionadas a brinquedos. Nos grupos posteriores, quando pedi aos participantes que escrevessem o que esperavam que o PT Cruiser se tornasse, as histórias punham em contraste o perigoso mundo exterior com o interior seguro do carro. Os participantes queriam um veículo mais na linha do utilitário-esportivo. "Lá fora é uma selva", disse uma das mensagens. "É um mundo louco. As pessoas querem me matar, me estuprar." Minha mensagem aos *designers* foi: "Façam algo grande, como um tanque de guerra." Então os *designers* começaram a trabalhar de modo a fazer o PT Cruiser parecer mais robusto. Aumentaram o tamanho dos pára-lamas, dando ao carro uma aparência de "buldogue" quando visto por trás. Também fizeram uma janela traseira menor, aumentando a quantidade de metal na parte traseira, fazendo-a parecer mais forte. O resultado: um veículo muito empolgante para alguns, mas que desagradava a outros.

Solucionando problemas: temos o problema certo?

Uma das dificuldades de descobrir códigos inconscientes é entender que o problema real pode ser diferente do problema percebido, já que a lógica emocional inconsciente pode ir diretamente contra a lógica consciente. Por exemplo, a maioria dos psicólogos acredita que as fobias (medos irracionalmente exagerados) têm pouco a ver com a coisa que se teme, e mais a ver com assuntos subconscientes aparentemente não-relacionados ao objeto temido. Assim, um medo intenso de voar pode ter mais a ver com, digamos, um trauma de infância do que com os perigos físicos de voar. As pessoas que têm esse tipo de fobias costumam dedicar muita energia e medo a um problema que, na verdade, não é o problema.

Antes de chegarem à pesquisa arquetípica, muitos clientes acreditam já ter identificado o problema, quando, na verdade, como numa fobia, o verdadeiro problema é de natureza diferente.

Muitos anos atrás, quando a Renault foi atingida pela primeira crise do petróleo, a empresa começou a tentar produzir um carro "barato" que não gastasse muito combustível. O modelo principal da categoria era o Deux Chevaux, feito pela rival Citroën. Era um campeão difícil de vencer. O nome Deux Chevaux (em francês, "dois cavalos") aludia ao fato de que o carro possuía apenas dois cilindros. Consumia muito pouco combustível, mas era um carro "de verdade", e a Citroën se orgulhava de ver seus compradores dirigindo ao redor do mundo em seu pequeno automóvel surpreendentemente feio. Era um carro fácil de desmontar, fácil de consertar, e fácil de montar. E o mais importante de tudo: era econômico, numa época em que o preço do petróleo estava subindo e as pessoas davam mais valor à relação custo/benefício do que ao estilo. A Renault enunciou seu problema da seguinte forma: como podemos criar um carro econômico, barato e pequeno para competir com o Deux Chevaux?

A diretoria achou que tinha a solução: eles sabiam o que significavam as palavras "barato" e "econômico", e precisavam apenas resolver os problemas de logística envolvidos na produção de um carro pequeno que consumia pouco combustível. A Renault me pediu para ajudá-los a criar esse novo carro que fosse "barato e econômico". Concordei, com uma condição: que descobríssemos o que "barato e econômico" significava para os consumidores (não o que supúnhamos que significava) e que pudéssemos deixá-los dizer o que queriam e descobrir suas necessidades não-declaradas. Ao aplicar o processo arquetípico, fizemos algumas descobertas fascinantes.

O carro mais econômico é um ovo

O estudo revelou que a maioria das pessoas não pensa a respeito da quantidade de combustível que colocam no carro. Em vez disso, elas querem saber o que estão obtendo em troca do dinheiro e da gasolina que têm de comprar. "Barato" e "econômico" eram noções relativas, e não estavam relacionadas ao preço da gasolina ou à distância percorrida por litro. Ao voltarmos à primeira estampagem de um carro, nos demos conta de que um carro é visto como tendo duas áreas distintas: o espaço vivo e o espaço morto. O espaço morto é qualquer espaço ao qual você não tem acesso, ou qualquer espaço onde o que acontece é invisível para você.

O Corvette, por exemplo, era visto como um carro com muito espaço morto e pouco espaço vivo. A área reservada aos passageiros era limitada, bem como o espaço de acesso visual (o espaço que você pode ver e controlar do lado de dentro). Portanto, ainda que fosse um carro peque-

194 OS 7 SEGREDOS DO MARKETING

no, o Corvette não era nem um pouco "econômico". A lógica emocional ditava que, se um carro tinha muito espaço morto, ele não era econômico, porque obrigava você a comprar combustível para carregar todo aquele espaço morto. Se, em vez disso, você pusesse a mesma quantidade de gasolina em um carro que tem muito espaço vivo, aí sim você estaria "economizando". Dentro da lógica emocional, portanto, dois carros poderiam ter o mesmo tamanho externo, o mesmo preço, andar o mesmo número de quilômetros por litro e ainda assim serem vistos como diferentes "economicamente", caso o espaço de um deles estivesse oculto (espaço morto) e o outro fosse mais aberto e acessível (espaço vivo).

Portanto, um carro econômico poderia ser imaginado como um ovo com uma casca muito fina; o formato oval permitiria o acesso visual a todas as partes do carro. A Renault já acreditava fabricar carros em formato de ovo (com linhas mais aerodinâmicas), mas esses carros eram como ovos com uma gema pequena (espaço vivo) e muita clara (espaço morto). Ao invés disso, a Renault precisava fazer um "ovo" com uma gema bem grande e nada de clara. Em outras palavras, os consumidores esperavam que o espaço interior fosse o maior possível e também que estivesse visualmente e fisicamente disponível para os passageiros. Os consumidores queriam mais espaço em troca do seu dinheiro.

E foi o que conseguiram. A Renault construiu a primeira minivan e a batizou de L'Espace, ou "espaço", em francês. A Renault aprendeu que as noções de "barato" e "econômico" poderiam apenas ser compreendidas uma vez que esses termos fossem definidos pelo seguinte arquétipo: que os consumidores queriam muito espaço por um preço razoável. Em comparação com um carro comum, a L'Espace era barata e econômica, porque pelo mesmo preço e pela mesma quantidade de gasolina o consumidor obtinha mais espaço e melhor acesso a esse espaço. Algumas empresas americanas, na tentativa de incrementarem suas minivans, tiveram a idéia errada de colocar um console entre os dois assentos dianteiros, o que restringia a possibilidade de as pessoas se movimentarem entre os bancos. Como qualquer pessoa familiarizada com os arquétipos acima poderia esperar, esses modelos não tiveram boas vendas. A Renault havia chegado perto do problema em sua avaliação original; a empresa tinha a substância correta (a necessidade de um carro barato e econômico) mas não a compreensão correta do seu significado. Em geral, o problema verdadeiro costuma ser bem diferente da avaliação original.

A compreensão do problema verdadeiro é o primeiro passo para chegar a uma solução criativa capaz de passar no teste do mercado.

CAPÍTULO 16

Desempenho Versus Criatividade

Temos as respostas certas para as perguntas erradas.

Quando a Lego, a famosa empresa dinamarquesa de brinquedos, quis saber como melhorar os manuais de instruções distribuídos no mercado americano, pediu a minha ajuda. A Lego achava que o caminho para obter sucesso nos Estados Unidos era a melhoria de seus manuais; dessa forma, as crianças americanas aprenderiam como brincar com as peças de Lego e iriam querer comprar mais peças para poder montar todas as coisas demonstradas no manual. A empresa já gastara muito dinheiro em pesquisas para descobrir como melhorar os manuais.

Como regra geral, recuso-me a considerar o suposto problema do cliente como o problema real. Na maioria das vezes, o problema real ainda está para ser descoberto, assim como sua solução.

Nesse caso, a Lego queria aumentar as vendas nos Estados Unidos, e achava que melhorar o manual de instruções resolveria o assunto. O problema, na verdade, era bem diferente. O modelo seguido pela empresa era o mercado alemão, onde havia sido bem-sucedida durante muitos anos. Eles queriam ter o mesmo sucesso nos Estados Unidos, e não viam a razão pela qual este sucesso não ocorria. Acreditavam que o mercado americano fosse similar ao alemão, porque os imigrantes alemães representavam um grupo grande e influente que ajudou a criar o Novo Mundo.

Quando filmamos crianças alemãs brincando com Lego, no entanto, as fitas mostraram crianças alemãs recebendo uma nova caixa do brinquedo. As crianças então cortavam cuidadosamente o adesivo do lado da caixa, tiravam a tampa, e começavam a separar os elementos diferentes, colocando os Legos vermelhos de um lado, os azuis de outro, e os brancos no meio. O processo era feito com tanto cuidado e precisão que os observadores ficaram surpresos. Em seguida as crianças pegaram o manual de instruções e o leram cuidadosamente, do início ao fim, e começaram a construir uma réplica exata daquilo que era mostrado no livreto.

O processo de descoberta do momento de estampagem com um grupo de crianças é mais difícil do que com adultos. As dificuldades de se estudar crianças incluem manter sua capacidade de concentração, controlar suas tarefas e mantê-las atentas. É por isso que a filmagem com pouca intervenção dos adultos funciona melhor. Ela permite a observação direta do processo de lógica emocional e, se os pais estão presentes, geralmente revela modos de transmissão dos arquétipos.

Quando observamos as crianças americanas, obtivemos resultados completamente diferentes: as crianças americanas pegavam a caixa de Lego, olhavam para ela sem dar muita atenção e imediatamente a abriam, entusiasmadas. Com a caixa aberta, jogavam tudo em volta, em todas as direções, fazendo uma grande bagunça em questão de segundos. Então descartavam o manual de instruções e começavam a fazer experimentos com as pecinhas. Isso é tipicamente americano; os americanos geralmente não lêem manuais.

A Lego gastou muito dinheiro criando os melhores manuais possíveis para seu produto, mas nunca se deram conta de que as crianças americanas não os estavam lendo — elas simplesmente jogavam o manual fora. Elas, em geral, nunca lêem parte alguma do manual de instruções. Simplesmente os ignoram. A ação era, para elas, muito mais importante. Ficavam impacientes para começar a fazer suas próprias coisas, e seguiam suas próprias idéias. Eram elogiadas por suas mães quando eram criativas e faziam construções originais — o oposto completo das crianças alemãs, que eram sempre elogiadas por seguir direitinho as instruções.

Aqui, a lógica da emoção é que os americanos não lêem as instruções — nós não aprendemos muito bem com livros, processos, ou mesmo com treinamento, mas sim com a ação. Nós preferimos chamar um amigo para nos dar alguma dica prática a ler instruções. Aprendemos fazendo e errando. Os brinquedos da Lego são vistos pelas mães americanas como um modo de desenvolver a criatividade e a imaginação das crianças, enquanto que, na Alemanha, os mesmos brinquedos são

DESEMPENHO VERSUS CRIATIVIDADE **197**

um modo de aprender como seguir instruções e desempenhar tarefas de um modo previamente estabelecido. A diferença, aqui, é a da criatividade versus o cumprimento de padrões, e, nos lados situados na sombra, da rebelião versus a conformidade. É claro que algumas crianças diferiam das outras no mesmo grupo cultural. Algumas crianças americanas simplesmente copiavam as outras, e algumas crianças alemãs eram bastante criativas dentro da estrutura estabelecida pelo manual de instruções. No entanto, mesmo nessas exceções as ações continuavam sendo moldadas pelo arquétipo geral.

Respostas certas para perguntas erradas

A Lego gastou muito dinheiro tentando descobrir como melhorar o manual para o público americano — um dinheiro desperdiçado, pois haviam abordado o problema errado. O problema não era elaborar um manual melhor, pois as crianças americanas nem sequer o leriam.

Quando apresentei ao presidente da Lego os resultados do meu estudo, expliquei que, no processo de estudo arquetípico, é importante não ter idéias preconcebidas sobre a verdadeira natureza do problema. A idéia é passar por um processo de descoberta junto com outras pessoas, sem saber o que vamos encontrar. Mas, quando descobrimos o problema certo, ele se torna tão óbvio que parece que já sabíamos disso o tempo todo.

Precisamos voltar aos problemas iniciais. O que estamos tentando realizar? Por que queremos que as crianças americanas leiam as instruções? Assim como no caso da Renault, a Lego achava que já tinha a solução necessária. A empresa acreditava que, ao melhorar as instruções, venderia mais Legos, quando na verdade ler as instruções seria desastroso para o seu mercado americano. As crianças americanas adoram uma caixa de Legos porque vêem nela possibilidades infinitas, exatamente porque não têm de seguir instruções.

A Lego se reposicionou de forma a ser uma fonte de desenvolvimento da criatividade e da imaginação. Se, no entanto, eles explicassem que numa caixa de Legos havia possibilidades infinitas, os consumidores comprariam somente uma caixa, o que criaria um círculo. A Lego precisava criar uma espiral, com possibilidades para que as crianças criassem mais com duas caixas ao invés de uma, e ainda mais com três do que com duas. Ao invés de um manual de instruções, precisavam de um mapa de crescimento, que mostraria como a criatividade da criança aumenta de uma caixa para outra. Esse mapa assumiria a forma de uma coleção estruturada, como adesivos que a criança poderia colocar em locais estabelecidos a cada vez que comprasse uma nova caixa, e que mostrariam onde ela se encontrava em sua escala de crescimento criativa e o que ainda faltava atingir — desenvolvendo com isso na criança o desejo de ir além.

O modo como olhamos para um problema é crucial. Devemos sempre nos recusar a ter idéias preconcebidas sobre o que o problema realmente é. Se você quebrou a perna e sente dor, você não estará preparado para considerar que o problema é que você está gordo, ou que não se exercita o suficiente. Primeiro você quer que sua perna fique boa e que você não sinta mais dor; então, talvez, poderá ouvir outras sugestões. Com os clientes, é a mesma coisa: eles têm um problema e "sentem dor". Querem que a dor acabe. Meu dever é levar seu problema em consideração. Mas meu verdadeiro trabalho é encontrar o verdadeiro problema — isto é, não tratar os sintomas, mas sim as causas — para assegurar que a situação não se repita novamente. Fazer com que os clientes aceitem esse novo paradigma requer uma total mudança de comportamento.

Mudando comportamentos

Quando, em 1989, a Timber Association of California (TAC) sentiu a pressão para mudar, não sabia que direção deveria tomar. A TAC tinha um problema de imagem pública, e pediu-me que descobrisse o motivo. O dilema que a empresa enfrentava, o qual já existia há muito tempo, havia sido criado por uma demanda estacionária por produtos de madeira, à qual se opunha a necessidade de preservação florestal. O problema não era se os produtos de madeira deveriam ou não ser fabricados, porque mesmo os ambientalistas mais convictos precisam deles. Tampouco era fazer esses produtos sem cortar árvores. De alguma maneira, o problema estava no processo. Mas parecia um mistério descobrir qual aspecto do processo era o problema e como consertá-lo.

Esse dilema fez surgir algumas questões arquetípicas fascinantes: quais são os códigos americanos para uma árvore e para uma floresta? Quais são as emoções usadas para estampar essas palavras? O que significam em um nível inconsciente profundo, em nossa mente cultural? O que faremos com nossas florestas? Será que nossas crianças serão capazes de desfrutar das árvores da mesma maneira que nós? Qual o futuro dessa indústria?

O desafio era decodificar o inconsciente coletivo americano e suas relações com as florestas, e então ver como poderíamos modificar os comportamentos para proteger as florestas, protegendo ao mesmo tempo o emprego das pessoas. Começamos pela Califórnia, seguindo o processo de pesquisa arquetípica: retornamos à primeira experiência de uma árvore e de uma floresta, procurando pela gramática comum subjacente a essas experiências. Queríamos descobrir se havia um modo americano de se relacionar com uma floresta, de aprender a respeito dela e de ficar emocionalmente ligado a ela.

Fizemos dez sessões de estampagem em que pedimos às pessoas para retornar às suas primeiras experiências com uma floresta. Em seguida, utilizamos a análise estrutural para decodificar suas histórias.

Pouco tempo depois, pediram-me que verificasse esses mesmos resultados conduzindo dez sessões adicionais em todo o país. Uma vez completadas essas sessões, tínhamos dados de mais de 500 pessoas, e coletamos mais de 1.000 histórias de estampagem. Embora os estudos arquetípicos não sirvam para análises quantitativas, a Timber Association of California e a National Forest Product Association sentiram-se mais confortáveis com o número de casos estudados. Sentiram-se ainda melhor em relação aos resultados encontrados. O poema de Joyce Kilmer capta de maneira quase perfeita o arquétipo que encontrei:

Acho que jamais verei
Poema tão belo quanto uma árvore
Árvore cuja boca faminta suga
O doce seio da terra;
Árvore que olha para Deus o dia todo
E ergue os braços com folhas em prece;
Árvore que no verão usa
Um ninho de pássaros como chapéu;
Em cujo colo cai a neve;
Que tem intimidade com a chuva.
Poemas são feitos por tolos como eu,
Mas só Deus faz uma árvore.

Descrente de meus resultados, a associação realizou testes por conta própria. Nas pesquisas, pediu-se aos californianos que colocassem em ordem, a partir de uma lista de organizações, em quais depositariam sua confiança para cuidar das florestas. Havia duas listas diferentes: uma delas incluía a Timber Association of California, a outra incluía um novo nome proposto, a California Forestry Association (CFA). Na lista em que aparecia o nome Timber Association of California, os californianos classificaram a credibilidade ou confiabilidade da organização como muito baixa, em apenas 16 por cento — uma pontuação pouco acima da recebida por entidades do governo. Mas, na lista em que aparecia a California Forestry Association, os californianos deram uma credibilidade de 50 por cento. Descobrimos que as pessoas não pensam nas florestas como uma *commodity*, mesmo quando se trata de uma propriedade privada. A noção que a maioria das pessoas tem de uma floresta está profundamente marcada por sentimentos relacionados a acampamentos ou a caminhadas quando eram crianças. Portanto, quando cortamos uma árvore, mesmo que ela já esteja morrendo, nós a estamos matando.

Baseando-se nos resultados da pesquisa, a organização mudou de nome para California Forestry Association. Mas isso não foi tudo. Como também descobri que o código para uma muda de árvore é "bebê humano", a organização decidiu também renovar sua campanha de relações públicas.

Anteriormente, em seus panfletos, a associação tentava explicar que cuidava das florestas mostrando um sujeito grandalhão com uma motosserra, dizendo: "Eu cuido das florestas." Era uma mensagem ineficaz. Por quê? Porque cuidar, nutrir e fazer árvores crescerem é uma imagem feminina, não masculina. Biologicamente, apenas alguns segundos são necessários para um homem fazer um bebê. Para uma mulher, no entanto, é preciso nove meses, e, quando o bebê nasce, o trabalho da mulher está apenas começando. Nutrir e cuidar são, portanto, tarefas tipicamente femininas, e não masculinas. A mensagem da associação sobre a maneira como as árvores eram plantadas também continha uma imagem negativa. Um sujeito grandalhão, de botas, carrega um broto de árvore pelas folhas (como um bebê pelos cabelos) e o planta (o bebê) com os pés. Na mente subconsciente, o consumidor pensa que não se deve fazer isso com um bebê. As imagens eram totalmente erradas porque eram desprovidas de sensibilidade.

Da quantificação de árvores ao cuidado de bebês

A maneira habitual de falar sobre o plantio de árvores era derivada do esquema masculino de desempenho-quantidade. Um porta-voz da companhia diria, por exemplo: "Neste ano plantamos 2.425.000 árvores novas." Isolados do arquétipo, entretanto, esses números nada significam. Isso equivale a muitas árvores? Vocês cortaram mais do que plantaram? O que esse número significa? Significa que vocês se importam com as florestas e com os seres humanos ou significa apenas que vocês precisam plantar árvores para que possam cortá-las ainda mais?

Depois de ouvir nossas descobertas, o presidente de uma das companhias correu ao telefone para dizer à sua agência de publicidade para parar de veicular a campanha porque ela não respeitava o arquétipo. Algumas semanas mais tarde, recebi uma cópia do novo anúncio; fiquei admirado. Não havia árvores mortas, números grandiosos, ou tipos masculinos de comunicação baseados no binômio quantidade-desempenho. Em vez disso, utilizaram uma foto de uma mãe com um bebê nos braços — muito simples, muito tocante e, ademais, um símbolo universal de proteção e cuidado. O texto dizia: "Para cada bebê nascido na Califórnia, nós plantamos 100 árvores."

Cada aspecto do código arquetípico foi abordado nesse anúncio: o cuidado, o ciclo da vida, o lado feminino, o bebê associado ao broto de árvore, a idéia de crescimento conjunto, a noção de que tanto os bebês quanto as árvores precisam de cuidado maternal, e também uma representação fácil dos números da empresa. O novo anúncio fez com que o público tivesse uma percepção de todo o ciclo de vida da floresta, que era justamente o lado da indústria que havia sido ignorado no passado.

A California Forestry Association também mudou radicalmente as imagens dos seus meios de comunicação. Eles agora apresentam mulheres que falam de cuidado, nutrição e plantio. As mulheres são mostradas carregando brotos de árvores nos braços. Elas plantam gentilmente as árvores com suas mãos — do mesmo modo como tratariam um bebê. O corte das árvores é atenuado na comunicação; é explicado apenas por meio de um gráfico que mostra o ciclo de vida da floresta. Conseqüentemente, a California Forestry Association tem agora uma imagem mais positiva.

O código para árvore: ser humano

Em todas as histórias que reuni no meu estudo para a CFA, a gramática subjacente era bem clara: uma árvore não é uma planta — ela é um ser humano. Cortar uma árvore é matá-la. As árvores nascem, envelhecem e morrem; elas têm cabeça, braços, cabelo e boca; elas sofrem, sangram e observam. As pessoas falam com elas e as ouvem. As árvores rezam. Nós temos raízes, assim como as árvores. Nós também precisamos nos sentir firmes sobre o solo e, ainda assim, estender nosso alcance para fora. Uma árvore pode morrer, mas uma floresta, como uma família, pode sobreviver. O público pode aceitar que as árvores morram, mas não pode ficar indiferente ao fato de que as florestas desaparecem; tal catástrofe seria equivalente a um holocausto.

Se as árvores são humanas, conclui-se que as árvores jovens são bebês; precisam ser alimentadas, precisam que conversemos com elas, precisam ser protegidas e amadas. Cada árvore-bebê é um indivíduo, e portanto não é "natural" plantar os bebês-árvores numa fileira em fazendas, assim como não seria natural criar bebês em laboratórios.

O código para o envelhecimento é "avós". Eles têm experiência e são sábios. Sua presença nos conforta nas épocas difíceis. As árvores velhas representam, assim, o passado e a nossa descendência, e, embora venham a morrer um dia, será um fim lento, natural e tranqüilo. Elas merecem a paz e são vistas como sagradas.

O arquétipo americano para "floresta" é, na verdade, composto de dois arquétipos: a floresta natural e a artificial, administrada. A floresta natural tem pouco a ver com a realidade da natureza; o arquétipo a descreve como um lugar limpo, onde tudo está em harmonia, e onde não há insetos ou predadores, e nenhuma luta desesperada pela sobrevivência. A "floresta natural" é um local de meditação, de diversão, um lugar do qual gostamos de saber que está sempre disponível mesmo se não o utilizarmos. É um lugar de sonhos, um lugar simbólico, um retiro espiritual.

Administrar uma floresta, portanto, é destruir a harmonia. Uma floresta administrada é uma floresta natural que foi invadida pelo homem. Uma floresta administrada significa uma intrusão artificial que leva à destruição do paraíso. Esse arquétipo explica os roteiros clássicos de qualquer filme do Tarzã. No início, a floresta está em harmonia. Tudo é belo, todos se amam. Tarzã voa de uma árvore para outra, beija um leão, abraça uma girafa, acaricia um crocodilo, nada em águas limpas e brinca com a Chita. Então, de repente, a harmonia está em perigo, até mesmo ameaçando a vida de Tarzã. A floresta inteira deve juntar-se para expulsá-lo. Depois de uma luta, elimina-se o homem branco como a um vírus, e a harmonia volta a reinar. Essa é a lógica da emoção que entra em ação quando ouvimos a expressão "administrar a floresta". É uma expressão profundamente negativa que sugere que o homem está administrando a Mãe Natureza.

O código para a empresa madeireira é, portanto, "assassino". A palavra "madeireira" remete à associação arquetípica de "madeira!", o grito que é dado quando uma árvore está prestes a cair após ser cortada, ou "assassinada". Na mente americana, essa é uma forte associação.

Aplicações na comunicação

Quando nos damos conta dos arquétipos culturais, precisamos modificar a natureza da nossa comunicação e fazer desse código parte de nossas práticas diárias, ou estaremos sabotando nossa própria mensagem. Se quisermos que as pessoas ouçam o que temos a dizer, precisamos usar palavras e atitudes que se encaixem nos arquétipos e que, dessa maneira, expressem nossa posição e o que realmente queremos dizer.

Claramente, "madeireira" foi a palavra errada empregada pela CFA. Ficou claro que a indústria não deveria enfatizar os aspectos de seu trabalho relacionados ao corte e à "matança", e sim focar no produto. Quase todo mundo gosta de madeira. É um material fantástico porque transmite calor, é natural e simples. Além disso, é um material muito bonito. Tem uma qualidade própria, que não pode ser igualada por nenhum outro material. Contudo, quando visitei uma serraria, não vi nenhum sinal do maravilhoso produto final. Em vez disso, vi que o modo como a indústria se apresentava aos visitantes estava completamente errado.

Eles tinham pilhas de árvores cortadas e descascadas ("defuntos") do lado de fora. Eles tinham máquinas de "matar". Mostravam excessivamente o aspecto indesejável de sua indústria e nada dos produtos resultantes ou dos programas de cultivo. Essa analogia impressionante demonstra o que quero dizer: suponhamos que você é um cirurgião plástico, especialista em cirurgias do nariz, e que se orgulhe dos resultados que obtém. Então, de forma a atrair mais clientes, você mostra uma foto de um de seus pacientes: o nariz está aberto, a pele do nariz está totalmente dobrada sobre um lado do rosto, o qual está coberto de sangue. Você está segurando um martelo e uma faca, quebrando ossos. Quantos clientes novos você acha que conseguirá com uma foto dessas?

Isso era exatamente o que a indústria madeireira estava fazendo. Eles estavam comunicando uma matança arquetípica de árvores com máquinas semelhantes às que se podia usar em um holocausto, e esperavam com isso ganhar o apoio e o respeito do público americano. Expunham seu processo, ignorando seu produto, e amenizavam precisamente os benefícios da indústria.

Homens, mulheres e a floresta natural

De um ciclo de setenta anos, durante o qual semearam, protegeram e fizeram a floresta crescer, a Timber Association escolheu enfatizar os seis meses em que cortavam as árvores. Seu verdadeiro trabalho era o de proteger e aumentar o ciclo natural da floresta. Por quê? Para produzir produtos naturais para a família americana.

Essa notícia foi um choque para os membros da indústria. É claro que eles já sabiam disso — era parte do arquétipo subjacente —, mas era algo que havia ficado em um nível inconsciente até o meu estudo. Mais importante ainda era que eles não tinham consciência da importância desse arquétipo para a comunicação com o público americano.

Na frase "proteger e aperfeiçoar o ciclo de vida natural da floresta", várias palavras são importantes, mas nenhuma delas é mais importante do que "ciclo". A diferença entre homens e mulheres é essencial aqui. Os homens não experimentam os ciclos da mesma maneira que as mulheres; a cada 28 dias, a maioria das mulheres é lembrada do que é um ciclo biológico. O esquema biológico para uma mulher é também diferente no que diz respeito ao tempo e à quantidade. Os homens produzem bilhões de espermatozóides durante a vida. As mulheres, por sua vez, produzem apenas cerca de 400 óvulos, os quais são liberados um de cada vez, em períodos bem espaçados. Essa diferença afeta sua percepção do tempo, da quantidade e do esforço necessário para se criar algo. Como resultado, as mulheres têm algum tipo de referência biológica para a quantidade de tempo e de cuidado que os bebês precisam. Refletir sobre esses esquemas nos ajudou muito a dar uma forma para a comunicação da indústria madeireira.

Nunca ficou tão claro para mim que, ao decodificar uma cultura e ajudar as pessoas a tomar consciência do que estão fazendo, estamos ajudando-as a se comunicar. A indústria madeireira em geral se importa com as florestas e quer preservá-las. Mas não estava decodificando de maneira apropriada o que fazia e dizia. Após essa decodificação, as empresas tiveram de modificar completamente sua atitude e seu comportamento.

Uma visão mais clara

Um dos membros da associação praticava o desmatamento. Meu conselho foi bem direto: "Você não deveria jamais usar o termo 'desmatamento'", porque o código para desmatamento é "holocausto". "Mas", replicou o homem, "podemos explicar porque desmatamos, pois há bons aspectos nessa prática dos quais as pessoas não sabem." Repliquei que isso seria equivalente a Hitler tentar justificar o holocausto.

Mesmo assim, quando o gerente responsável pelas relações públicas da empresa recebeu um pedido de entrevista para falar sobre desmatamento, ele aceitou. Fez o possível para justificar a prática, mas, sem a compreensão do código, não havia como a explicação funcionar. E ela não funcionou. Descobrir o código arquetípico não apenas explica o passado e o presente como também pode alterar nossa percepção do futuro. Era fácil prever o fracasso da entrevista sobre desmatamento.

Esse código serve tanto para os ambientalistas quanto para a indústria madeireira. Quando ecologistas radicais arrancam árvores com o intuito de salvá-las, isso é visto pelo público como uma aberração. É como machucar o braço de uma criança para evitar que ela vá à escola. Tanto os ambientalistas quanto os madeireiros podem aprender a respeitar o código arquetípico da floresta.

Como visto na indústria florestal, o conhecimento de um arquétipo só faz diferença se provocar uma mudança de ação e de atitude. Às vezes é difícil aceitar que não devemos usar certas palavras, especialmente quando essas palavras fazem parte da nossa vida diária há décadas.

O que uma floresta é, para a mente americana, foi estampado durante gerações com o mesmo código. Nossa liberdade de mudar coisas não se situa nesse nível. Em vez disso, podemos nos libertar conhecendo esses códigos e usando-os de acordo com nossa visão. Se não pudermos mudar o *modo* como nos sentimos (a lógica das nossas emoções, que é cultural), podemos querer mudar *o que* sentimos. Devemos recolocar nossas raízes na profundidade da alma arquetípica de nossa cultura. Precisamos parar de imitar os japoneses ou os alemães só porque eles produzem bons carros que talvez tenham menos problemas. Aproveitemos o gênio escondido em cada país; vamos decodificar a cultura para estruturar a pergunta certa, descobrir a resposta correta e atender às verdadeiras necessidades das pessoas com nossos produtos e serviços.

CAPÍTULO 17

Respostas Arquetípicas a Sete Perguntas Sem Resposta

Quem ganha na guerra dos sexos?

A arquetipologia pode ser usada para solucionar problemas de administração e marketing, fornecendo descobertas valiosas sobre o inconsciente coletivo. O que está claro para nós, após mais de 25 anos de experiência de pesquisa e experiência de campo, é que a arquetipologia também pode ser aplicada a problemas sociais de maneira a fornecer novos pontos de vista sobre suas causas e curas. Estas são as minhas respostas a sete questões sobre os Estados Unidos, as quais são tão complexas que precisamos observá-las através das lentes arquetípicas.

1. Se a violência é a nossa solução, qual é o problema? O problema é a culpa. Os americanos adoram se sentir culpados por alguma coisa. Esse complexo de culpa pode assumir formas diferentes (o Vietnã, a escravidão, a vitória contra os alemães ou os japoneses). Somos sempre ricos demais, poderosos demais ou grandes demais. Nossos inimigos manipulam esse complexo, bem como muitos de nossos "amigos". Assim, nos Estados Unidos, sempre se culpa a vítima. Aquela mulher foi estuprada porque era sensual demais; porque se vestia de maneira provocante; porque o incitou. Aquele homem era rico demais, por isso foi assassinado. Aquela celebridade era famosa demais; por isso aquele maluco a perseguia. Acreditamos que o criminoso é, de certa maneira, a vítima, e que a vítima merece ser culpada — por causa do nosso próprio sentimento de culpa.

Nos Estados Unidos, é aceitável um adolescente matar uma turista alemã na frente dos seus filhos, e depois disso ser defendido por advogados do governo, os quais querem nos explicar que a cultura americana é, na verdade, a verdadeira culpada. É aceitável que adolescentes que não tenham um pai tenham cinco filhos antes de completar 18 anos e recebam dinheiro do estado para isso. É aceitável que irmãos adolescentes de Beverly Hills comprem espingardas e matem seu pai porque ele os "maltratava". É aceitável que uma adolescente com problemas mentais atire na esposa do seu amante e ganhe milhões de dólares com a venda dos direitos para a TV. É até mesmo aceitável que o amante e sua esposa também ganhem dinheiro com isso.

Todos os dias, os advogados provam que a cultura americana é a culpada, e que todos são coletivamente culpados, e não seus clientes. Da mesma forma, punimos empreendedores bem-sucedidos com impostos e recompensamos o fracasso com programas assistenciais, porque nos sentimos culpados e responsáveis pelos pobres, pelas minorias e pelos criminosos. Por conta dessa atitude neurótica, não estamos atrás de soluções — estamos perpetuando conscientemente uma profecia auto-realizadora. A cultura americana se sente culpada porque não acreditamos que a perfeição seja possível, e devemos encontrar algo em que pôr a culpa pelo nosso fracasso inevitável.

Os japoneses têm a menor taxa de violência e de gravidez na adolescência do mundo, e também a menor taxa de analfabetismo. Obviamente, essas duas coisas estão relacionadas; fazem parte de um todo cultural. Precisamos reconhecer que nossos problemas culturais não são isolados, e sim fazem parte de todo um sistema cultural de culpa. Acreditamos que é mais importante dar uma segunda chance ao criminoso do que proteger o bode expiatório favorito de todos — o homem trabalhador de meia-idade, em quem colocamos toda a culpa. Ao aceitar esse símbolo dos Estados Unidos, estamos destruindo muitos aspectos positivos da cultura americana — a mesma cultura que atrai imigrantes, que pôs o homem na Lua, que venceu a Guerra Fria e que criou a nação mais livre do planeta. A mente americana, adolescente e neurótica, deve se sentir culpada por todas essas conquistas que nos colocaram à frente de todas as nações do mundo.

Se quisermos acabar com a violência, precisamos parar de nos sentirmos culpados por sermos a nação mais rica e mais livre do mundo. Precisamos deixar de estarmos presos ao passado; já tentamos durante muito tempo pagar pelos "pecados do homem branco". Isso não funciona. Precisamos reconhecer que as armas não são o problema, mas um sintoma. Todos os suíços têm armas em casa porque todo cidadão suíço é membro do exército, mas quase não há violência na Suíça. Por quê? Porque eles entendem que possuem armas para proteger seu país, não para roubar e matar seus vizinhos.

Precisamos parar de promover o racismo nos Estados Unidos. Todos deveriam ser tratados da mesma maneira perante a lei. Quando um bom sistema legal diz que determinadas pessoas são culpadas, elas deveriam ser aceitas como culpadas; quando o júri diz que são inocentes, deve-se aceitar que elas são inocentes. Precisamos também recuperar as zonas de guerra que chamamos de "guetos". Se necessário, deveríamos usar as forças armadas para tomar de volta certos bairros, um quarteirão por vez, e eliminar todas as armas. Poderíamos treinar uma força policial formada de cidadãos para manter a ordem.

Também precisamos tratar os adolescentes como adolescentes. Façamos um toque de recolher às 11 da noite, e deixemos que os adolescentes sejam responsáveis por seus próprios atos.

Vamos promover a idéia de que a unidade é boa, e coloquemos a culpa nos separatistas. Voltemos a ter orgulho de sermos americanos. Não há problema que não possamos solucionar, depois de despertado o gigante adormecido. Vamos parar de ser uma cultura adolescente, reforçando e recompensando o comportamento adolescente. O problema está na mente americana, e não nas ruas, nas escolas ou nos guetos. Precisamos simplesmente decidir que já basta.

2. Quem ganha na guerra dos sexos? Na verdade, todos somos perdedores, porque toda a energia que não é usada para satisfazer nossos parceiros e a nós mesmos é transformada em frustração e passa a ser usada para a vingança e a destruição de outras pessoas. "Faça amor, não faça a guerra", poderíamos dizer. Mas, como cultura, somos obviamente melhores em fazer a guerra. A cultura americana não é sensual, sexual ou amorosa. Não exploramos a arte que é possível nessas direções. Não desenvolvemos talentos baseados no prazer nas nossas crianças. Experimentamos o sexo do mesmo modo como experimentamos a comida; não fazemos amor bem e não desfrutamos o nosso jantar. É por isso que inventamos a *fast food*.

Porque a violência é equivalente ao sexo nos Estados Unidos, a solidão é a grande vencedora na batalha dos sexos. Os homens não compreendem as mulheres, as mulheres não compreendem os homens. Os americanos estão se tornando sexualmente atrofiados e estão perdendo a capacidade de se divertir e desfrutarem da companhia uns dos outros.

Precisamos de uma nova cultura feminina (não feminista, mas feminina). Precisamos despertar a *anima* americana. A missão das mulheres não deveria ser vencer os homens, e sim trazer uma dimensão mais feminina para a vida dos americanos, bem como despertar o lado feminino da cultura americana.

Com mais carinho, respeito, prazer e divertimento, podemos até mesmo começar a gostar uns dos outros, restabelecendo assim um senso de equilíbrio em nossas relações. Muitas culturas encaram as relações entre homem e mulher como complementares e harmoniosas, não como um combate.

É hora de retornar à sofisticação e refinamento dos velhos tempos de Hollywood, quando Clark Gable e Errol Flynn, Audrey Hepburn e Katherine Hepburn dominavam a tela. Hollywood poderia desempenhar um papel importante, se descartasse os personagens rasteiros, semelhantes aos de desenho animado, como os vividos por Stallone ou Schwarzenegger, e voltasse aos personagens mais sofisticados, que pudessem servir de modelos para o público.

A violência primitiva está por toda parte, e todos estamos preocupados com a sobrevivência. Ao trazer à tona nossos medos mais ancestrais, Hollywood pode sempre produzir um filme de sucesso. As pessoas mais reflexivas, no entanto, já estão fartas da violência gratuita e dos efeitos especiais. Onde está a cultura, a arte do prazer, a sofisticação? Há uma forte conexão entre o nível da cultura de uma sociedade e seu nível de violência. O Japão tem uma cultura muito sofisticada, desde os arranjos de flores até a comida, passando pela pintura e pela música; até mesmo sua caligrafia é uma arte. Conseqüentemente, o Japão tem a menor taxa de violência do mundo. Embora tenham um forte arquétipo de violência, eles o controlam com uma cultura forte!

A mente dos americanos funciona no tempo animal, como discutimos anteriormente (presa versus predador). Estamos sempre procurando soluções rápidas e gratificação instantânea, e não vemos que, se adiássemos essa gratificação imediata, poderíamos ter uma satisfação maior. Precisamos promover o refinamento e a sofisticação; se é inevitável que tenhamos violência, então que ela se torne uma arte, como o são várias artes marciais, com regras, rituais e estética.

O relacionamento entre homens e mulheres também pode se tornar uma arte. Precisamos usar arquétipos americanos para criar um ritual americano do amor, para alcançar um nível mais elevado de satisfação. Devemos domar a energia destrutiva da guerra entre os sexos e redirecioná-la para o prazer. Devemos valorizar mais o relacionamento do que o contrato, mais o prazer do que o poder, e mais a investigação que o controle.

Temos uma missão divina de agradar uns aos outros, amar uns aos outros, e de suprir as necessidades uns dos outros. Devemos desenvolver os talentos necessários para cumprir essa missão. Você consegue imaginar como seria darmos aulas sobre o prazer, em vez de criarmos mais frustração e violência? Em vez de simplesmente dar uma educação sexual para os adolescentes (promovendo a idéia de que o corpo é uma máquina sem emoções), deveríamos também educá-los a respeito do amor, atribuindo tanta importância às emoções quanto aos hormônios.

Os homens e as mulheres são diferentes; apenas quando aceitarmos essas diferenças poderemos realmente amar uns aos outros. O objetivo não é compreendermos totalmente o outro (isso seria possível?), e sim amarmos uns aos outros e sermos felizes. Dois músicos que tocam bem juntos podem não entender como conseguem produzir uma música tão maravilhosa; isso faz parte da magia e do mistério da vida. Devemos aprender a valorizar a "química certa" ainda que não saibamos nada sobre uma química em particular. Os homens e as mulheres podem alcançar juntos um nível de amor e prazer superior ao que qualquer droga pode proporcionar. Devemos fazer desse o nosso objetivo se quisermos um final feliz para a batalha entre os sexos.

3. Por que há pessoas sem lar em uma nação cheia de lares? Não havia pessoas sem teto na Rússia, sob o regime comunista, mas milhões viviam em campos de trabalho forçado. Não havia pessoas sem teto na Alemanha do fim da década de 30, mas havia campos de concentração. Não havia pessoas sem teto na Suécia, mas a maioria dos empreendedores bem-sucedidos estava abandonando o país, e o regime socialista estava financeiramente quebrado.

É exatamente porque nos Estados Unidos há mais oportunidades para as pessoas comprarem a própria casa que temos pessoas sem teto. Ter um lar está entre as maiores prioridades dos americanos, a ponto de considerarem isso como um direito concedido por Deus. Um lar faz parte da sua identidade; é onde você recebe suas contas, seus impostos, seus folhetos publicitários. A prestação da hipoteca é prova de que você é uma pessoa confiável — quanto maior a prestação, mais confiável você será.

É por causa das oportunidades de sucesso nos Estados Unidos que, por comparação, muitas pessoas se sentem pobres. Temos de nos lembrar, entretanto, que temos os pobres mais ricos do mundo. A maioria das pessoas pobres obesas vive nos Estados Unidos; obviamente, nossos pobres podem ao menos comer — às vezes, até demais.

Temos de aceitar o fracasso como parte da mente americana. Os americanos atualmente acreditam que, se há oportunidades, você é responsável pelo seu próprio destino. Percebemos os sem-teto como pessoas sem identidade própria. Pergunte a qualquer nova-iorquino de classe média se ele sabe o nome de apenas um entre as centenas de mendigos pelos quais passa todos os dias, e há boas chances de que ele não saberá. Nossa atitude é virar os olhos para outro lado, porque nada aterroriza mais os americanos do que a perspectiva do fracasso.

Nossa visão adolescente se recusa a ver as situações em que não há esperança. É por isso que nos recusamos a enxergar a morte de maneira realista; nossas "casas funerárias" mais parecem hotéis. É também por essa razão que não colocamos os mortos na nossa casa. Realmente não temos uma cultura da morte. Para os egípcios, há 4.000 anos, o significado da vida era derivado do significado da morte. Nos Estados Unidos, somos adolescentes invulneráveis; embora saibamos que isto não é verdade, gostamos de pensar que nunca vamos morrer, que a tecnologia em breve nos dará um novo corpo, e que, com dinheiro, podemos comprar tudo, inclusive a eternidade.

O desejo de escapar das realidades desagradáveis também direciona nossa percepção das doenças mentais. Numa nação onde a terapia é mais popular do que o sexo, temos verdadeira aversão a qualquer tipo de doença mental que seja mais séria que as neuroses comuns.

Muitas, talvez a maioria, das pessoas que não têm casa e que vagueiam pelas ruas das maiores cidades americanas são doentes mentais — o produto de uma política social mal-concebida de "desinstitucionalização" que deveria ter sido acompanhada pelo apoio da comunidade e por uma terapia apropriada, mas não foi. Aqueles que não são doentes mentais geralmente são, em geral, viciados em drogas ou álcool.

A crise dos sem-teto é uma emergência médica com a mesma importância da AIDS, e deve ser abordada como tal por nossos representantes. Embora alguns acreditem que as pessoas sem lar estão simplesmente afirmando seus direitos de exercer seu "estilo de vida", o fato é que nenhuma pessoa competente "escolhe" dormir na calçada, embrulhada em trapos ensopados de urina, no tempo quente ou no frio.

O primeiro desafio é separar aqueles que são incapazes por motivos de saúde dos que são simplesmente pobres e vivem em condições abaixo dos padrões, ou que não têm onde morar. A maioria das cidades grandes possui propriedades de terra e centenas de prédios abandonados. Se pudéssemos incluir os sem-teto num projeto voluntário de "construa ou reforme sua própria casa", no qual aprenderiam a ser carpinteiros, encanadores, eletricistas e pintores, poderíamos formar o núcleo de um programa para "reconstruir a América". O material poderia ser doado por empresas, com deduções de impostos, e a terra e os prédios poderiam ser doados pelas cidades. O projeto inteiro poderia ser feito sem gastos adicionais para o governo.

Os "sem-teto trabalhadores" poderiam realizar algo de que se orgulhariam — conquistariam uma casa e uma identidade própria. Ganhariam confiança, auto-estima, respeito e conhecimento. Dar a eles dinheiro ou um abrigo ao qual não fizeram jus é algo que apenas reforçaria o ciclo de dependência. É por isso que, nos trinta anos que passamos tentando ajudar os pobres dando-lhes assistência, nada conseguimos além de aumentar o nível de pobreza dos indigentes e mantê-los fora da sociedade americana.

Os sem-teto mentalmente saudáveis devem ser encarados como pessoas temporariamente sem lar, imigrantes do experimento americano. Se tivessem as mesmas oportunidades disponíveis aos novos imigrantes, muitos conseguiriam mudar de vida.

4. Como e por que as culturas se desequilibram? Quando uma força fica desequilibrada (a Alemanha, em 1939; a Rússia, em 1917 e 1991; a França, em 1789; os Estados Unidos, em 1969), outras forças agem como forma de compensação; esse é o aspecto sistemático da cultura. No entanto, se esse reforço vai na mesma direção, pode produzir atos autodestrutivos que certamente serão o fim da cultura (Nero queimando Roma, Napoleão tentando ocupar Moscou no inverno, os nazistas alemães destruindo os judeus e sua contribuição valiosa para a cultura alemã). Da queda do Império Romano até o fim da União Soviética, o mesmo padrão histórico se repete. Esse padrão pode ser explicado como uma tentativa de mudar o CNA (tempo, espaço e energia) que resulta na subseqüente morte de uma cultura. Em outras palavras, um mau uso da energia resulta na autodestruição de uma cultura.

A burocracia excessiva da União Soviética resultou em batatas apodrecendo no campo, enquanto as pessoas morriam de fome nas cidades. Não é que não havia comida; na verdade, o governo não permitia que a comida chegasse até a população. Essa crise foi um produto da cultura soviética (seu CNA), e não da escassez genuína. É um exemplo perfeito do que acontece quando uma sociedade está fechada a novas idéias.

Como vimos anteriormente, a cultura americana recebe nova energia, por intermédio dos imigrantes, todo o tempo. Isso não é um problema, e sim uma solução, contanto que não deixemos um grupo fanático dominar os outros, e contanto que respeitemos a estrutura original da cultura americana. O perigo nos Estados Unidos pode vir de grupos que estão defasados em relação à sociedade como um todo, os elementos de divisão para quem o sonho americano ainda não se realizou. Embora milhões de negros americanos tenham trabalhado muito e tenham um sólido padrão de classe-média, ainda há uma grande subclasse de minorias que ameaça se autodestruir num clima de violência e drogas. Uma solução possível é reforçar a idéia de unidade com os novos imigrantes, e tratar as minorias como novos imigrantes sem passado, e não como eternas vítimas.

Outro risco advém da força americana de generosidade e dedicação. Podemos tentar culpar os ricos, impingindo-lhes impostos, dando dinheiro aos pobres, protegendo-os. Ao fazê-lo, no entanto, estamos destruindo o impulso americano da conquista e da responsabilidade individual. O resultado pode ser uma Suécia ou uma Rússia, sem qualquer incentivo para as conquistas pessoais, sem iniciativa empresarial, sem recompensas para a inovação ou para as pessoas que assumem riscos.

Outro perigo nos Estados Unidos é a força que diz que os direitos do indivíduo são os mais importantes, mesmo em detrimento da sociedade. Já gastamos milhões de dólares com criminosos que esperam quinze anos ou mais até que terminem suas apelações no tribunal. Somos uma nação em que os criminosos são mais protegidos que as vítimas, onde processar o seu vizinho é um esporte nacional, e onde os direitos do indivíduo vêm antes das necessidades da sociedade. Em vez de aderir ao lema dos mosqueteiros, "um por todos e todos por um", nossa sociedade avança rapidamente para o "um contra todos, todos contra um", ou ainda "eu contra todo o resto".

No Japão, considera-se imoral processar o vizinho. Deseja-se ser modesto, evitar confrontos e buscar sempre a harmonia (harmonia familiar, harmonia pessoal). A mesma força positiva existe nos Estados Unidos, e pode ser vista nas comunidades locais que tomam as rédeas do próprio destino e tentam solucionar seus problemas. No entanto, uma força oposta representa um perigo: indivíduos contra indivíduos, não se preocupando com quantas pessoas percam, contanto que ganhemos individualmente.

Nosso sistema legal é tão complicado que muitos acham que ele já está fora de controle. O propósito do nosso sistema judiciário não é mais a justiça, e sim a política. Se os resultados de um primeiro julgamento não satisfazem o governo, a mídia, ou algum grupo específico, o réu pode ser julgado novamente pelo mesmo crime. Mas isso não é inconstitucional? Quando um criminoso julgado culpado pode apelar por mais de uma década, e ainda assim ter apoio pelo uso do dinheiro público, algo está errado.

Qual seria a solução? Voltar às regras básicas e simplificar tudo. Se você processar alguém e perder, você cobre os gastos. Se ganhar, a outra parte paga. Melhor ainda, deixem que o advogado que perdeu pague as contas!

Deveríamos impor um limite às recompensas, e processos legais insignificantes deveriam ser desestimulados. Advogados que trabalham com processos extracontratuais de reparação deveriam pagar impostos altos. Ganhos originados de processos também deveriam ser fortemente tributados, como são hoje as heranças. Deveríamos fazer com que fosse mais atraente trabalhar e produzir do que nos fazermos de vítimas para tirar dinheiro do sistema legal. Processos legais não produzem absolutamente nada.

5. Os Estados Unidos poderiam terminar como a União Soviética? Somos tolos se pensamos que este país não pode quebrar. Se nossas forças adolescentes se tornarem dominantes, a potente mistura de drogas, crimes, advogados, gravidez na adolescência e ativistas de causas poderia levar a nação a uma fragmentação em cidades-estado no estilo medieval, guetos racistas e corporações multinacionais sem qualquer lealdade para com seu país, ou mesmo para com seus funcionários. Muitas grandes cidades poderiam ficar devastadas, e o capitalismo sairia dos Estados Unidos para se refugiar em algum enclave bem protegido. O país poderia voltar a ser uma terra inexplorada — voltaríamos novamente ao Velho Oeste.

Muitos outros cenários poderiam também resultar da mentalidade americana. Há a hipótese da guerra civil, devido a tensões crescentes entre brancos e negros, ricos e pobres, homens e mulheres. Há também um cenário de esquerda radical, no qual os Estados Unidos poderiam se transformar em um país comunista sem esse nome, com vários grupos vivendo permanentemente do bem-estar social e uma burocracia hipertrofiada, além de impostos e gastos públicos altíssimos.

Outro cenário pode vir da extrema direita. O lado da mente americana em que se encontram o macartismo, Russ Limbaugh e Pat Robertson. A atitude de "os Estados Unidos em primeiro lugar", "ame-o ou deixe-o" é a mesma força que criou as proibições e as fobias.

Este último cenário é o mais provável, porque combina com a mentalidade americana. Quando se coloca peso demais em um dos lados do eixo, uma cultura pode reagir colocando o mesmo peso do outro lado.

Os advogados de esquerda e os radicais igualitários dos anos 60 foram longe demais. Hoje em dia, ainda pagamos por suas filosofias esquerdistas. É óbvio que não basta ter idéias generosas. Deve-se compreender como a mente cultural funciona: cedo ou tarde o núcleo da cultura precisa reaparecer e repetir a si mesmo — do contrário a sociedade irá desaparecer.

Os Estados Unidos apenas entrarão em colapso se não conseguirmos atingir um equilíbrio. Há muitas forças em ação na mente americana que me fazem acreditar que esse colapso não ocorrerá.

Os Estados Unidos são uma cultura jovem. Como disse Oscar Wilde, "a juventude da América é sua mais antiga tradição. Já tem cerca de 300 anos". Nossas políticas liberais de imigração nos dão um fluxo permanente de sangue novo, de novas esperanças, de novos sonhos. Esses imigrantes são pessoas que vêm para cá para fazer a vida — a minoria asiática corresponde a 3 por cento da população do país, mas responde por 30 por cento dos MBAs.

Somos muito flexíveis e móveis. A mídia dá muita notoriedade às demissões, mas essas mudanças estruturais aconteceram em intervalos regulares desde o começo da Revolução Industrial, sempre acompanhadas de uma percepção exagerada do desemprego. As velhas fábricas com velhos trabalhos de "rotina" irão para os locais onde os trabalhadores têm as menores remunerações. Mas os trabalhos com alto valor agregado, como os serviços, sempre farão sucesso nos Estados Unidos. O setor de serviços é um aspecto altamente lucrativo da economia americana e que cria excedentes em vez de déficits. Se os empregos antigos estão desaparecendo, empregos novos e diferentes estão sendo criados. Essas mudanças significam apenas que a cultura americana está se adaptando a uma nova economia.

Os americanos conseguem prosperar em meio ao caos e conseguem se unir quando percebem o perigo. Os Estados Unidos, como cultura, possuem um grande instinto de sobrevivência. Marx disse que o proletariado não tinha nada a perder a não ser seus grilhões. Da mesma maneira, os americanos não têm nada a perder a não ser seus sonhos. Enquanto os sonhos americanos tiverem um futuro, a nação não sucumbirá.

Já que muitos princípios americanos são universais, eles se dirigem a todas as culturas do mundo. Os Estados Unidos são uma cultura criada por todos os sobreviventes do mundo. Se esta nação mudasse, ou perdesse seu CNA, esses sobreviventes seriam obrigados a transferir seus sonhos e esperanças para outro lugar ou a criar outra cultura. No entanto, devido ao fato de que estamos numa eterna fase adolescente, temos mais futuro que passado, mais sonhos que realidade, mais esperança que ressentimento. Estamos constantemente nos recriando. A União Soviética quebrou porque seu povo não tinha esperança, não tinha sonhos, não tinha futuro algum. Os Estados Unidos podem — e devem — evitar seguir esse destino.

6. *Por que a solidão é uma doença americana?* Os americanos não querem ser ricos, famosos, poderosos ou bem-sucedidos, embora constantemente lutem para conseguir tudo isso. O que realmente querem é ser amados; quando percebemos isso, vamos além das explicações ou interpretações superficiais do comportamento americano. Por que fomos atrás de Saddam Hussein? Petróleo? Dinheiro? Poder? Não, foi para sermos amados, para mostrar a nós mesmos, ao mundo e a Deus que somos pessoas boas e amáveis.

Essas são as forças básicas da estrutura do "caubói solitário". No fim do filme, o herói sempre monta no seu cavalo e trota na direção do Sol poente, sozinho. Mesmo se a moça lá parada, acenando, for bela e carinhosa (e ela sempre é), o chamado da vida selvagem é sempre mais forte. O herói já se livrou dos bandidos e salvou o rancho do pai da moça, mas, como ele é durão, não é digno do seu amor. Ele deverá provar seu valor novamente, em outro momento, em outro lugar. O clichê é sempre o mesmo, até a música. A mocinha fica lá, também solitária, esperando que algum dia ele retorne.

Nossa cultura volta sempre à idéia do "sonho impossível". A mente adolescente americana acredita que o Príncipe Encantado e a Princesa Perfeita existem, que um dia vão aparecer na nossa vida. Acreditamos que essa pessoa irá suprir todas as nossas necessidades, transformar a nossa vida e fazer tudo ficar perfeito. Os americanos continuam acreditando nisso; mesmo após vários divórcios, continuam se casando. Os Estados Unidos possuem ao mesmo tempo a maior taxa de divórcios do mundo e a maior porcentagem de pessoas que não aprovam o divórcio.

Essa é uma neurose cultural clássica. Quando o eu que você experimenta está perto do seu eu ideal, você está bem. Mas quando a distância entre eles é muito grande, você está em apuros. Os Estados Unidos estão em apuros. Temos a maior taxa de pais solteiros do mundo, e a mais baixa taxa de pessoas que vivem juntas sem serem casadas. O roteiro cultural é claro — não temos um conceito de emoção e de diversão sexual; em vez disso, vivemos de expectativas irrealistas. Nós nos casamos, o casamento não dá certo, e tentamos de novo várias vezes, até que finalmente desistimos e morremos sozinhos. Os livros que mais vendem, depois dos livros sobre dietas e sobre como ficar rico, são aqueles sobre como viver sozinho.

Outras culturas são diferentes. Os japoneses, por exemplo, são quase o oposto dos americanos. Eles têm uma das menores taxas de divórcio do mundo, a menor porcentagem de crianças nascidas fora do casamento, a menor taxa de famílias com mães ou pais solteiros, e a menor taxa de gravidez na adolescência.

Ao mesmo tempo, a mente dos japoneses não se relaciona com o casamento e os relacionamentos do mesmo modo que a mente americana. No que diz respeito à família, os japoneses são a mais conservadora das principais nações industriais. O divórcio é raro, e as mães solteiras ainda são algo anômalo. O casamento permanece uma expectativa da vida adulta. É visto como um dever patriótico, como algo importante para o bem-estar moral e econômico da nação. Os japoneses acreditam que o casamento ocidental está em posição tão precária porque se apóia nos estados transitórios da paixão e do amor. Como o amor dos americanos é adolescente, com expectativas altamente irreais, acaba em solidão. O amor dos japoneses, por outro lado, é estável e pragmático. Aliás, a língua japonesa não tem a palavra "amor", e sim um mero "gostar muito" (*dai suki desu*).

A solidão é o resultado direto da mentalidade americana. Não temos uma cultura que nos diga como desfrutar, respeitar ou agradar uns aos outros. Nossos pais não estamparam em nós as estradas mentais requeridas para isso, e nossa cultura adolescente reforça a separação entre sexo, amor, gravidez e família. Esses elementos da nossa vida estão se separando gradualmente. Assim, acabamos por ver o "outro" como um inimigo.

Qual é a solução? Vejam o modo como os homens e as mulheres se relacionam em outras culturas. As mulheres americanas já me disseram que, quando chegam na Itália, de repente sentem-se novamente mulheres. Na Itália, flertar é um jogo divertido; nunca é sério demais, e todos sabem disso. O comportamento exibido por um homem italiano na

Itália é aceitável, mas o mesmo comportamento não seria aceitável vindo de um homem americano. Por quê? Porque as mulheres sabem que as culturas são diferentes, e que os homens americanos são mais violentos que os italianos.

As mães americanas devem começar a ensinar a seus filhos, mediante o exemplo de como elas próprias se relacionam com os homens; aos meninos, devem enfatizar o amor e a sensualidade, e também como se relacionar com as mulheres. Os pais americanos devem ensinar a sensualidade e as emoções masculinas para suas filhas da mesma forma. Se amamos nossos filhos, não há presente mais belo do que ensinar-lhes como ter uma vida repleta de amor e prazer — ou seja, como transformar a própria vida em obras de arte de alegria. A única alternativa a isso é uma vida de solidão.

7. *Os Estados Unidos podem manter o domínio econômico?* A mente americana está programada para ser a número um. E a verdade é que ainda somos a força econômica, política e militar dominante no mundo. O sucesso advém parcialmente da percepção. O código é o seguinte: se formos bons, o esperado é que ganhemos o jogo. E nós somos bons, por isso somos os ganhadores. Para os americanos, o dinheiro é a prova desse sucesso, e temos mais dinheiro que qualquer outro país. Também há a dimensão moral de retomar o domínio econômico nos segmentos em que nossas indústrias estão sendo desafiadas, um tipo de missão moral para provar ao mundo que nossos princípios são universais. Os americanos não têm ideologia; eles são uma ideologia.

Que elementos da mentalidade americana levarão cada vez mais ao domínio econômico? O primeiro elemento positivo é que nunca temos certeza; não temos um plano ou uma ideologia. Os russos tinham planos, e uma ideologia que deveria coordenar sua burocracia como se fosse uma religião. Tinham uma unidade forte, mas não permitiam nenhuma diversidade.

Outro ponto forte dos americanos é que nós não somos intelectuais. Não somos uma nação de leitores, mas acreditamos na ação e também em nós mesmos. Aprendemos com nossos erros, e temos uma missão divina: fazer com que este planeta seja um lugar melhor para nossos filhos. Nossa cultura reforça estas mensagens: "de volta aos fundamentos", "faça tudo mais simples". Sabemos que nossos princípios são bons porque somos o número um, o que significa que a mente americana não pode permitir que outra nação ou cultura a domine economicamente, porque isso indicaria que nossos princípios estão errados.

O verdadeiro desafio econômico vem de nossos antigos inimigos, os japoneses e os alemães. Embora já tenhamos vencido ambos militarmente, parece às vezes que eles estão se vingando economicamente. Embora sejamos mais poderosos e mais bem-sucedidos que o Japão e a Alemanha, ficamos deprimidos quando sabemos que o carro mais vendido nos Estados Unidos é o Honda, ou que o Japão tem uma balança comercial muito favorável. O fato é que os Estados Unidos sempre dominarão o Japão economicamente. Por quê? O Japão tem espaço físico limitado — por isso, historicamente, sempre foram invasores imperialistas. Hoje em dia, essa invasão é apenas econômica. Eles não esperam dominar o estilo de vida, apenas a tecnologia. Ninguém quer ser como os japoneses, socialmente falando. No pólo oposto, os americanos têm uma política de espaços abertos e uma mentalidade de espaços abertos. Temos, portanto, bastante espaço para a expansão.

Ao contrário do Japão, onde o único modo de se tornar um japonês é nascendo japonês, os Estados Unidos são uma nação de imigrantes. Os Estados Unidos exportam sua cultura e seu estilo de vida para todo o mundo. É a mentalidade americana que faz a diferença. A mente japonesa é lenta demais para reagir, ligada demais ao passado, certa demais de sua superioridade divina, racista demais e fechada demais. Eles não têm nossa taxa de crimes, mas também não têm o mesmo número de ganhadores do prêmio Nobel que temos.

A maior força dos alemães, e também sua maior fraqueza, é o seu amor por "padrões". Max Weber disse que a felicidade era uma burocracia ideal. A solução é ter as regras certas, as leis certas e o sistema perfeito. Tudo isso pode parecer muito bom quando falamos de produtos ou de soldados de um exército, mas rejeitar os padrões e culturas de outras pessoas em favor dos seus próprios faz com que seja muito difícil a criação de uma Europa unificada. Hoje em dia, a Alemanha não pode invadir militarmente a Europa, e tampouco pode dominar economicamente o mundo sem a ajuda do restante da Europa. Devido à sua incapacidade de aceitar outras culturas, aliada a essa dependência da cooperação dos vizinhos, a Alemanha provavelmente jamais será capaz de competir seriamente com os Estados Unidos, em termos econômicos. Num mundo em que as regras sempre mudam e os sistemas sempre falham, precisamos do espírito, da inventividade e do amor à ação americanos. Os alemães simplesmente não têm essa flexibilidade.

Embora tendamos a não dar valor a este fato, nosso maior parceiro econômico é o Canadá. Temos muitas ressalvas quanto ao Canadá, mas não temos muitos problemas com nosso vizinho do norte. Temos até mesmo a tendência a pensar nos canadenses como nossos irmãos e irmãs (quando, na verdade, temos culturas e mentalidades muito diferentes). O México também já costuma ser considerado parte da América do Norte. A Califórnia, o Novo México, o Arizona e o Texas têm uma grande história de influência e interdependência com o México, e muitas cidades californianas têm nomes mexicanos (San Diego, Santa Bárbara, San Francisco, Los Angeles...).

É óbvio que a América do Norte é um mercado econômico. O Canadá, os Estados Unidos e o México têm muito mais chances de realizar a unidade econômica, com resultados lucrativos para todos, do que quinze inimigos ancestrais na Europa ocidental, dominados pelos alemães.

A verdadeira força da economia americana, no entanto, é a mentalidade americana. Os americanos são pessoas comuns que podem fazer coisas extraordinárias. O colapso da União Soviética, o difícil e incerto nascimento de uma unidade européia e a impossibilidade da mente japonesa abrir-se para a mudança nos deixa na posição de vencedores na corrida pelo domínio econômico.

SEGREDO Nº 6:

QUANTO MAIS GLOBAL, MAIS LOCAL

A qualidade é o passaporte para os mercados globais, mas o código para qualidade difere de cultura para cultura, de mercado para mercado, de pessoa para pessoa.

É preciso saber o que a qualidade significa em cada cultura ou mercado, e para atingir a qualidade é preciso ter clareza de objetivos.

CAPÍTULO 18

Clareza de Objetivos

*Em qualquer campanha, a clareza de
objetivos faz toda a diferença.*

A clareza de objetivos é o que faz a diferença, mais ainda em tempos de paz do que em tempos de guerra. Nascido na França, durante a guerra, sempre mantive meu senso de propósito durante mais de cinqüenta anos no que concerne ao objetivo americano de obter paz na Europa. Agora, como um orgulhoso cidadão americano, tenho ainda mais certeza sobre essa missão.

Só os Estados Unidos são capazes de levar essa missão a cabo. Estamos preparados para liderar novamente o mundo nesta empreitada? Está bem claro que não. Mas a minha compreensão do modo como a mente dos americanos funciona e a minha experiência de códigos diferentes me diz que nunca estamos preparados. Não estávamos preparados quando, em dezembro de 1941, os japoneses atacaram Pearl Harbor — mas ganhamos a guerra assim mesmo.

Afirmo novamente que os Estados Unidos não entendem o que está acontecendo ou quais são as novas regras do jogo após o desaparecimento do seu "inimigo favorito". Este país irá ganhar novamente à medida que desenvolver uma liderança mundial mais forte. Já que não consideramos isso impossível, nós o faremos — se dermos um grande passo na direção de uma nova missão, de uma nova visão, e da clareza de objetivos.

O primeiro passo na direção da liderança mundial é aceitar que as culturas possuem um inconsciente e entender como funciona nossa mente coletiva. Isso também pode ter um impacto importante sobre a sua vida pessoal, pois a mente coletiva é um elemento crucial da sua personalidade. O modo como um americano reage e funciona como indivíduo e se obtém sucesso ou não nas áreas do dinheiro, do sexo e da fama, depende em grande medida da sua sincronia com os códigos e arquétipos americanos.

A mente coletiva americana é poderosa. Ela pode destruí-lo ou fazer de você um vencedor. Ao aprender a redirecionar a sua energia — alinhada com os códigos — você aprenderá melhor com seus erros, e terá sucesso no final.

Esta nova ciência dos arquétipos também pode ajudá-lo a decodificar outras culturas. Aceitar o fato de que outras culturas também possuem um inconsciente único é imprescindível para o mundo dos negócios. Em uma época na qual a palavra-chave é *diversidade*, é fundamental compreender e aceitar a fabulosa riqueza e variedade das culturas, primeiramente dentro dos Estados Unidos, e depois em todo o mundo. Se conseguirmos ser um povo único, com uma pluralidade de etnias, raças e culturas, podemos provar que somos a última e melhor esperança da humanidade. Nenhuma outra nação, nenhuma outra cultura e nenhum outro grupo de pessoas tão diversos quanto nós jamais conquistou o que conquistamos. Temos uma obrigação para com o resto do mundo; só os americanos podem fazer a mudança de paradigma necessária para a criação de um novo mundo global.

O que precisa ser feito

Quando Freud visitou os Estados Unidos, no começo do século XX, disse uma frase famosa: "Eles não sabem que estou trazendo o demônio comigo". A época da psicanálise individual, no entanto, já acabou. Não trazemos mais o "demônio", mas esperamos que, com a possibilidade da decodificação de culturas, possamos trazer uma nova era de compreensão e parceria entre as culturas e criar um mundo melhor para nossos filhos. As pessoas em todo o mundo pressionam seus governos para investir dinheiro e energia a fim de encontrar uma cura para nossos inimigos comuns. Mas é igualmente importante encontrar uma cura para a loucura cultural. Do contrário, as crianças que teríamos salvo das doenças morrerão com balas perdidas ou em rivalidades tribais. Posso dar um exemplo desse fenômeno: a destruição sistemática de Sarajevo e a total incompetência dos europeus para lidar com o fato. Infelizmente, há ainda mais exemplos: Irlanda, Índia, Geórgia, Macedônia, Tibete, os curdos, a Argélia, o ressurgimento do fanatismo religioso, a incrível onda fascista na Alemanha, na França e na Itália, sem mencionar o formidável retorno da cultura chinesa, com mais de 2.000 anos de história e 1,4 bilhão de pessoas.

O renascimento da loucura cultural

Sabe-se na Europa que, em tempos de guerra, o número de pessoas que sofrem de neuroses diminui. Por quê? Porque as pessoas estão mais preocupadas com o mundo externo, mais preocupadas com a guerra exterior do que com sua guerra interior. As coisas ficam mais claras. Você sabe de que lado está e quem são seus inimigos, sua identidade não é mais um problema, você deve seguir ordens, você deve participar do objetivo comum de ganhar a guerra, e você sabe qual é a sua prioridade máxima: sobreviver. Mas, quando termina a guerra exterior, as pessoas experimentam novamente o vazio que sentiam antes. Ficam a sós com seus antigos demônios, como se durante a guerra estivessem "preenchidas" e depois se encontrassem num tipo de depressão pós-parto.

A Guerra Fria acabou, e nós nos encontramos nesse tipo de loucura pós-guerra. Agora que não são mais forçadas a tomar partido entre os dois "paizões", as "crianças" podem retornar à sua busca ancestral pela identidade, brincar com seus jogos antigos, voltar a perseguir seus inimigos favoritos e descongelar todos os seus medos. O mundo está se tornando um "Jurassic Park" de sombras culturais reprimidas.

Podemos querer tratar todas as culturas do mesmo modo, quando, na verdade, é mais respeitoso aceitar suas diferenças fundamentais. Se somos capazes de reconhecer que as crianças têm necessidades diferentes das dos adultos, e que as pessoas que vivem no campo têm necessidades diferentes das que vivem nas cidades, por que não aceitar que os americanos tenham necessidades diferentes das dos franceses ou italianos?

Cada cultura tem um inconsciente

Este é um novo ponto de vista — uma nova ciência cujo objetivo é explicar a natureza obscura da sociedade contemporânea. O que vemos acontecendo no mundo de hoje parece um novo ciclo da história. Vemos o triste espetáculo das bandeiras nazistas no sul da Flórida tremulando durante um discurso do ministro das Relações Exteriores israelense, Shimon Peres; Zhirinovsky ganhando 22 por cento dos votos do parlamento na Rússia enquanto declarava que queria "proteger os oprimidos e manter tanto a Alemanha quanto a Rússia etnicamente puras"; e Manfred Brunner ganhando aprovação de 20 por cento numa pesquisa nacional depois de declarar sua intenção de formar "um autêntico partido de direita que não tenha medo de acabar com os tabus da história". Somemos a isso as matanças na África do Sul, com algumas tribos juntando-se a defensores da supremacia dos brancos, além do ressurgimento do fanatismo religioso na Algéria, onde os generais que lutaram pela liberdade contra a França não respeitam os resultados das eleições livres que deram a maioria ao partido religioso.

Todos esses fatos nos parecem extravagantes, pois não podemos achar uma explicação óbvia para eles. Esses comportamentos coletivos, independentes da história individual, certamente advêm de outras fontes. Percebo uma distinção básica entre o inconsciente pessoal e o universal, de um lado, e o inconsciente coletivo e cultural, do outro. Este último não tem base na experiência pessoal, pois é uma resposta geográfica, cultural e histórica a necessidades biológicas de sobrevivência que foram estampadas e internalizadas por um grupo de pessoas, quase sempre sem que estas soubessem.

Toda cultura tem uma sombra e uma persona[5]

Todo inconsciente cultural tem uma sombra que reaparece continuamente sob certas condições, geralmente provocando os mesmos resultados. Não acredito que a história se repita, mas acredito que não mudem as forças inconscientes que pré-organizam o modo como os americanos, os alemães ou os franceses funcionam. Os poloneses, os russos e os holandeses não têm dúvida quanto à existência de uma sombra alemã; os chineses, os coreanos e os filipinos não têm dúvidas quanto à existência de uma sombra japonesa. Mas e quanto a nós? Será que temos consciência das sombras americana, mexicana e canadense?

Embora a história não se repita, algumas manifestações dos lados negros das culturas podem recriar as mesmas conseqüências terríveis, ainda que sob formas diferentes. Por meio da decodificação das culturas, podemos impedir que isso aconteça. Quando essas forças culturais emergem à consciência, surge a tarefa fundamental do processo terapêutico da arquetipologia cultural. Os indivíduos devem aprender a distinguir o ego do que não é ego — ou seja, distinguir o ego conscien-

---

5. Na psicologia junguiana, o termo se refere ao aspecto da personalidade que é mostrado para o meio social, "servindo como meio de proteção, defesa, disfarce ou adaptação ao mundo exterior", segundo Jung. Por ser um elemento consciente, encontra-se geralmente em oposição à sombra, a qual é, via de regra, inconsciente. [N. do T.]

te do conteúdo arquetípico do inconsciente coletivo americano, francês, alemão ou japonês.

Cada cultura tem uma persona coletiva, a qual tem uma parte consciente e outra inconsciente. Mesmo que alguns dos aspectos dessa persona sejam bem conhecidos dos analistas e pesquisadores culturais, a maioria continua desconhecida dos membros da cultura. As forças dessa persona coletiva estruturam o comportamento individual, mesmo quando os indivíduos pensam que são livres para fazer suas escolhas, que estão no controle. Eles não se dão conta de que suas escolhas são limitadas por seu inconsciente coletivo. Uma mulher americana não se sente confortável sem a parte de cima do biquíni numa praia lotada, ao contrário da mulher francesa. Mesmo em vista do fato de que cada um de nós é diferente, temos coisas em comum com os outros membros de nossa tribo: nossas estradas mentais e nossa lógica emocional.

A arquetipologia cultural do dia-a-dia

Durante 25 anos, estudei as forças culturais em todo o mundo para grandes corporações cujo maior propósito era vender produtos ou serviços. Ao fazê-lo, desenvolvi um processo que permite enxergar os arquétipos culturais. Usando a arquetipologia para descobrir as forças por trás do xampu no Japão, do papel higiênico nos Estados Unidos, do dinheiro no Canadá, do queijo na França, e da qualidade na Espanha, encontrei uma metodologia única para decodificar culturas. Descobri que conhecer os arquétipos e decodificar as forças culturais em ação por trás das aparências poderia aumentar as vendas do papel higiênico ou aumentar a qualidade mensurável dos produtos. Ao fazer isso, desenvolvi um senso de missão a cumprir.

Assim como é importante encontrar uma cura para a AIDS, também é vital encontrar uma cura para a loucura cultural coletiva. Não apenas traremos à tona as sombras das culturas, como também poderemos trazer mais liberdade para nossa vida, ajudando as pessoas a terem consciência das forças coletivas que estão no comando. Se você é um americano, talvez queira saber o que fazer a respeito da violência. Se for alemão, talvez queira saber como dar como mortos e enterrados os ideais de Hitler. Se for francês, talvez queira saber como prevenir revoluções sangrentas que podem matar milhares de pessoas inocentes e que podem restaurar os reis de que o país deveria ter se livrado. Se você for russo, talvez queira saber por que as batatas, sob o regime soviético, nunca foram entregues às populações famintas do seu país.

Ao decodificar as forças inconscientes da nossa personalidade cultural, podemos nos livrar das amarras e da ignorância. Como uma cultura, uma nação, ou como indivíduos, podemos ser os pioneiros de um novo mundo global, no qual as culturas possuem tantos direitos quanto os indivíduos.

CAPÍTULO 19

O Arquétipo da Qualidade

*Os erros nos ajudam a sermos
pessoas melhores.*

H oje em dia, a qualidade faz parte do código dos negócios americanos. O mundo empresarial japonês também possui um código para a qualidade, mas o americano é diferente. Temos as respostas para nossos problemas na nossa própria cultura; seria um grande erro, portanto, copiar os japoneses. Obviamente, podemos adaptar suas idéias e aprender com eles, assim como eles podem aprender conosco.

A busca por um aperfeiçoamento contínuo não foi feita para os americanos, pois é um processo muito tedioso. Os japoneses conseguem ir para o trabalho todos os dias, sempre tentando ser melhores a cada dia. Mas não os americanos. Os americanos adoram destruir coisas — somos a única cultura que usou a bomba atômica duas vezes. Os americanos percebem que não há criação sem destruição.

Em comparação, os europeus têm dificuldade em ser criativos porque não compreendem a idéia de destruição. Vejamos, por exemplo, Paris. Quem iria destruir todos aqueles edifícios antigos maravilhosos para criar uma nova Paris? Não que eles sejam perfeitos, é claro. Nada na parte velha de Paris funciona; o encanamento é ruim e quase nunca há ar-condicionado.

A primeira estampagem de qualidade recebida pelos americanos é quando algo não funciona. Assim, a primeira associação que fazem com a palavra "qualidade" é negativa. Quando o seu chefe lhe diz: "Quero falar com você sobre a qualidade", você logo pensa: "Que foi

230 OS 7 SEGREDOS DO MARKETING

que fiz de errado?" Os americanos supõem que as coisas sempre deviam funcionar. Essa é sua definição de qualidade.

Quando queremos motivar nossos funcionários a respeito da qualidade, damos a eles o manual e ordenamos que o leiam cuidadosamente, ou, em outras palavras, que "façam tudo direitinho logo na primeira vez". O funcionário sorri, concordando, porque obviamente não quer perder o emprego. Mas, assim que você lhe der as costas, o mesmo manual, no qual você gastou muito de seu tempo e dinheiro, irá parar no fundo da gaveta.

É até um clichê dizer que os americanos têm um forte pendor para a ação. É verdade que os americanos são bastante entusiasmados, mas existe sabedoria por trás dessa atitude. Aprendemos na prática. Vejamos o seguinte exemplo: durante vinte anos, venho tentando aprender japonês. Tenho um *sensei*, um mestre, que tenta me ensinar. Quando vou à aula, visto roupas especiais. Preparo minha tinta, meu pincel, meu papel. O *sensei* pergunta: "Você está pronto?"

— Sim, estou.

— Feche os olhos.

Eu fecho os olhos.

— Espere.

— OK. Eu espero. Mas o que estou esperando?

— A imagem perfeita. Quando tiver uma imagem perfeita dentro de você, poderá prosseguir.

— Por quanto tempo devo esperar?

— Uns cinco ou seis anos. Mas, quando tiver sua imagem perfeita dentro de você, então poderá aprender.

Você consegue imaginar os americanos esperando cinco anos pela "imagem perfeita"? Nunca irá acontecer, e essa abordagem jamais funcionaria. Os americanos não conseguem aprender dessa forma. Estão numa busca permanente pela sua identidade, sem títulos ou nomes de família tradicionais. Inconscientemente, eles precisam destruir o passado para criar algo novo.

Por que o controle de qualidade total fracassou?

Não podemos usar uma estrada mental japonesa para conseguirmos um padrão de qualidade nos Estados Unidos porque não temos a mesma lógica emocional dos japoneses. Os japoneses têm uma estrada mental diferente. Seu passado cultural e religioso, relacionado à qualidade, aperfeiçoamento contínuo e perfeição, é bem diferente do americano. Na cultura japonesa, pode-se atingir a perfeição. No Japão, ao atingir essa perfeição, você se torna um tesouro para o seu país, um mestre, um mentor, um professor, um tipo de deus que não está restrito pelo tempo ou pelo espaço. É por isso que os japoneses esperam até conseguir essa "imagem interior perfeita". Começam lentamente, mas logo ficam agitados quando estão perto da perfeição. Uma estrada já existe, já está lá, mas não sabemos mais como usá-la. Não há um "programa de manutenção de estradas" na mente americana para apoiar essa abordagem. Devemos explorar as estradas mentais relacionadas à qualidade, sempre levando em conta nossas estampagens do passado e as experiências com a qualidade.

Agora, vamos examinar por que o "Controle de Qualidade Total" é um conceito inerentemente negativo para os americanos. As palavras "controle de qualidade total" já são, por si só, negativas. Vejamos:

• *Controle*. Não queremos ter controle. Nós, as pessoas, detemos o poder. "Controle", como "qualidade", passa a ter conotações extremamente negativas porque os americanos não querem ser controlados. Há um longo histórico, nos Estados Unidos, de lutas contra um governo central com muito controle sobre os estados, as empresas ou os indivíduos. Os imigrantes chegaram neste país para evitar o controle excessivo.

• *Qualidade*. Os americanos associam "qualidade" a algo que não funciona, já que sua primeira experiência de estampagem do conceito de qualidade é negativa. Quando algo funciona, não é necessariamente de boa qualidade; mas, se não funciona, então é necessariamente algo de má qualidade. A palavra *qualidade*, então, não é nem neutra nem negativa, mas sua tradução arquetípica é desanimadora e ameaçadora.

• *Total*. Relacionamos esta palavra com totalitarismo, ditadura e burocracia. Sob vários aspectos, a palavra "total" denota poder extremo, o qual é percebido, nos Estados Unidos, como algo perigoso, pretensioso e negativo.

Ainda assim ficamos surpresos quando os americanos não ficam entusiasmados com políticas de Controle de Qualidade Total! Ficamos surpresos porque não conseguimos compreender os códigos culturais.

O arquétipo do aperfeiçoamento e da recuperação

O aperfeiçoamento contínuo é algo enfadonho para os americanos. Precisamos estabelecer metas impossíveis e criar sonhos impossíveis. Devemos ficar sob constante tensão, constante desafio. Nos Estados Unidos, não queremos nos tornar os melhores naquilo que já somos

— por exemplo, o melhor motorista de táxi. Na verdade, queremos nos tornar o presidente da empresa de táxis.

A mentalidade do "retorno" também é tipicamente americana. Nós falhamos e retornamos ao ponto inicial. No Japão, se você não fizer a coisa certa na primeira tentativa, tradicionalmente pensará em cometer suicídio. Não há volta.

Quando os americanos finalmente atingem um grande objetivo, eles não têm mais motivação. Lembram-se de quando o time de hóquei, nas Olimpíadas de 1980, derrotou os russos e ganhou a medalha de ouro? Os fãs dos Cincinnati Reds jamais esquecerão o Campeonato de 1990. Devemos compreender essas estradas mentais da nossa cultura corporativa americana, usá-las para desenvolver novas abordagens para se alcançar a qualidade.

Como vimos anteriormente, Rocky Balboa é um bom exemplo da abordagem americana do sucesso. Ele também é um modelo perfeito do modo como os americanos conquistam a qualidade. Rocky é o fracassado por excelência, aquele que deve lutar contra o campeão, contra o qual não tem chance alguma de ganhar. Mas Rocky também é o personagem que melhor representa o americano: tem um bom coração, muita audácia e pouco cérebro. De início, ele perde. Mas ele se recompõe e tenta de novo, e de novo, e de novo. Em outras palavras, ele persevera; esse é o espírito americano. Rocky ilustra o oposto de se "fazer tudo certo na primeira tentativa", e é assim que os americanos conquistam a qualidade — por meio da mais pura perseverança.

Duas descobertas arquetípicas

Em dois estudos importantes — um sobre qualidade, para a AT&T, e outro sobre aperfeiçoamento, para a American Quality Foundation — obtive uma compreensão de como as forças culturais americanas têm impacto sobre a qualidade e o aperfeiçoamento.

A AT&T tinha um problema, e havia fracassado na sua primeira tentativa de solucioná-lo. A companhia precisava transmitir novos conhecimentos sobre qualidade para 50.000 administradores que, por sua vez, deveriam transmiti-los para a força de trabalho. Já tinham gasto mais de dois milhões de dólares tentando compreender o conceito japonês de qualidade e haviam elaborado e instituído um programa de treinamento baseado naquilo que haviam aprendido no Japão. Descobriram que o conceito de qualidade dos japoneses não atraía, de maneira alguma, seus funcionários americanos. Portanto, perceberam que precisavam entender melhor o conceito americano de qualidade, em vez de impor à companhia uma perspectiva japonesa.

Meu estudo revelou que a expressão "controle de qualidade total" satisfazia os trabalhadores do Japão, mas era um conceito mortal para os americanos. A AT&T acabou por reformular seu programa de controle de qualidade seguindo um arquétipo americano de qualidade, obtendo, assim, um enorme sucesso.

Quando comecei a trabalhar para a AT&T, eles já tinham gastado milhões de dólares desenvolvendo um programa para instruir seus administradores sobre princípios da moda, tais como "fazer tudo certo na primeira tentativa", "controle de qualidade total" e "zero defeitos". Nenhum desses administradores demonstrou estar interessado, então nos perguntaram qual seria o problema. Reformulamos o programa, demos tarefas aos administradores e os filmamos enquanto cumpriam suas tarefas. As pessoas que falavam em "fazer tudo certo na primeira tentativa" e em "zero defeitos" falhavam repetidamente, mas aprendiam com seus erros. Meu desafio era descobrir o arquétipo inconsciente fundamental para se fazer com que os americanos ficassem motivados para produzir produtos e serviços de qualidade.

"Zero defeitos", nos Estados Unidos, significa perfeição. Para os japoneses, pode-se alcançar a perfeição porque eles acreditam que são a raça escolhida, que são superiores a outras pessoas. Muitos acreditam que estão diretamente ligados a Deus por intermédio do seu Imperador. Portanto, para uma "raça divina", parece razoável alcançar a perfeição. Os americanos, no entanto, não se enxergam da mesma forma; vêem a si mesmos como as pessoas mais humanas da terra. Para eles, apenas Deus pode alcançar a perfeição. Meus estudos demonstraram que a tradução inconsciente para a palavra "perfeição" é "morte". Quando dizemos aos funcionários americanos, "queremos que vocês alcancem a perfeição", eles entendem que isso é desejável, mas eles não querem, na verdade, alcançar a perfeição.

Os americanos acreditam que, fracassando no começo, podem vencer seus obstáculos e alcançar o sucesso "do jeito americano". É uma parte básica da cultura americana fazer tudo dessa maneira. Como observou Winston Churchill, "Pode-se esperar que os americanos façam tudo certo — depois de tentarem de todas as maneiras possíveis".

Compreender a lógica emocional americana por trás do fator "qualidade" foi imprescindível para compreender por que os funcionários da AT&T não gostaram do conceito de "controle de qualidade total". Essas três palavras representam a combinação mais negativa possível para o inconsciente americano; então podemos entender por que este não foi um objetivo bem recebido pelos administradores da AT&T, os quais não queriam liderar uma missão tão negativa. E o que fez a AT&T quando compreendeu o arquétipo? Parou de copiar os japoneses e começou a procurar a qualidade de um jeito americano — por meio de tentativa e erro. Os americanos não estão tão interessados no produto final como estão no processo de tentar, falhar, tentar de novo, transformar e aperfeiçoar a si mesmos mediante esse processo. Portanto, o programa de treinamento que criei para instruir a qualidade começou com uma falha planejada.

Enquanto os japoneses dariam a seus administradores um livro de regras a serem estudadas, para que pudessem desempenhar suas tarefas corretamente já no início, a AT&T desenvolveu um processo no qual uma falha inicial era induzida, de forma que os administradores pudessem aprender por meio de tentativa e erro a criar qualidade — qualidade esta que veriam como uma conquista pessoal.

Para o homem de negócios americano que tenta aumentar o nível de qualidade no seu trabalho, as lições da aceitação e da manipulação do erro para se alcançar maior qualidade são inestimáveis. Basta olhar para o número de empresas americanas que começaram agora, as quais não conseguem ser bem-sucedidas por causa do sentimento geral de que qualquer um pode ter uma segunda chance — afinal, o fracasso é culturalmente aceitável na sociedade americana. É sempre possível ter uma segunda chance nos Estados Unidos, e sempre há a oportunidade de retorno ao ponto inicial. De fato, "retorno" e "fracasso" são dois arquétipos americanos muito fortes. A AT&T ficou tão impressionada com meu estudo que disponibilizaram a informação a quem quer que buscasse pesquisar sobre o assunto, e encarregaram a Quality Foundation de espalhar os dados.

Outro estudo, conduzido pela American Quality Foundation, lidava com aperfeiçoamento de pessoal. Os resultados desse estudo mostraram que o desconforto era o motivo número um para que um americano buscasse o aperfeiçoamento. Inconscientemente, os americanos buscam o desconforto para que tenham o ímpeto de buscar o sucesso. Alcançar o sucesso, ou chegar no ponto final de sua aspiração, não deixaria mais nada a desejar — assim, os americanos inconscientemente buscam a insatisfação. As implicações desse arquétipo do desconforto são muitas para o modo com que os americanos vivem, trabalham, se divertem e mantêm seus relacionamentos pessoais.

Além disso, os americanos aperfeiçoam-se desconstruindo primeiro — isto é, destruindo o que já existe e começando do zero. A imagem da implosão de um prédio é estranhamente americana. Preferimos começar do zero a tentar melhorar algo aos poucos. O sucesso da reengenharia advém dessa paixão pela desconstrução.

Assim como em todos esses estudos, há implicações ainda mais importantes do que as informações específicas sobre marketing. O modo como os educadores elaboram programas de ensino, desde a primeira série até os graus mais avançados de treinamento corporativo, deveriam passar por um exame com base nos resultados dessa pesquisa arquetípica de qualidade, a qual mostra como os americanos aprendem. A elaboração de livros e manuais, bem como o lugar que a competição assume no ambiente de aprendizado, também precisam ser reavaliados sob a luz desses dados.

A qualidade em culturas diferentes

Já vimos que, na mentalidade americana, o código para queijo é "morto", o código para comida é "combustível" e o código para madeira é "assassinato". Esses exemplos explicam como codificar e decodificar culturas. Esse processo de decodificação, então, deverá ser aplicado ao aperfeiçoamento.

Praticamente toda iniciativa de qualidade empreendida nos Estados Unidos nos últimos vinte anos foi modelada por meio da experiência japonesa. O que quer que imaginemos: círculos de qualidade, Taguchi, JIT, planejamento hoshen. Depois de gastar bilhões de dólares copiando os japoneses, a última coisa que os executivos americanos queriam ouvir é que suas casas haviam sido construídas com idéias recicladas. No fim das contas, no entanto, apesar de todo o seu raciocínio, os americanos não são japoneses, o processo japonês é diferente do americano, e o que motiva os japoneses não motiva os americanos. Não me importa quantos japoneses comem sanduíches do McDonald's ou quantos usam calças Levi's; nem se viessem de planetas diferentes as duas culturas seriam tão díspares.

Os japoneses têm mais de doze palavras para qualidade, cada uma com um significado preciso. Os americanos possuem apenas uma palavra, que é vaga e praticamente sem significado. Se os americanos querem conquistar a liderança econômica do mundo, devem fazê-lo com base em modelos americanos, os quais são, por sua vez, baseados nos códigos americanos, descritos em termos americanos, e que respeitem a lógica emocional americana.

O código americano para qualidade: "Funciona!" Nos Estados Unidos, a qualidade é a senha para muitos elementos da nossa vida, desde ter tempo para brincar com nossos filhos até comprar produtos no dia seguinte. Possuir ou produzir um bem perfeito não é importante para nós; ficamos felizes se o produto faz aquilo que esperamos que faça. Em outras culturas, as dimensões-chave de qualidade, ou seus códigos, são totalmente diferentes.

O código alemão para qualidade: Padrão. Na Alemanha, o elemento predominante da qualidade é a obsessão pelos padrões. Max Weber, um sociólogo alemão, insistia que a situação ideal para a felicidade seria quando o estado ideal e a burocracia ideal controlassem tudo, e quando nossa vida seguisse regras e padrões. Podemos compreender, portanto, por que as crianças alemãs liam as instruções do Lego tão cuidadosamente.

O código japonês para qualidade: Perfeição. Na mente dos japoneses, a perfeição é algo que pode ser alcançado, e a única meta que merece atenção. Se um japonês alcança a perfeição, ele será imensamente admirado, pois será quase divino, e a "alma" japonesa terá orgulho dele. Seus ancestrais têm orgulho dele e seus descendentes nos séculos seguintes também irão orgulhar-se. Por causa do que fez, ele transcende o tempo e o espaço. A perfeição não é apenas vista como algo alcançável na cultura japonesa — é um estado no qual se recebe as maiores recompensas e é visto com um fervor quase religioso.

O código francês para qualidade: Luxo. Os franceses têm uma atitude completamente diferente quanto à qualidade. Na França, a qualidade é uma afirmação de classe. Mesmo o governo socialista e comunista de Miterrand, eleito em 1981, deu-se conta de que a França tinha excelência nos campos do champanhe, do *foie gras*, dos perfumes e da alta-costura. Então, ele criou o Commité Colbert, cuja função era promover qualidade — como quando Luís XIV fez o mesmo pedido a seu ministro (Colbert) no século XVII. A idéia era a da "beleza pela beleza".

Outra dimensão essencial para a compreensão do código francês para qualidade é que o luxo é algo inútil, e é por isso que os franceses não podem viver sem ele. Se você compra um cachecol porque teme apanhar um resfriado, isso não é um luxo ou qualidade — é uma necessidade. Mas se compra um cachecol, especialmente um cachecol caro, de uma marca famosa, para ornar seus ombros, isso é qualidade. Por quê? Porque você não precisa dele. Ao usá-lo, você assume uma postura de estilo e demonstra que sabe o que luxo e classe significam.

Como recompensar adolescentes?

A cultura americana é jovem e adolescente. Um resultado fascinante da nossa pesquisa de qualidade foi uma maneira completamente nova de encarar as recompensas e o reconhecimento para os membros de tal cultura. Na maioria das vezes, nós recompensamos as pessoas sem compreender a lógica emocional por trás do arquétipo de qualidade. O reconhecimento de algo que foi completado há seis meses não tem fundamento, pois lança um olhar para o passado, para aquilo que já é considerado "morto". Todos os certificados de participação que dependuramos nas paredes do nosso escritório são "túmulos". O passado está morto; certificados obtidos no passado apenas provam que você já foi bom. Eles não dizem quão bom você é hoje em dia. Em vez de recompensas que retornam ao passado, precisamos de recompensas para atos futuros.

Em outras palavras, precisamos recompensar as pessoas no "tempo animal", e não seis meses ou um ano depois. Conseqüentemente, podemos avaliar facilmente qualquer sistema de recompensas determinando se tal sistema funciona em tempo animal ou não. A empresa MBNA (de cartões de crédito) criou um sistema de recompensa em tempo animal. Seus empregados podem ver todos os dias que cumpriram suas metas. Ao fim do dia, eles observam uma grande tabela que mostra os resultados daquele dia, e ficam felizes se atingiram a meta desejada.

Nova identidade potencial. Esta é a parte mais importante de um sistema de recompensas. Se aceitarmos que os americanos estão em uma busca constante por novas identidades, fornecer estas novas identidades em potencial é de suma importância. Essa nova identidade potencial não deverá ser remota em excesso, existindo apenas num futuro ideal. Pelo contrário, ela deverá ser real e presente.

Novas ferramentas. Em vez de dinheiro ou de "túmulos" (certificados), novas ferramentas são as recompensas ideais. São algo concreto e prático que pode ser útil para nos ajudar a alcançar nossa nova identidade potencial. Tanto podem ser bicicletas como computadores, mas devem estar relacionadas a essa nova identidade em potencial. Se eu preciso estar em forma para minha nova identidade em potencial, usarei minha bicicleta todas as manhãs, e não o carro. Se eu preciso me familiarizar com o computador, começarei um treinamento amanhã mesmo. A nova ferramenta deve se encaixar com os elementos básicos da receita americana, ou seja, com o tempo animal, com o pendor para a ação, com os erros e a frustração.

Muitos programas de qualidade não percebem isso. Eles criam uma dissonância cognitiva, algo que ocorre quando nossa compreensão intelectual de um conceito não combina com nossa resposta emocional: "Faz sentido, mas não me sinto compelido a fazer isso." Muitos dos *slogans* da revolução da qualidade não conseguem motivar os americanos porque não se encaixam nas forças culturais do arquétipo cultural. Eles não conseguem beber na fonte da energia emocional necessária para se incrementar um processo de aperfeiçoamento.

Como minhas descobertas arquetípicas sobre a qualidade têm implicações profundas sobre o modo como vemos e administramos a qualidade e o processo de aperfeiçoamento, a American Quality Foundation decidiu validá-los. Encarregaram o Grupo Wirthlin, especialistas em comunicação e marketing estratégico, para validar os arquétipos e para avaliar o impacto da sua aplicação. Usando essa metodologia, o Grupo Wirthlin confirmou quase todos os pontos-chave da pesquisa arquetípica, incluindo o fato de que os erros nos ajudam a ser pessoas melhores.

Nada é perfeito

Quando a AT&T Network Systems me convidou para aplicar o processo de pesquisa arquetípica ao estudo do lado humano da qualidade, descobrimos vários fatos interessantes:

A qualidade tem uma forte conotação. Para a maioria dos americanos, a qualidade é uma palavra negativa porque a primeira experiência que temos dela é a de quando algo dá errado, ou quando não se cumprem as expectativas — então a nossa primeira estampagem de qualidade é negativa.

As expectativas dos americanos sobre a qualidade não são altas. Enquanto os japoneses colocam a qualidade no mesmo patamar da perfeição, os alemães associam a qualidade com padrões, e os franceses acreditam que qualidade é luxo. Os americanos consideram que há qualidade quando "algo funciona".

Os americanos aceitam a imperfeição. Os americanos acreditam que é da natureza humana ser imperfeito. Na verdade, um erro ou imperfeição representa uma oportunidade de aperfeiçoamento.

Os americanos valorizam o cuidado com os outros. Quando uma pessoa tenta e fracassa, isso dá a outras pessoas a oportunidade de demonstrar que se importam, além de dar à pessoa que fracassou o impulso para tentar novamente. Quando um produto ou serviço fracassa, o cliente espera que o problema seja resolvido. O processo de resolução permite que o cliente saiba da preocupação e do carinho que a companhia demonstra, o que certamente deixará o cliente com uma boa impressão.

O processo (esforço) é mais importante que o produto (resultado). Ser os melhores — no lazer, no trabalho, em um esporte — motiva os americanos. Produzir os melhores produtos ou serviços não os motiva. Devemos, portanto, fazer com que a qualidade seja algo pessoal.

Os americanos vêem positivamente as mudanças somente quando conseguem controlá-las. As mudanças que controlam são uma promessa de aperfeiçoamento ou de novas oportunidades. Mas, se não controlarem a mudança, ficarão desconfiados e podem reagir de maneira negativa, ou até mesmo resistir a ela.

Os americanos preferem o sucesso repentino ao aperfeiçoamento. Para a maioria dos americanos, aperfeiçoar-se pouco a pouco, durante uns dez dias, é algo extremamente enfadonho. O sucesso repentino, por outro lado, é visto como algo excitante e progressivo.

Um desafio ou uma crise entusiasma os americanos. Quanto maior o desafio, melhor ele será. O desafio e a crise motivam os americanos a obter um sucesso rápido.

Para os americanos, a perfeição equivale a um beco sem saída. Uma vez que uma situação alcança a perfeição, não há novos desafios ou possibilidades futuras. Assim, o conceito de "zero defeitos", que tem em si o objetivo da perfeição, possui uma conotação negativa na cultura americana. É errado dar total relevância ao aperfeiçoamento do processo. Consideremos as frases comumente associadas com o aperfeiçoamento do processo: fazer tudo certo pela primeira vez, controle estatístico do processo, análise de Pareto, histogramas, gráficos de controle, manufatura em cima da hora, entrega na hora certa. Não há consideração pelas pessoas que estão envolvidas nesses processos.

Os americanos possuem um pendor para a ação. A primeira reação dos americanos a uma crise ou a um desafio é a ação, e não o planejamento. Um exemplo: as pessoas geralmente lêem as instruções somente quando algo não funciona corretamente. As mulheres americanas, quando encontram problemas ao utilizar o aspirador de pó, chamam a vizinha em vez de ler o manual de instruções. O mesmo fenômeno ocorre com computadores. Em vez de ler os manuais, as pessoas começam a trabalhar logo em seus computadores; se houver um problema, ligam para alguém ou talvez, então, leiam as instruções. Ao levar essa informação ao mundo dos negócios, as companhias não deveriam esperar que seus empregados entendam o que é qualidade e que utilizem os manuais de treinamento para fazer planos detalhados antes mesmo de atacarem um problema. Da mesma forma, as companhias não deveriam esperar que seus clientes leiam os manuais de instrução antes de usar seus produtos ou serviços.

Os americanos não fazem as coisas do modo certo na primeira vez. Os americanos aprendem mediante tentativa e erro — em outras palavras, errando, experimentando o fracasso, e aprendendo com seus erros. Assim, quando as empresas exortam seus funcionários a fazer a coisa certa na primeira tentativa, estão pedindo que omitam um estágio do seu processo de aprendizado. Fazer algo certo logo na primeira tentativa vai contra a natureza dos americanos. Mesmo Winston Churchill percebeu isso quando disse que se pode esperar que os americanos façam tudo certo após terem tentado de tudo antes. É um fator relevante para se entender esse arquétipo americano.

Não fazer as coisas de modo certo na primeira vez e cometer erros faz com que os americanos se sintam frustrados, desapontados, raivosos, deprimidos e até mesmo culpados. Estes sentimentos, embora negativos, representam a energia que pode ser transformada em ações positivas. Os americanos precisam de uma certa quantidade de frustração, ansiedade, desconforto e insatisfação para começarem seu processo de aperfeiçoamento. Se se sentem confortáveis, não há ímpeto para mudar. Uma crise, como a possibilidade de que a companhia vá à falência, cria ansiedade e, portanto, cria um ímpeto para a mudança. Um sonho ou visão, como a assinatura de um novo contrato, também leva à ação por causa da insatisfação trazida pela comparação entre o sonho e a realidade.

As empresas têm de aceitar que os empregados podem cometer erros. É absurdo que a gerência diga coisas como "Não quero que você cometa erros" ou "Quero que você faça certo logo da primeira vez". As pessoas não conseguem ser assim. Elas ficam desesperadas nessa situação porque não conseguem aprender. Em sua busca pelo aperfeiçoamento da qualidade, algumas empresas americanas perceberam que os japoneses obtinham sucesso, então copiaram seus processos de aperfeiçoamento. Mas essas empresas aos poucos começam a descobrir que há diferenças entre os Estados Unidos e o Japão. Embora os americanos raramente leiam as instruções e cometam erros, aprendem rapidamente com estes mesmos erros. Quando se sabe usufruir a lógica emocional certa — o arquétipo cultural correto — pode-se despertar o gigante adormecido.

As empresas precisam reconsiderar seus processos de aperfeiçoamento, sempre levando em conta os objetivos. O propósito de um processo não é apenas aperfeiçoar o objeto, mas também aperfeiçoar a pessoa. As pessoas devem ser capazes de aprender e crescer. Elas querem fazer a diferença, querem tornar-se pessoas melhores e criar um mundo melhor. São seres biológicos. Os processos, portanto, não podem ser mecânicos, frios ou abstratos. Essa ênfase leva à burocracia, o mais perigoso vírus do planeta. A burocracia significa que ninguém sabe por que as coisas são do jeito que são. Ninguém mais poderia argumentar e rejeitar as regras ou os processos. As burocracias são, em geral, coordenadas por pessoas incompetentes que estão no poder porque se apegam a regras e processos. A burocracia não reage rapidamente e, após certo período de tempo, mesmo a adaptação será impossível. Em um mundo que muda rapidamente, é vital que saibamos como nos adaptar. Ao exagerar a necessidade de processos perfeitos e a necessidade de se agir corretamente logo na primeira tentativa, as companhias americanas estão se tornando cada vez mais inflexíveis e burocráticas. Seus processos tornam-se obsoletos porque não podem se adaptar às mudanças a seu redor. Portanto, as pessoas ficam frustradas, porque os processos as limitam. As empresas precisam perceber que possuem os melhores procedimentos a seguir e que a capacidade dos funcionários de criar e se adaptar é melhor do que qualquer processo.

As empresas deveriam sempre utilizar a criatividade e o espírito de inovação dos seus funcionários. Para que a criatividade e a inovação aconteçam, são necessários três grupos de pessoas: 1) os "lógicos", para definir o problema a ser solucionado; 2) os "poetas", para conceberem idéias "malucas"; 3) os "técnicos", para averiguar as idéias e determinar se são possíveis em determinada época. Para as idéias que são possíveis, os técnicos dizem: "Será possível se tivermos o material necessário." Essa hipótese com "se" torna-se o novo problema, o qual retornará aos lógicos. Esse processo forma um triângulo. Ele representa a próxima geração de processos, pois é menos mecânico e burocrático e mais biológico em sua natureza. É caracterizado por uma criação, inovação e adaptação contínuas. Os processos devem mudar assim como os seres humanos constantemente se adaptam ao meio em que vivem.

As empresas deveriam simular as habilidades criativas, inovadoras, adaptativas e flexíveis do cérebro. O cérebro tem potencial ilimitado. Ele constantemente recebe informações do corpo, adapta-se a elas e se recria o tempo todo. Como as pessoas estão constantemente se recriando para se adaptar ao mundo em mutação, mas os processos nos quais trabalham não estão, o resultado é a frustração. As empresas precisam tirar vantagem dessa frustração e transformar o sentimento negativo em uma energia positiva que faça com que seus processos tenham uma dimensão biológica.

Redescobrindo a lógica da vida

Num esforço para se vender mais e mais produtos de alta qualidade, as empresas se preocupam com os detalhes, analisando cada elemento em seus processos, seus produtos e nas pessoas, de modo a dobrar a produção. No entanto, muitas empresas já não conseguem enxergar qual o objetivo maior. Para entender o objetivo maior, as empresas devem assumir um ponto de vista global. Quando vemos a Terra do espaço, de repente percebemos que cada pessoa, empresa, cultura, país e continente fazem parte de um grande sistema de vida. Precisamos entender como a mudança de um elemento irá influenciar os outros, e como devemos cuidar desse elemento para que preservemos a vida. Portanto, a meta final é *preservar, expandir e proteger a vida*. Este é o poder da vida, o elemento-chave do relacionamento de qualidade.

As empresas podem ir de uma visão estática até uma dinâmica. Com uma visão estática, uma empresa se esforça para ter sistemas fechados e simples. Esses sistemas têm causas e efeitos lineares e estão sujeitos a forças de equilíbrio — são, portanto, estáveis, sólidos e rígidos. Como resultado, é fácil prever, reproduzir e reverter o comportamento desses sistemas. Eles podem ser comparados a um cristal, uma substância sólida que é rígida e delimitada por seus planos geométricos.

Com uma visão dinâmica, uma empresa procura ter sistemas abertos e complexos. Esses sistemas abertos têm uma causalidade circular e estão em um estado constante de fluxo — são, portanto, fluidos mas não dinamicamente estáveis. Eles têm estados estáticos, mas não há uma mudança e crescimentos contínuos. Como resultado, o comportamento desses sistemas é imprevisível, impossível de ser reproduzido ou revertido. Esses sistemas dinâmicos podem ser comparados a uma célula, uma forma de vida que está sempre crescendo e reagindo ao ambiente exterior.

Além de adotar uma visão dinâmica, as empresas também precisam adotar uma abordagem de sistemas inteiros. Atualmente, a maioria das empresas apenas usa uma abordagem analítica — na qual um sistema é isolado em partes ou elementos, e cada elemento é analisado para verificar como ele interage com os outros, geralmente modificando-se um elemento por vez. É uma abordagem bastante disciplinada para se aprender sobre os detalhes de um sistema. Mas esses pontos fortes acabam por se transformar em desvantagens quando essa abordagem é usada para analisar sistemas dinâmicos e complexos. Assim, faz-se necessária uma abordagem de sistemas vivos para estudar esses sistemas.

Numa abordagem de sistemas vivos, assume-se uma postura mais global. O sistema é fragmentado em grupos de elementos. Esses grupos são, então, modificados. Desenvolve-se, então, uma teoria para explicar os efeitos dos grupos no sistema. Como um sistema dinâmico se encontra num estado de fluxo constante, é impossível reconstruir a situação. Assim, a validação dos resultados não advém da repetição do processo, e sim da comparação da teoria com a realidade. Os modelos resultantes não são nem remotamente tão detalhados quanto aqueles desenvolvidos usando-se a abordagem analítica; no entanto, eles são úteis na vida real. Os modelos detalhados produzidos a partir da abordagem analítica são difíceis de serem implementados. A abordagem de sistemas vivos é muito eficiente para sistemas dinâmicos e complexos. Ela fornece uma visão mais multidisciplinar para aprender sobre as metas do sistema.

Com uma visão dinâmica e uma abordagem de sistemas vivos, as companhias estarão em melhor situação para sobreviver no século XXI. Em vez de criar os processos e produtos, as empresas estarão criando vida.

Desde a primeira estampagem cultural, a qual marca a lógica da emoção, até o reforço constante, o qual cria as estradas mentais, nós nos tornamos seres culturais. Mas a única maneira pela qual podemos nos tornar seres multiculturais é mediante uma série de relacionamentos. Embora tenhamos relacionamentos, nós não temos uma cultura de relacionamentos — e isso é um grande desafio para nós. Nas escolas, nós aprendemos fatos, como lidar com números, e como usar computadores. Aprendemos como ser analíticos. Nunca aprendemos sobre a arte dos relacionamentos. É por isso que muitos de nós somos "analfabetos em relacionamentos".

Saber como lidar com relacionamentos deve ser motivado a partir de agora. Tanto adultos como crianças precisam aprender a arte dos relacionamentos. Talvez essa seja uma modesta abertura a uma nova ciência. Apenas quando integrarmos as dimensões simbólica, sistêmica e sinérgica em um sistema simbiótico, nós teremos as bases para uma cultura de relacionamentos de qualidade.

Nosso ecossistema global é frágil, então devemos nos concentrar na sua preservação, e não perder tempo discutindo quem irá preservá-lo. Nossas diferenças são insignificantes, se adotarmos um ponto de referência exterior ao nosso planeta. O que é óbvio é a solidariedade da raça humana. Somos passageiros temporários nesta espaçonave chamada Terra. Juntos, podemos criar um mundo melhor para nossos filhos, um mundo onde poderão ter uma vida cheia de significado, cheia de relacionamentos de qualidade.

SEGREDO Nº 7:

A TERCEIRA GUERRA MUNDIAL É IMINENTE — E É UMA GUERRA CULTURAL:

A sensibilidade cultural é a chave para o sucesso e para a liberdade pessoal e coletiva.

O *futuro está morto. Esta é uma época de retorno aos arquétipos. Como a sua organização irá se posicionar nesta confusão multicultural? Qual será a sua estratégia? Você precisa ter uma visão para a globalização. Na ausência de liderança, a globofobia se alastra e o protecionismo prevalece. Quando os líderes não compreendem os arquétipos culturais, o que vemos são campanhas de marketing fracassadas, problemas de comunicação, conflitos e guerras.*

CAPÍTULO 20

O Fim do Futuro como o Concebemos

Assistimos à morte do nosso último futuro. Não há espaço para o amanhã.

Com o novo milênio, o futuro — como o concebíamos — está morto. Observamos a morte do nosso último futuro. O tempo é *agora*. Não há espaço para o amanhã. O futuro acabou. Agora precisamos do "tempo imediato". Queremos tudo *agora*, não queremos esperar. Os números mágicos são 24 e 7. Todas as horas do dia, todos os dias da semana. O tempo todo, em todos os lugares, da Internet até os telefones celulares. Nunca o presente foi tão cheio de acontecimentos e o futuro tão... vazio. O que aconteceu? Simples: tecnologia! Não há mais passado ou futuro, só há a tecnologia. Os jovens ouvem música *techno* e o mercado de valores cria milionários a cada dia por conta da tecnologia. Em todos os lugares vemos o poder de uma nova tecnologia, a qual enfatiza o presente, o "agora". Somos testemunhas da apoteose da "cultura do agora".

Minha pergunta é: "Onde está a alma?" Lembra-se da "Alma e a Máquina"? Esse era um pacto com o demônio (o arquétipo de Fausto). Será que esperamos que a tecnologia nos salve? E será que, para sermos salvos, teremos de desistir de nossa alma?

Os arquétipos em ação

Os arquétipos em ação podem ajudar a decodificar o que está acontecendo, e também fazer com que os utilizemos para compreender vários fatos.

1. Podemos dizer que a tecnologia é como o córtex. Ela passará a ter influência global. Os Estados Unidos serão o guia, porque a tecno-

logia se encaixa perfeitamente no arquétipo americano — o tempo adolescente é o agora.

2. A alma, no entanto, é emocional, límbica, local. Podemos prever o retorno dos arquétipos como uma maneira de equilibrar o perigo representado pela globalização e pela tecnologia.

O apocalipse do milênio não ocorreu. Agora temos de lidar com um presente que não tem futuro. Nós somos o futuro — mas será que podemos viver apenas dentro da tecnologia?

O retorno dos arquétipos será uma redescoberta de estruturas inconscientes, significativas e locais. A tecnologia será usada para fazer com que essas estruturas estejam disponíveis a todos, em todos os lugares, e no presente.

Se conseguirmos fazer com que todas as culturas do mundo se conheçam e se respeitem, então a "máquina" voltará a possuir uma alma.

Como a crise pode fazer com que arquétipos retornem

Esta é a época do retorno dos arquétipos. Lembre-se: quanto mais as coisas mudam, mais permanecem as mesmas. Adoramos ver bilionários perdendo bilhões de dólares. Adoramos perceber que o que sobe fatalmente irá descer — vamos da pobreza à riqueza, e de volta à pobreza. Nossa época é semelhante a épocas em que algumas religiões se opunham a pessoas voando em aviões, porque não deveríamos chegar tão perto de Deus. Vivemos numa época de incertezas, e tais épocas sempre trazem à tona velhos arquétipos. Sentimo-nos seguros com eles; eles são como velhos amigos. Conhecemos seu lado bom e seu lado ruim.

Na Europa, no começo do século XX, as pessoas costumavam dizer: "Precisamos de uma boa guerra" para colocar os pingos nos is, para retornar valores e verdades simples como vida e morte. Em épocas de guerra, nós temos certezas. Conhecemos o inimigo. Ele até mesmo usa um uniforme diferente, para que possamos identificá-lo. Mas, hoje em dia, nós não temos um inimigo de verdade — tudo parece estar bem. Ainda assim, esta é uma situação horrível. Afinal, esta é a época para o retorno da neurose coletiva. Não há tempo para haver dúvidas, não há tempo para questionamentos, não há tempo para nos perguntar o que deveremos fazer. Estamos vivos ou mortos, somos heróis ou traidores. Não há ambigüidade. Hoje em dia, não temos muitas certezas. Clinton é bom ou ruim? A Internet morreu ou ainda vive? E quanto aos valores, à família, ao trabalho? Os europeus estão passando por uma crise de identidade; os sindicatos americanos temem a glo-

O FIM DO FUTURO COMO O CONCEBEMOS **249**

balização; o resto do mundo teme a americanização. Os cubanos radicados nos Estados Unidos apóiam Elian Gonzáles. Em Miami, os cubanos entoam cantos pedindo guerra. Estão pedindo o retorno do velho inimigo, do velho arquétipo. Podemos esperar ainda mais dessas demonstrações: um retorno à simplicidade americana, antiimperialismo, antiamericanismo, globalização. Joseph Kahn, num artigo para o *New York Times*, define a globofobia como "uma força internacional que isolou a integração global como a causa principal dos problemas sociais e ambientais".

O modo como sua empresa lida com essa "força internacional" fará a diferença entre o sucesso e o fracasso no seu empenho de acompanhar a globalização. A passeata contra a OMC, em Seattle, foi apenas o começo. Prevejo que a globalização será o novo inimigo comum. Essa é uma questão emocional que não tem explicação racional. Temos, aqui, uma força emocional em ação, mas não temos um líder para equilibrá-la.

"Temos pela frente o exaustivo trabalho de convencer os oponentes, muitos dos quais acredito estarem errados, de que eles podem viver com a globalização", declarou Tony Blair, o primeiro-ministro britânico, no Fórum Econômico Mundial em Davos, Suíça.

Obviamente, afirmar isso já *é* o problema. As pessoas precisam de algo mais do que apenas saber que "podem viver com a globalização". Na verdade, elas querem saber por que têm de viver assim. Como isso irá mudar a vida delas? Elas precisam de um líder visionário. Precisam de esperança. Hoje em dia, ninguém se encaixa no arquétipo do líder — nem Tony Blair, nem Bill Clinton, nem Al Gore. Então devemos ser cuidadosos. A globofobia pode ser tornar uma cruzada com fortes sentimentos antiamericanos.

Qual será o posicionamento da sua empresa perante esse caos? Qual será sua estratégia? Toda companhia precisa ter uma visão para a globalização, não apenas estatísticas e uma explicação racional. É por isso que precisamos descobrir o arquétipo da globalização e descobrir o código da lógica emocional por trás dele. Você certamente gostará de saber por que as pessoas consideram sua empresa como algo desumano, ou por que destroem lanchonetes do McDonald's.

Hoje em dia, a globalização é vista menos como uma onda de prosperidade que assola o mundo do que como:
— desigualdade crescente entre ricos e pobres
— ineficácia da lei em se controlar a ciência e a tecnologia
— lixo e poluição ambiental

250 OS 7 SEGREDOS DO MARKETING

— alastramento rápido da instabilidade financeira
— destruição de culturas e tradições locais
— americanização (isto é, tornar o planeta "superficial")

A menos que as pessoas em todo o mundo se envolvam de maneira positiva, e a menos que conheçamos a sua lógica emocional e seus arquétipos, a globalização não funcionará. Precisamos de um novo líder visionário para nos mostrar o caminho para a terra prometida, para nos conectar com a esperança. E nós não temos um líder assim. Precisamos de líderes que compreendam os arquétipos culturais. A globalização está em apuros, principalmente devido à ausência de liderança americana.

Não acredito que os políticos serão os líderes. Estão ocupados demais tentando ganhar atenção, e alguns nem mesmo têm uma política externa definida. Então os chefes corporativos terão de assumir a liderança. Precisamos de uma aliança de negócios globais para vencer aquilo que o presidente Ernesto Zedillo chama de "uma aliança peculiar de forças da extrema esquerda, da extrema direita, grupos ambientalistas, sindicatos de países desenvolvidos, e pessoas que se auto-intitulam representantes da sociedade civil". E o que quer essa aliança? "Salvar, do desenvolvimento, as pessoas dos países subdesenvolvidos."

Obviamente, a ausência de uma liderança está criando tanta confusão que a globofobia está aumentando. É hora de agir. Precisamos mostrar ao mundo que o livre comércio e o crescimento econômico, e não o protecionismo, alimentam o mundo o levam crianças à escola. Se não agirmos agora, poderemos retardar o fenômeno da globalização por muitos anos. Mas, se agirmos agora, criaremos uma cruzada pela vida e pelo crescimento, movimento e expansão — e não restrições, protecionismo, morte. Tudo isso só poderá ser feito quando compreendermos e decodificarmos os arquétipos. É por isso que estamos trabalhando com algumas das maiores organizações: para descobrir o código da globalização bem-sucedida.

Vamos decifrar os códigos de "global" e de "globalização" e compreender a lógica emocional por trás deles. Por que houve uma manifestação em Seattle? O que ela significa para nós? O que é um produto, uma marca, uma comunicação, uma campanha de relações públicas, uma estratégia, um líder ou uma organização global? Precisamos radicalizar nossa percepção do que é um arquétipo global.

O que acontece quando os líderes não compreendem os arquétipos culturais? Simples: campanhas de marketing fracassadas, falta de comunicação, greves e guerras.

Em 1989, os americanos acreditavam que a Guerra Fria tinha acabado. Uma nova ordem mundial estava surgindo. Pensamos que éramos amigos dos russos e que poderíamos investir na velha União Soviética. Então acabamos tendo a guerra na Chechênia.

Pude prever o ressurgimento dos arquétipos russos — que não foi uma mudança para o capitalismo e a democracia americanos. Foi exatamente o que aconteceu — o caos russo, com o retorno das guerras culturais após três gerações de repressão. A Estée Lauder perdeu 60% de seu investimento na Rússia, pois não acreditou na minha previsão. Agora temos o velho arquétipo russo (com 300 anos de idade) agindo contra os chechênios. Putin está novamente a postos para eliminar o arquétipo chechênio, assim como Stalin tentou deportar 450.000 chechênios. É um outro exemplo do arquétipo do guerreiro. Mas se Stalin não conseguiu, então Putin terá grandes dificuldades. E, se tentarmos lhe dizer algo a respeito, ele poderá nos ameaçar com seu arsenal nuclear. Novamente o arquétipo russo entra em ação.

Os líderes arquetípicos são os únicos que precisam liderar o mundo contra nossos inimigos *comuns*.

Sete inimigos comuns

Sete novos inimigos comuns estão mudando e remodelando o mundo, política e economicamente.

1. O novo vírus ou epidemia global
2. O retorno do fascismo europeu
3. A proliferação e a difusão do uso de armas nucleares por ditadores
4. A volta das guerras religiosas e do fanatismo
5. A pesquisa biológica sem controle
6. Os novos terroristas da Internet
7. A burocracia. Defino burocracia como "o poder ilimitado dado a idiotas completos". A ditadura é o poder ilimitado dado a intelectuais maléficos. O resultado são pessoas que param de pensar e de tomar iniciativas, e dão prioridade a procedimentos que atrasam tudo, que até chegam a matar pessoas. Mais pessoas morreram nos Estados Unidos no ano passado por causa de erros médicos e procedimentos sem controle do que durante toda a guerra do Vietnã. Muitas pessoas acreditam que o acidente com o avião da Swissair ocorreu porque o piloto estava seguindo procedimentos suíço-alemães, que são ainda piores que procedimentos apenas alemães. Na Europa, a Alemanha e

252 OS 7 SEGREDOS DO MARKETING

a França são as culturas mais burocráticas. Na Ásia, o Japão é a pior, como podemos verificar pela lenta reação da burocracia quanto ao último terremoto.

A nova economia requer reações rápidas e livres. A burocracia é lenta e consome muito dinheiro. Bruxelas é um bom exemplo onde podemos encontrar burocratas europeus em ação. Eu os chamo de "Euro-ratos". Qual sua missão, seu objetivo? Reproduzir-se. Obter mais dinheiro, mais poder, mais pessoas, mais prédios. Eles conseguem porque nós deixamos. Como podemos impedi-los? Fazendo com que se responsabilizem, julgando-os com medidores de desempenho e de resultados, simplificando tudo. Vamos aplicar aos burocratas os mesmos princípios que aplicamos nos negócios. Devemos perguntar-lhes: será que nós, os consumidores, precisamos do que vocês fazem? Em caso afirmativo, será que poderiam desempenhar suas tarefas com mais rapidez, consumindo menos dinheiro, com menos pessoas, mais eficácia e maior satisfação dos clientes?

Se a nova economia significa velocidade e liberdade, os burocratas lentos e dispendiosos não terão lugar — como na Europa, sem fronteiras, sem alfândegas, sem agentes alfandegários. Tudo é livre e mais rápido. Se este é o futuro, os burocratas são uma mutação; eles irão precisar de criatividade, de inteligência, de inovação, de uma grande capacidade de adaptação. Se não puderem "entrar em mutação", poderão desaparecer ou, então, matar o sistema.

O verdadeiro perigo é o da concentração de poder numa só pessoa ou entidade. Percebemos que os velhos dragões nunca morrem quando vemos o ressurgimento do fascismo na Europa.

Depois de Kosovo e do genocídio na Albânia, o Sr. Vladimir Putin está perpetuando o genocídio chechênio, repetindo o que Stalin fez quando enviou 450.000 chechênios para a Sibéria, onde metade deles morreu. Também temos o partido da extrema direita que constitui metade do governo na Áustria.

O perigo é real. A própria França têm cerca de 15% de comunistas no governo desde que Mitterrand assumiu o poder em 1981, e cerca de 15% de eleitores da extrema direita, os quais apóiam Jean Marie Le Pen. Assim, cerca de 30% dos franceses pertencem a um partido político extremista. Embora a Alemanha tenha recentemente dado o direito aos estrangeiros nascidos na Alemanha de tornarem-se cidadãos alemães, os neonazistas alemães ainda queimam imigrantes turcos até a morte, mesmo que eles tenham vivido por várias gerações na Alemanha.

A globalização é vista como algo perigoso, e o arquétipo fascista é visto como a solução. Infelizmente, sabemos qual é o resultado dessa mistura. Ao olhar para Kosovo e Grozny, temos uma idéia do que poderia voltar a acontecer.

Os arquétipos são como dragões inconscientes. Eles nunca morrem. Eles se escondem durante algum tempo, esperando o momento apropriado para retornarem.

Deste lado do Atlântico, temos o arquétipo americano do "gigante adormecido". Nem sequer temos uma política externa. Henry Kissinger, que é judeu e alemão, talvez seja o único americano que compreende perfeitamente a necessidade de se ter uma política externa americana. A Europa também precisa de uma forte liderança americana. O mundo precisa de um presidente americano forte. Esperamos que George W. Bush aprenda história e geografia, e que Al Gore pare de colocar lenha na fogueira antiglobalista, o que certamente dará munição a todas as demonstrações antiamericanas ao redor do globo. Precisamos de um Líder Arquetípico visionário — alguém que compreenda o poder dos arquétipos; do contrário, a história poderá vir a se repetir. Os novos líderes globais no comércio e no governo precisam ter um conhecimento profundo dos arquétipos culturais.

Se temos a esperança de evitar o retorno de velhos fantasmas, precisamos de uma nova divisão de poder. Precisamos separar a cultura da economia, do poder militar, da política. Hoje em dia ninguém contesta o fato de que a religião e o estado devem ser separados. Todos concordamos que o poder militar tem de ser controlado por líderes democraticamente eleitos. Mas, quando abordamos as culturas, encontramos um vácuo. Ninguém comanda as culturas. Quando Mitterrand ganhou as eleições, em 1981, com 51% dos 25 milhões de eleitores, numa França com 55 milhões de habitantes, ele se considerava o "porta-voz" da França, e usou a rosa socialista/comunista como seu símbolo. Era, obviamente, uma afirmação ridícula, já que ele tinha menos de um quarto da França como seus seguidores. Os políticos não podem ser ícones culturais. Eles sempre tentarão manipular a cultura a seu favor, tentarão possuir a alma do povo. Mas não conseguirão. Podem apenas tentar destruir, à força, uma alma que não conseguem possuir.

Para eliminar essa tendência desastrosa, temos de reforçar uma separação completa de poderes. Temos de tomar sete passos:

1. Reconhecer o poder das culturas. Elas têm poder econômico (vide Max Weber, *A Ética Protestante e a Origem do Capitalismo*). Elas têm

254 OS 7 SEGREDOS DO MARKETING

poder militar (vide o arquétipo do guerreiro chechênio). Elas têm poder político (vide o arquétipo do "retorno" de Clinton). Este poder deriva do fato de que as culturas moldam o inconsciente coletivo por meio de códigos arquetípicos.

2. Reconhecer que as culturas existiam antes das nações. O conceito de nação foi inventado por Bonaparte, antes mesmo de ele se tornar Napoleão. As culturas devem ser separadas das nações. A cultura dos curdos não é posse dos turcos ou dos iraquianos ou dos iranianos. Então devemos ter cuidado: nunca falar numa "nação curda", e sim numa "cultura" curda. Pessoalmente, não me importo com a *nação* francesa — mas me importo muito com a *cultura* francesa.

3. Identificar e promover líderes culturais que personificam a cultura, para além das preocupações políticas e econômicas, como Henry David Thoreau, Walt Whitman e Charles Schultz.

4. Encarregar alguém da promoção, desenvolvimento, aperfeiçoamento e proteção da cultura. (Malraux foi o Ministro da Cultura sob o general De Gaulle).

5. Promover as culturas unidas do mundo. As grandes companhias americanas — como a Boeing, a P&G, a Coca-Cola, a GM, a Ford e a Kellog's — precisam unir-se para mostrar ao mundo que seu objetivo não é destruir, engolir e misturar todas as culturas do mundo num caldeirão de coca-cola, cachorros-quentes e calças jeans, e sim respeitar outras culturas como parceiros culturais iguais.

6. Ensinar as crianças a valorizar sua própria cultura, a respeitar outras culturas e a ver a beleza e o valor de outras culturas.

7. Promover os direitos das culturas. As culturas deveriam ter direitos próprios. Foi por isso que fizemos, em Paris, no 1º dia de janeiro de 2000, a *Declaração dos Direitos das Culturas*.

Esses sete passos dessa nova separação de poder são extremamente necessários se quisermos mais paz e menos guerras culturais — não queremos episódios como os da Chechênia, de Kosovo, da África e do Timor.

Essas são as ferramentas que oferecemos aos líderes de amanhã — os sete segredos de como obter sucesso em nossa empreitada para nos tornarmos globais, os sete passos da nova divisão de poder.

Possuo um incrível banco de dados acumulados, todos os códigos culturais que estudei durante trinta anos. Os biólogos decodificaram o DNA humano. Eu tenciono decodificar o CNA humano. O CNA é para a cultura o que o DNA é para um organismo. Ao utilizar esses códigos, ajudo empresas a vender cosméticos, carros, alimentos, bebidas, serviços e alta tecnologia, e tenho um histórico de sucesso. Mas gostaria, agora, de encontrar líderes que queiram utilizar estes códigos para promover os direitos das culturas. Preciso de um novo Moisés.

O arquétipo de Moisés

Precisamos de líderes a quem possamos seguir. Precisamos de pessoas de liderança que compreendam o arquétipo do líder. Freqüentemente encontro CEOs e presidentes que são bons facilitadores, administradores e contadores. Mas, quando se confrontam com uma nova situação, uma crise ou um terreno desconhecido, ficam perdidos. Também encontro líderes arquetípicos. Conseguem conectar as pessoas; estão sempre inspirados. Vamos, agora, explorar as qualidades dos líderes arquetípicos.

Estão sempre inspirados. Esses líderes são visionários; eles viram a terra prometida. Eles vão até a montanha e falam com Deus. De Lee Iacocca a Martin Luther King, todos tiveram um sonho. Ficaram inspirados antes que pudessem inspirar os outros. Uma vez encontrei John Chambers (da Cisco), e posso afirmar que ele é um líder inspirado, assim como são Horst Schutze (da rede de hotéis Ritz Carlton), Bob Lutz e Bob Eaton (da Chrysler). Os contadores querem que os acionistas tenham lucro. Eles falam apenas de números (como o córtex; não é neles que se concentram a visão e os sonhos). Conseqüentemente, os acionistas acabam perdendo.

Conectam as pessoas. Quando você pede a seus funcionários que façam alguma coisa, eles precisam ver como esse pedido está relacionado com o restante, com a visão, com a cruzada. Colocar um homem na Lua pela primeira vez e trazê-lo de volta — eis uma grande visão. Aumentar a porcentagem dos acionistas para 10% a cada ano não é uma grande visão. Os funcionários farão sacrifícios para colocar o homem na Lua porque é algo que os entusiasma; mas não farão sacrifícios pelos acionistas porque é algo tolo. Então, passam a lutar contra a gerência (por exemplo, a greve na Boeing, em 2000) para obter mais dinheiro. Quando as pessoas estão apaixonadas, não brigam por dinheiro. Mas é só o que fazem quando se divorciam. O líder-conector faz com que as pessoas continuem apaixonadas pela visão, pelo sonho.

São Líderes que podemos seguir. Uma vez que tenha a visão, você pode conectar tudo o que as pessoas fazem com essa visão. A próxima coisa a fazer, então, será colocar o seu chapéu com um penacho branco (a pena branca usada por Henrique IV, que sinalizava para que suas tropas os seguissem no campo de batalha) e ir em frente. Os líderes lideram. É algo muito simples, mas que é sempre esquecido. A GM desesperadamente precisa de um líder a quem possamos seguir, mas nem Richard Wogoner e nem Jack Smith são desse tipo. (Sob a liderança de Jack Smith, a quota de mercado da GM caiu de 35 para 29 por cento.)

Se você pode ter as três qualidades — ser um "um líder capaz de conectar as pessoas, sempre inspirado, alguém a quem todos possam seguir", ser um bom *showman* e um bom comunicador, então o lucro empresarial surgirá naturalmente.

Quando usamos os Sete Segredos e os Sete Passos, promovemos os Direitos das Culturas e utilizamos os códigos culturais apropriados, podemos fazer deste planeta um lugar melhor para nossas crianças.

Os direitos das culturas

A seguinte declaração foi apresentada e assinada no dia 1º de janeiro de 2000, em Paris, na rue de Rivoli, em frente à Salle Du Jeu de Paume (Place de la Concorde). Foi nesse local que a Revolução Francesa teve seu início, em 1789, e teve seu subseqüente impacto sobre os Direitos Humanos.

Meus convidados incluíam Eric Margolis, americano; Dana Baines, canadense; Jessie Verjans, belga; Emmanuelle, espanhola; René Olivier, do Instituto Pasteur da França; e a família de minha amiga Nelly, suas duas filhas e seu marido Félix, um grande violoncelista armênio. Nelly toca piano, como suas duas filhas. Para mim, todos eles simbolizam a permanente Diáspora das Culturas em busca de Direitos. Lorenzo, meu filho mais velho, e Sophie, ma sagasse, *também estavam lá. À meia-noite, eu e Nelly simbolicamente assinamos a seguinte declaração:*

DECLARAÇÃO DOS DIREITOS DAS CULTURAS
01.01.2000, Paris, França

1. Todas as culturas do mundo possuem direitos semelhantes aos Direitos do Homem.
2. Seu primeiro direito é o direito de existir.
3. As culturas do mundo representam um patrimônio universal. Elas pertencem a todos os habitantes desse planeta. São suas criações.
4. Declaramos que é um crime contra a humanidade privar um membro de determinada cultura de ter acesso à sua própria cultura ou a outra cultura.

5. Também é um crime contra a humanidade reprimir ou destruir, mesmo que parcialmente, uma cultura.
6. Os Direitos das Culturas são limitados pelo respeito a todas as outras culturas, da mesma maneira que os Direitos do Homem são limitados pelo respeito aos mesmos direitos de outros habitantes deste planeta (homens e mulheres).
7. Cada cultura possui o direito de obter o respeito por cada um de seus elementos culturais, incluindo (mas não se limitando a) suas crenças, costumes, religiões, filosofias, línguas, sistemas educacionais e sua arte, em suas formas variadas (música, poesia, dança, culinária, folclore, vestimentas).
8. Todos os seres humanos deste planeta possuem o direito inalienável de ter acesso a todas as outras culturas do planeta.
9. As culturas não são boas ou ruins, certas ou erradas; são diferentes. Essa diversidade é o que constitui a riqueza do patrimônio cultural da espécie humana.
10. As culturas do mundo apenas podem viver, crescer e florescer num sistema onde há a completa separação de poderes (isto é, os setores político, militar, religioso, legal e executivo devem estar separados do poder cultural). Nenhuma cultura é propriedade exclusiva de uma nação ou de um poder militar, econômico, político ou midiático.
11. Conseqüentemente, os representantes da nação não podem se apresentar como representantes exclusivos de uma dada cultura.
12. O poder político é temporário. A realidade cultural é eterna.
13. Cada cultura tem o direito de comunicar seus elementos constitutivos, seus princípios e crenças, para o resto do mundo — mas não tem o direito de os impor.
14. Os representantes de uma dada cultura têm a obrigação de respeitar as leis dos cidadãos do país em que foram decididas de maneira democrática, assim como possuem a obrigação de respeitar os Direitos Humanos.
15. Enquanto essas culturas respeitarem as leis democráticas dos cidadãos e os Direitos do Homem, seus direitos à existência não podem ser infringidos.
16. A missão da Declaração dos Direitos das Culturas é criar uma base de referência fundamental para permitir que as culturas conheçam-se umas às outras.
17. As culturas são entidades vivas. Elas crescem, modificam-se e continuam a mudar. É um crime contra as culturas querer congelá-las ou evitar que se transformem.

OS 7 SEGREDOS DO MARKETING

18. Declaramos solenemente que todas as culturas do mundo têm o direito de ter uma representação semelhante ao direito das nações, o qual se expressa por intermédio da ONU. Essa representação das culturas será feita em uma organização chamada Culturas Unidas, a qual lentamente substituirá a ONU.

19. Declaramos solenemente que nenhuma globalização mundial pode ser feita de maneira pacífica sem um profundo respeito pelos Direitos das Culturas.

Durante muitos anos, tenho me perguntado: "Por que as culturas do mundo estão em guerra?" A resposta é que elas têm medo de desaparecer como culturas, não porque querem ter independência política. É por isso que o mundo precisa de uma nova declaração da mesma magnitude da declaração dos Direitos Humanos.

Planejei a assinatura da declaração dos Direitos das Culturas na data simbólica de 1º de janeiro de 2000. Deveria ter acontecido num castelo da Normandia, mas as condições climáticas nos impediram. Naquele dia, uma terrível tempestade destruiu 40% das árvores de Versailles e fez com que as viagens pela França ficassem bastante perigosas. A melhor alternativa para a assinatura foi em frente da Salle Du Jeu De Paume, no Hotel Intercontinental, onde as forças aliadas mantinham seus quartéis-generais após a liberação de Paris em 1945. Com isso, ilustro mais uma vez por que não acredito que nada acontece por acaso ou por acidente. Como meus convidados tinham de ir embora antes do sol raiar, a assinatura aconteceu à meia-noite, quando a Torre Eiffel, perto de nós, parecia uma espaçonave sendo lançada em meio a uma tempestade de luz e chamas, na direção de um novo milênio. Muitos símbolos e forças arquetípicas juntaram-se nesse momento histórico. Obviamente, o champanhe era *de rigueur*, e todos sentimos que aquele era o início de uma nova era.

Você também pode começar uma nova era na sua organização — respeitando os direitos das culturas e aplicando os sete segredos do marketing neste nosso mundo multicultural.

Glossário de
Termos Arquetípicos

Análise estrutural: A análise estrutural, uma das ferramentas do arquetipologista, considera a cultura como uma estrutura ou sistema, um todo harmônico e coerente em que cada peça encontra-se inseparavelmente ligada a todas as outras e não pode ser compreendida isoladamente. A análise estrutural é essencialmente funcional, pois estuda como cada elemento de uma cultura funciona dentro de uma estrutura maior.

Um importante fenômeno no campo da análise estrutural cultural é a existência de sistemas culturais estáveis e instáveis. Assim como no mundo dos animais e das plantas, certos sistemas culturais são estáveis — são bem-sucedidos e essenciais para a sobrevivência da espécie porque são tão harmônicos quanto é possível ser; outros, que são menos harmônicos, são instáveis. Não se tem notícia de que exista nenhum sistema cultural completamente incompatível.

Embora os analistas estruturais falem freqüentemente da "mente alemã", ou de outra cultura qualquer, toda cultura tem pelo menos três sistemas: o predominante, o que foi superado e o novo, que está em desenvolvimento. Se um sistema fosse perfeitamente harmônico e coerente, ele nunca mudaria; mas todas as culturas crescem e entram em decadência, mudando mais cedo ou mais tarde de um sistema para o outro.

Análise *gestalt*: A análise de elementos de uma lista de palavras ou das palavras de um texto para descobrir a estrutura latente e/ou um isomorfismo. Os princípios da análise *gestalt* são a proximidade, a semelhança, a continuidade e a inclusão.

Antropologia cultural: Parte da antropologia dedicada à compreensão do impacto da cultura sobre os seres humanos.

Arquetípico: Diz-se de uma estrutura que expressa melhor as forças do arquétipo.

Arquétipo: Uma estrutura ou padrão preexistente que permite aos seres humanos satisfazerem suas necessidades biológicas e compreenderem a condição humana. Ele é estampado em tenra idade, quando somos crianças, época em que descobrimos e experimentamos o mundo exterior. Há dois tipos de arquétipo: o arquétipo universal junguiano, que chamamos de esquema, e o arquétipo cultural. Neste livro, o termo "arquétipo" refere-se à segunda acepção.

Arquetipologia cultural sincrônica: O estudo das forças, dos eixos e das quaternidades culturais, bem como da lógica da emoção e dos vários códigos de uma determinada cultura, em um determinado momento.

Arquetipologista: Um especialista em análise estrutural de culturas. O arquetipologista cultural passou por uma análise cultural pessoal, ou seja, ele já está ciente das forças culturais que pré-organizaram sua visão de mundo, seu sistema de crenças etc. O arquetipologista tem familiaridade com várias línguas e várias culturas. Para evitar preconceitos culturais, o arquetipologista deve sempre trabalhar em equipes multiculturais.

Arquetipologista autorizado: um arquetipologista que foi treinado de modo apropriado pela Archetype Discoveries Inc. Para manter seu certificado, o arquetipologista precisa provar que está atualizado com novidades metodológicas e deverá passar por testes anuais.

Arquétipos culturais: Os arquétipos culturais são as estruturas partilhadas por uma única cultura. São as regras culturais que dão significado a qualquer elemento de uma determinada cultura, em determinada época. Cada elemento de uma cultura possui um arquétipo.

Arquétipos universais: Estão relacionados às estruturas biológicas ou esquemas que pré-organizam a vida humana. Um arquétipo universal (por exemplo, o da "Mãe") é estampado na mente humana onde quer que a espécie humana venha a se reproduzir. Essas formas psíquicas e comportamentais estão presentes em todos os membros da espécie, mas têm desenvolvimento diferente em cada indivíduo. Juntos, os arquétipos universais formam o inconsciente coletivo.

Biologia: A biologia nos dá as prioridades para a sobrevivência — respirar é mais importante que beber, beber é mais importante que comer etc.

GLOSSÁRIO DE TERMOS ARQUETÍPICOS 261

Campo magnético: Uma imagem que descreve a dimensão dinâmica das forças que moldam um arquétipo cultural. O campo magnético está sempre presente, mesmo se estiver vazio, e não depende da estrutura, mas o conteúdo assume seu significado apenas por causa do modo como a estrutura o organiza.

Caráter nacional: O estereótipo de uma nacionalidade, baseado na sabedoria popular. Por exemplo, os escoceses são briguentos; os chineses são misteriosos.

Clichê: Um elemento freqüentemente repetido e que contém informações conhecidas e comumente aceitas dentro de uma cultura.

CNA: Arquétipo Nuclear Cultural, o centro de uma cultura. Os três elementos básicos do CNA são o tempo, o espaço e a energia.

Código: Um código é uma maneira simples e sintética de compreender a ordem e o significado de um arquétipo. O código é a estrutura das forças que organizam uma cultura (o modo como pensamos e agimos); é um sistema de sinais por meio dos quais as convenções são transmitidas. Os códigos culturais estudados neste livro são inconscientes. Percebê-los e decodificá-los pode lançar luz sobre a psique americana e ajudar a explicar por que os americanos são como são.

Coordenador de arquétipos: A pessoa que lidera o processo de estudo arquetípico. Ela é o centro da comunicação entre todos os membros da equipe central e da equipe arquetípica.

Cristalização: Processo pelo qual um arquétipo cultural assume sua permanência e definição. A cristalização de arquétipos permite que uma cultura seja transmitida de uma geração a outra. A linguagem é o primeiro passo da cristalização: a imagem recebe um nome. Qualquer que seja a palavra ou o rótulo usado, a estampagem torna-se mais profunda, mesmo quando a experiência original desaparece da consciência. Os arquétipos gradualmente se tornam cristalizados em normas e regras, e finalmente em leis.

Cronologia: A cronologia da estampagem refere-se à ordem segundo a qual os elementos de uma cultura são apresentados e estampados na mente de um indivíduo. Na mente dos americanos, por exemplo, o aroma do café é estampado antes do seu gosto, e está associado com o lar.

Cultura: Todo o conjunto de comportamentos, crenças e sentimentos socialmente transmitidos, os quais permitem que uma determinada população possa sobreviver e perdurar. Uma cultura fornece as estruturas préexistentes, ou padrões comuns (arquétipos) que permitem a um grupo de pessoas satisfazer suas necessidades biológicas e compreender a condição humana. As estruturas que se desenvolvem e são transmitidas, em determinada cultura, serão diferentes das estruturas de qualquer outra cultura.

Direitos das culturas: Assim como as pessoas têm direitos individuais e responsabilidades coletivas (deveres), as culturas também deveriam ter direitos e deveres. Além dos direitos do homem (direitos humanos, *les droits de l'homme*), achamos que já é hora de reconhecer os direitos das culturas.

Eixo: A conexão que liga duas forças (polaridades) de um arquétipo. Um eixo representa a maneira como duas forças estão organizadas. Elas podem ser opostas, complementares, figura/fundo etc. Essa relação ou função somente se revela quando o eixo é analisado. O eixo é permanente e constante. Uma cultura consegue manter o equilíbrio entre as forças na medida em que o comportamento das pessoas movimenta-se ao longo do eixo.

Epistemologia: O estudo do conhecimento. A ciência da ciência.

Equipe arquetípica: De forma ideal, a equipe arquetípica deve ser composta de todas as pessoas que implementarão os resultados do estudo; os membros da equipe devem estar envolvidos desde o início (desde a reunião em que os problemas são levantados). Cada membro deve ter a oportunidade de participar de pelo menos uma das sessões de estampagem. Os membros da equipe arquetípica devem estar presentes em todas as sessões de "recapitulação".

Equipe central: Um grupo de quatro a seis pessoas que participam de todas as sessões de estampagem e encontros para recapitulação. Imediatamente após cada sessão de estampagem, a equipe analisa as histórias. A equipe central funciona como uma banca para testar a resistência e aceitação cultural do arquétipo descoberto. O grupo tem de "experimentar" vários arquétipos antes de encontrar aquele que "se encaixa". A equipe central também é útil para o arquetipologista porque o ajuda a tornar os resultados aceitáveis para um grupo maior (a equipe arquetípica). Finalmente, a equipe central estabelece o plano de ação para a implementação do arquétipo.

Esquema: Um arquétipo universal (Jung), uma estrutura biológica básica para a sobrevivência. Um esquema é o potencial para agir de certos modos com o objetivo de sobreviver. Por exemplo, o "esquema de preensão" refere-se à habilidade geral de agarrar coisas; é a estrutura cognitiva que torna possíveis todos os atos de agarrar. Também se pode pensar num esquema como um elemento da estrutura cognitiva de um organismo.

Estampagem: A marca permanente no nosso inconsciente feita pela experiência inicial de um arquétipo, juntamente com a emoção que o acompanhou. Esse processo de aprendizado não pode ocorrer na ausência de emoção, a qual fornece a energia para a estampagem (a emoção faz com que o cérebro libere neurotransmissores, os quais estabelecem a conexão de aprendizado — a estrada neural). Desde o momento da estampagem, a marca poderá ser reforçada repetidamente, e irá condicionar nossos processos de raciocínio e nossas emoções. Há marcas biológicas e culturais; as últimas variam de cultura para cultura e residem no inconsciente coletivo cultural.

Estereótipo: Uma pessoa ou coisa que é considerada um exemplo típico de um padrão de comportamento conhecido e previsível. Por exemplo, "todos os professores são distraídos". Os estereótipos não são factuais, mas mesmo assim evocam algo nas pessoas, pois elas reconhecem aí um grão de verdade.

Estradas mentais: As conexões mentais que foram estampadas, reforçadas e mantidas, e representam o *software* coletivo que as pessoas usam para compreender o mundo. Quando nascemos, possuímos bilhões de conexões potenciais na "rede telefônica" neural do nosso cérebro, mas não temos números de telefone. Aprender por meio das estampagens cria os números de telefone e estabelece as conexões. As estradas mentais são as linhas ou os números de telefone disponíveis em uma determinada cultura e são as mais freqüentemente usadas pelos membros da cultura. Os carros que utilizam essas estradas são os clichês, estereótipos, ícones, heróis etc.

Estrutura: A organização dos elementos, que por sua vez é independente deles. Por exemplo, a melodia é independente das notas; o triângulo é independente dos três elementos que o compõem (eles poderiam ser três frutas, três pedras, três lápis). As informações contidas na estrutura são o que é transmitido quando duas pessoas, um homem e uma mulher, têm um bebê. Previsivelmente, o bebê é um ser humano (em vez de um pássaro ou um peixe) porque seus pais transmitiram as informações da estrutura, ou seja, "ser humano". As informações do conteúdo (olhos azuis, cabelo castanho etc.) podem variar, possibilitando que cada ser humano seja único.

Estrutura cognitiva: Esquema disponível a um organismo por meio do qual ele interage com o meio ambiente físico. As estruturas cognitivas resultam da maturação biológica.

Estrutura cognitiva cultural: Um arquétipo (ou estrada mental) disponível a um indivíduo, por meio do qual ele interage com o ambiente. As estruturas cognitivas culturais resultam da maturação biológica.

Estrutura latente: A dimensão inconsciente do código arquetípico. Embora nem sempre seja expressa e conhecida, ela existe como uma parte do to-

264 OS 7 SEGREDOS DO MARKETING

do. Uma vez que dela tomamos consciência, ela completa nossa compreensão da realidade. A estrutura latente é o que o processo arquetípico procura descobrir.

Estruturalismo: A crença de que basta estudar um elemento da estrutura de uma cultura para compreender uma parte da estrutura como um todo. O termo estruturalismo, do modo como o emprego, deve ser entendido de maneira próxima ao ponto de vista de Levi Strauss, colocado em prática com o ponto de vista de Edward Bradford Titchener. O estruturalismo opõe-se ao funcionalismo: Titchener desconsiderava as noções de valor e uso, bem como a tecnologia e as atitudes pessoais interessadas derivadas do senso comum. Quanto a mim, nada excluo, incluindo ferramentas emprestadas da lingüística, da psicolingüística e da antropologia. Para mim, todos os elementos de uma cultura a revelam, por causa de sua interação com o restante da cultura.

Forças: As forças — impulsos, atrações, repulsões — são o modo com que a cultura lida com suas necessidades biológicas e assegura sua sobrevivência. As forças são culturalmente específicas, mesmo quando algumas delas são as mesmas em culturas diferentes. As forças exercem fortes atrações magnéticas que criam um caráter dualista para o arquétipo. Cada arquétipo cultural compõe-se de duas forças, que correm em direções contrárias. Por exemplo, se há uma força que está direcionada à diversidade, haverá outra que corre em direção à uniformidade. É essa energia que atrai e repele o que causa o movimento (vida) numa cultura.

Forças versus conteúdo: A organização de elementos versus os próprios elementos: a gramática versus o vocabulário; o sistema de castas versus os membros individuais do grupo.

Gestalt: (plural: *gestalten*) Palavra alemã que significa "padrão" ou "configuração". Uma escola de psicologia iniciada em 1912 por Wertheimer (1880-1943), Kurt Koffka (1886-1941) e Wolfgang Kohler (1887-1967).

Gramática: as regras de sintaxe e morfologia que governam uma língua. Falamos de uma gramática cultural, que tem a mesma função que a gramática lingüística — é o modo com que os elementos da cultura são organizados para que tenham sentido.

Herói/heroína: Um ser humano extraordinário, reverenciado por todos porque arriscou tudo para encontrar o sentido da vida e retornou para partilhá-lo conosco. O herói, ou a heroína, é o protagonista de um mito.

Ícone: Uma imagem estereotípica que capta as emoções associadas com um caráter ou situação estereotípica (exemplo: um hippie contra a guerra colocando flores no cano de uma arma; os primeiros colonizadores colocando suas carroças em círculo).

GLOSSÁRIO DE TERMOS ARQUETÍPICOS **265**

Inconsciente: O inconsciente coletivo cultural é onde estão armazenadas todas as marcas compartilhadas por uma cultura — os arquétipos culturais. Ele é o que todos os membros de uma cultura têm à sua disposição para funcionar e sobreviver nesta mesma cultura. As estruturas arquetípicas podem explicar o comportamento, uma vez tornadas conscientes. A descoberta dos arquétipos é, na verdade, a psicanálise do inconsciente de uma cultura.

Inconsciente coletivo (vide Inconsciente).

Insight: Aquilo que é experimentado quando uma estrutura latente torna-se consciente, quando nos damos conta das forças culturais que moldam nossa vida.

Instinto: A capacidade inata de desempenhar uma tarefa comportamental complexa, às vezes chamada de organizações específicas de comportamento que são inatas. Os arquétipos universais são organizações culturalmente específicas de comportamento que são adquiridas (aprendidas) e transmitidas pelos pais ou similares.

Isomorfismo: Semelhança de forma, estrutura, padrões e gramática. O estudo do "espaço entre as notas", a relação entre os elementos diferentes (palavras, substantivos etc.) de um texto.

Lei de Pragnaz: O princípio máximo da psicologia da *gestalt*, o qual afirma que todos os eventos mentais tendem à completude, à simplicidade e a um maior significado.

Lógica emocional: A ordem interna que as forças culturais respeitam. Essa lógica está associada com o modo (ou ordem) com que a emoção foi inicialmente estampada no nosso inconsciente. Compreender a estrutura de estampagem, a cronologia e as forças (quaternidades) nos dá a lógica — a ordenação de prioridades.

Manutenção: A atividade inconsciente de utilizar as estradas mentais. Nossas estradas são mantidas e reforçadas todo o tempo em sonhos, associações livres, piadas, linguagem, filmes, canções, clichês, estereótipos, máximas, ditados etc.

Missão: Uma meta específica que possui um prazo de cumprimento (por exemplo, a meta do presidente Kennedy de colocar o homem na lua "antes do fim da década"). Uma vez completada a missão, precisamos de outra.

Mito: Uma história ou conto de um herói ou heroína. O roteiro dessa história é conhecido por todos os membros da cultura. O mito sempre relata as aventuras de um herói/heroína que faz algo extraordinário e traz alguma forma de significado ou sabedoria de sua jornada. Os mitos costumam lidar com o poder de uma instância suprema. Há mitos universais que dizem respeito à vida, à morte e à ressurreição, mas cada cultura produz sua própria versão desses mitos. Identificar os mitos e os heróis de nossa cultura pode ajudar a decifrar o código da mente americana.

Momento de estampagem: O momento em que um arquétipo é marcado no nosso inconsciente. O momento de estampagem ocorre durante a janela de tempo em que o processo pode ocorrer, e varia de uma cultura para outra. As estampagens mais importantes ocorrem cedo na vida, durante a época em que as crianças aprendem a linguagem.

Momento de rotulagem: O momento em que uma palavra (ou grupo de palavras) específica é associado com o momento de estampagem, e no qual a estrutura é estampada. (A estampagem também pode ocorrer sem que uma palavra ou rótulo sejam associados com o objeto do momento de estampagem.) O "rótulo" é a placa sobre a porta que leva à estrada mental e à lógica da emoção.

Opinião: O que as pessoas dizem a respeito de algo (um assunto, uma pessoa ou uma idéia). Opiniões são altamente mutáveis e têm vida curta. O fato de as pessoas dizerem que votarão em determinado candidato não significa que elas realmente o farão. As pessoas não costumam ter consciência dos motivos que as levam a ter as opiniões que expressam.

Paradigma: Um ponto de vista, partilhado por um número substancial de cientistas, que fornece um quadro de referência geral para a pesquisa empírica. Um paradigma é comumente mais que apenas uma teoria e corresponde estreitamente a uma escola de pensamento ou "ismo". O ponto de vista arquetípico constitui um paradigma, na medida que nos dá uma nova maneira de olhar para o mundo — ele acrescenta uma nova dimensão que estava anteriormente "fora da esfera de percepção".

Período crítico: O período na vida de um organismo durante o qual ocorre um importante desenvolvimento. Se esse desenvolvimento não ocorre durante o período crítico, provavelmente nunca acontecerá.

Pirâmide do inconsciente: Diagrama que representa as divisões da mente consciente e inconsciente. A base mais larga da pirâmide é ocupada pela biologia, que pré-organiza a vida humana de acordo com estruturas ou esquemas comuns, que são permanentes e imutáveis. O nível seguinte é ocupado pela cultura, que fornece estruturas ou padrões preexistentes que nos permitem saciar nossas necessidades biológicas. Os arquétipos encontram-se nesse nível do inconsciente; juntos, formam o inconsciente coletivo, conforme descrito por Jung. As culturas podem durar séculos e ter mudanças quase imperceptíveis. O nível seguinte da pirâmide representa a pessoa, o indivíduo inconsciente. À medida que assimilamos a linguagem, as estruturas arquetípicas e as emoções com elas associadas, nossa personalidade dá a elas valores e pesos diferentes. Parte dessas experiências sumirá da memória, mas permanecerão no nosso inconsciente coletivo. Cada inconsciente individual é único, e só temos acesso a ele por meio da psicanálise. O inconsciente individual tem a mesma duração da vida do indivíduo. A parte da pirâmide que se encontra acima desse nível representa a emergência do superego e o início da consciência, que contém o comportamento (o modo como agimos, o que fazemos) e a opinião (o que pensamos, o que dizemos). Ambos são sustentados e moldados pelas forças inconscientes a eles subjacentes. O comportamento pode mudar num instante (o modo como agimos está sujeito à revisão contínua), mas a opinião, que tem vida bastante curta, pode mudar sempre que obtemos novas informações.

Princípio de conclusão: A tendência para completar experiências incompletas, fazendo-as, portanto, mais significativas (*gestalt* incompleta). Uma *gestalt* completa é ainda mais difícil de ser modificada, mesmo se percebida como algo negativo.

Princípios: Valores, códigos de ética, honra. Alguns exemplos de princípios: trabalhar duro; nunca desistir; nunca matar um inimigo desarmado; proteger as viúvas, os pobres, os órfãos etc.

Processo de estudos arquetípicos: Um procedimento patenteado que visa descobrir arquétipos culturais. O processo envolve a participação de um coordenador de arquétipos, uma equipe central, uma equipe arquetípica ou comitê de liderança, e três arquetipologistas de culturas diferentes; consiste de dez grupos de estampagem e três sessões de "recapitulação". A parte principal do processo, o grupo de estampagem, é um procedimento de três horas de duração que acessa um nível de informação que não poderia ser obtido de outra forma. O processo começa com uma hora de discussão (semelhante a um *focus group*). A segunda hora utiliza a livre associação para revelar o primeiro nível de inconsciência (estruturas latentes); então, histórias que são como fábulas começam a fornecer a lógica da emoção. A terceira hora utiliza o estado alfa da mente para obter revelações incomuns.

Propósito: Aquilo que tentamos alcançar. Por que queremos colocar o homem na lua ou encontrar o Cálice Sagrado? O verdadeiro propósito do Papa que fez a primeira Cruzada era, provavelmente, o de unificar os europeus e eliminar os muçulmanos poderosos que ameaçavam o poder.

Quaternidade: O norte, o sul, o leste e o oeste são uma quaternidade. As quaternidades foram usadas por Jung para descrever arquétipos universais. Uma quaternidade é feita de quatro forças, que criam um campo cultural de tensões que organiza tudo o que acontece com uma determinada cultura, em determinada época. Uma quaternidade é uma das formas usadas para se descrever um arquétipo cultural.

Repetição: O reforço de um arquétipo mediante sua repetição. Assim que uma estrada mental recebe uma estampagem, o organismo terá a tendência a reforçá-la pela repetição. Essa repetição pode ser observada em crianças pequenas, que sentem prazer ao repetir uma canção, uma dança, um gesto, ou um jogo. Os adultos, por outro lado, ficam logo entediados com a repetição.

Ritos e rituais: Referem-se a um código inconsciente incorporado em um sistema de comportamento. Esse sistema codificado condensa a jornada do herói em algo por meio do qual pessoas comuns podem obter energia. Os rituais são o modo como as pessoas estabelecem uma relação com poderes divinos ou espirituais, ou com os poderes seculares que são substitutos desses poderes (por exemplo, ideais). O ritual é repetido e passa a reter suas dimensões sagradas, mesmo quando não está mais ligado às suas origens. O modo como os membros de uma determinada cultura se cumprimentam, que mão usam quando apertam as mãos etc. está baseado em algum ritual há muito esquecido. Ao contrário de um costume, um ritual está diretamente ligado a forças latentes e a uma certa sacralidade ou inviolabilidade. No dia-a-dia, rotinas mundanas podem ser descritas como rituais, os quais assumem grande importância nas culturas onde rituais religiosos são menos importantes. Embora os rituais possam diferir do corpo de ritos ou cerimônias, ritual e rito são geralmente sinônimos.

Roteiro: A estrutura de vida pessoal e individual. Cada roteiro é único. Na maior parte do tempo, não temos consciência dos nossos roteiros individuais, o que explica por que os estamos sempre repetindo. Por exemplo, uma pessoa que muda sempre de um emprego para o outro, sempre pondo a culpa no chefe, na empresa, no ambiente, e nunca examinando seu próprio roteiro em busca das verdadeiras razões da insatisfação. O objetivo da psicanálise é tornar as pessoas conscientes dos seus roteiros, libertá-las de repeti-los indefinidamente.

Sessões de grupo de estampagem: O grupo de estampagem é formado pelos participantes de uma sessão de estampagem, um processo cuidadoso com duração de três horas, e que leva as pessoas de volta ao momento de estampagem do objeto que está sendo estudado.

Símbolo: Uma expressão ou manifestação da lógica da emoção, em forma sintetizada e concentrada. É uma expressão carregada de emoção e significado. Os símbolos são marcados por estampagem na infância, e daí em diante o significado simbólico se torna inseparável da palavra, do objeto ou do conceito representado. Os símbolos conectam todas as pessoas que compartilham das mesmas marcas.

Sombra cultural: Semelhante à sombra como concebida por C. G. Jung (o lado obscuro da personalidade, como em Dr. Jekyll e Mr. Hyde), a sombra cultural é o lado obscuro ou oculto de uma cultura. Devemos compreender este lado oculto e ajudar os membros da cultura em questão a também compreendê-lo e controlá-lo. Por exemplo: nos Estados Unidos, a figura de John Wayne representa o arquétipo dos americanos como um povo moralmente bom, forte e incorruptível. A sombra cultural está sempre presente em figuras como Jimmy Swaggart e Charles Manson.

Teoria de campo: A crença de que o ambiente consiste em eventos interdependentes. Na psicologia, teoria de campo significa que os processos cognitivos e/ou de comportamento são funções de muitas variáveis simultâneas, e uma mudança em qualquer um deles irá afetar todos os outros.

"Uau!... Ah, eu sabia disso!": Isso é o que acontece quando alguém passa a perceber a existência de um arquétipo. O "uau!" registra a surpresa, o espanto. Em seguida, depois de uma breve pausa, o "ah, eu sabia disso!" indica que o arquétipo já estava presente no inconsciente.

Visão: Os "sonhos impossíveis" de uma cultura, que incluem a busca da felicidade, de oportunidades iguais etc.

APÊNDICE

Sete Pessoas
que me Influenciaram

As sete pessoas a seguir tiveram um importante papel no meu desenvolvimento intelectual. Sem elas, eu provavelmente não teria me tornado um "arquetipologista". Duas delas, Freud e Jung, são reconhecidas mundialmente; outras são apenas conhecidas de um pequeno grupo de antropólogos, sociólogos e psicanalistas. Por causa de sua influência na minha formação, exponho, aqui, suas contribuições mais relevantes.

1. Alexis de Tocqueville

A mais antiga das minhas influências é um aristocrata francês de 26 anos, que chegou à América do Norte em 1831 para estudar as condições das casas de detenção do país — e que acabou por escrever com tamanha percepção sobre os Estados Unidos que o seu *Democracia na América* é, até hoje, um clássico importante e luminoso, 170 anos depois. Como escreveu Daniel Boorstin, "Tocqueville tinha o dom da profecia".

Eu o considero um precursor extraordinário por outra razão: seu método, sua análise e seu poder de dedução são extraordinários, e estavam muito além do seu tempo. Não há, em lugar algum da obra de Tocqueville, a referência a "arquétipos", "estampas" ou nenhum traço do jargão sociológico escorregadio que torna ilegível a maior parte da literatura de análise sociológica que se produz atualmente. Mas observem esta passagem:

> Para compreender um homem, devemos observar a criança nos braços da mãe; devemos perceber as primeiras imagens que o mundo exterior lhe reflete na mente, os primeiros acontecimentos que ela presencia; devemos ouvir as primeiras palavras que

despertam os poderes de raciocínio adormecidos, e presenciar suas primeiras tentativas de ação, se quisermos entender os pre-conceitos, hábitos e paixões que irão dominar sua vida. O homem inteiro pode ser visto no berço da criança. O crescimento das nações apresenta algo análogo: todos carregam as marcas de suas origens. Se pudéssemos retornar aos elementos constituintes dos estados e examinar os mais velhos monumentos de sua história, não duvido que descobriríamos neles a causa primária dos pre-conceitos, hábitos, paixões e tudo o que constitui aquilo que cha-mamos de caráter nacional.

Democracia na América é uma obra pródiga em tais antecipações pro-féticas da estampagem e dos arquétipos, nos momentos em que Toc-queville faz experimentos com a ciência da lingüística: "O vínculo repre-sentado pela linguagem é, talvez, o mais forte e o mais durável que pode unir a humanidade", ou ainda quando enuncia verdades fundamentais que os sociólogos posteriores vieram a "descobrir" um século mais tarde: "Os felizes e poderosos nunca são exilados, e não há garantia mais segura de igualdade entre os homens do que a pobreza e o infortúnio."

Tocqueville foi talvez o primeiro historiador de sua época que tam-bém fazia as vezes de antropólogo social, sociólogo e analista cultural. Ele foi um dos primeiros a perceber a importância de se reunir esses diferen-tes ramos do conhecimento, formando um todo coerente. Ele antecipou, intuitivamente, a Teoria da Relatividade de Einstein: ele foi, provavelmen-te, o primeiro "relativista" que já existiu. Tocqueville foi também um dos primeiros a se basear em diferentes ciências para explicar a verdadeira natureza da América em 1831.

É por isso que suas observações, deduções e comentários são tão esclarecedores — ainda hoje, eles permanecem extraordinariamente perti-nentes. Eis alguns exemplos:

Sobre a imprensa: "A influência da liberdade de imprensa na Améri-ca não afeta apenas as opiniões políticas, mas estende-se a todas as opi-niões das pessoas e modifica os costumes e as leis."

Sobre a igualdade e as relações entre as classes: "Existe no coração humano um gosto depravado pela igualdade, que compele o mais fraco a tentar trazer os poderosos para o seu próprio nível e reduz o homem a pre-ferir a igualdade na escravidão à desigualdade na liberdade."

Sobre o dinheiro: "Quase todos os americanos precisam ter uma pro-fissão. (...) Na América, a maioria dos homens ricos é de origem pobre."

Sobre a conformidade e os padrões uniformes: "Não acredito que haja outro país no mundo em que, em proporção à sua população, haja tão poucos ignorantes e, ao mesmo tempo, tão poucos intelectuais cultos."

272   OS 7 SEGREDOS DO MARKETING

Sobre a desconfiança dos intelectuais: "Não há nenhuma classe na América em que o gosto pelos prazeres intelectuais seja transmitido pela mistura de hereditariedade, fortuna e tempo livre. Da mesma forma, há uma escassez do desejo e do poder de aplicação desses assuntos."

Sobre a abordagem positiva de problemas: "O cidadão americano aprende, desde a infância, a confiar nas suas próprias capacidades para resistir às maldades e dificuldades da vida; ele enxerga a autoridade social com desconfiança e ansiedade, e pede seu auxílio apenas quando indispensável."

Sobre a natureza da liderança política: "Nos Estados Unidos, surpreendi-me ao encontrar tantas pessoas de talento entre os cidadãos e tão poucas entre os membros do governo. Nos dias de hoje, os homens mais capazes dos Estados Unidos raramente são encontrados na liderança burocrática."

Ao ler Tocqueville, ninguém pode deixar de se impressionar com a relevância atual de praticamente todas as suas generalizações sobre a América, advindas de arguta observação, curiosidade insaciável e da maneira totalmente nova com que abordou o povo americano.

Há outra razão por que penso ser Tocqueville tanto um precursor quanto um modelo de comportamento: ele veio de uma tradicional família de aristocratas franceses e estava profundamente decepcionado com o estado de coisas em seu próprio país, que havia sido despedaçado pela Revolução Francesa de 1789, e depois pela ambição insaciável de Napoleão para dominar toda a e Europa, o que levou à ruína econômica, ao desastre à restauração da monarquia "burguesa", modificada e desacreditada de Luís Felipe — um regime falso que Tocqueville sabia que não poderia durar. A cultura de suas origens era completamente diferente da cultura americana que ele se dispôs a estudar — e ele pode fazê-lo vendo a si mesmo como um "estrangeiro profissional", alguém de outro planeta.

Suas observações são tão precisas e suas conclusões tão originais exatamente porque ele compreendia que não era apenas o Oceano Atlântico que separava as culturas francesa e americana: ele percebeu muito rapidamente que, embora alguns aspectos do modo de vida americano — aspectos aos quais os americanos não prestavam atenção devido à sua familiaridade com eles — o tivessem deixado bastante surpreso, os americanos ficavam igualmente perplexos com algumas das reações instintivas de Tocqueville, as quais advinham de sua cultura francesa, à qual ele também não prestava atenção devido à familiaridade. Foi graças a Tocqueville que pude começar a utilizar a abordagem do "estrangeiro profissional" em sessões de grupo com alunos e, depois, com clientes — não apenas para chocá-los, mas porque isso dava a mim e àqueles que trabalham comigo uma maneira completamente diferente de perceber problemas.

Minha maior dívida para com Tocqueville é a evidência do que ele deixou para trás — aqueles dois volumes monumentais sobre a natureza da cultura americana, como ele a percebeu em 1831. Quase tudo o que ele escreveu soa como verdadeiro e já passou pela prova do tempo. Usando um estilo literário clássico, que para nós pode parecer rebuscado, mas que era o comum na época, Tocqueville escreve sobre as marcas e os arquétipos culturais americanos em todo o seu *Democracia na América*.

Quando me perguntam: "Os arquétipos culturais realmente existem?", minha resposta é: leia Tocqueville e veja por si mesmo. E quando me perguntam quão duráveis são os arquétipos, minha resposta é: "Se alguns dos arquétipos culturais americanos que Tocqueville descreveu há 170 anos ainda hoje estão fortes, podemos acreditar que eles duram muito tempo."

2. Sigmund Freud (1856-1939)

Freud introduziu várias palavras no nosso vocabulário diário. Falamos de "atos falhos" e de "complexo de Édipo" sem nos darmos conta de que devemos ao professor vienense esses mesmos conceitos. Menciono Freud porque ele me influenciou, mesmo sabendo que ele certamente rejeitaria a noção de "arquétipos culturais". Lembro-me perfeitamente do momento em que ele me marcou. Fui arrebatado por sua instigante analogia do inconsciente: duas pessoas estão em uma sala, tentando falar uma com a outra. De repente, ouve-se um ruído incrível do outro lado da porta, e extinguem-se todas as chances para uma conversa que faça sentido. O ruído é incrível, não necessariamente ameaçador, mas contínuo e impossível de ignorar, impossibilitando qualquer forma de comunicação. O ruído não é identificável — as pessoas no aposento não fazem idéia de onde vem, quer seja produzido por um homem, um animal, uma máquina ou uma calamidade natural. Não há sensação de perigo, mas há uma incrível presença do outro lado da porta. Para descobrir mais e pôr um fim nisso, a única coisa a fazer é abrir a porta e perguntar: "Qual é o problema?"

O ruído, segundo Freud, é o nosso inconsciente, "abrindo a porta". Freud diz que, quando o inconsciente se torna tão incômodo, é impossível para um ser humano funcionar.

Para mim, essa foi uma ilustração muito mais convincente do que a explicação de Freud do que realmente estava do outro lado da porta. Para Freud, o inconsciente era algo vergonhoso e assustador: todos os conteúdos sexuais aos quais não ousamos nos referir conscientemente, todos os nossos tabus, pensamentos e desejos indizíveis e socialmente inaceitáveis acabam lá dentro.

Quando era estudante, passei por um processo de análise freudiana, mas nunca aceitei essa visão: seria mesmo o inconsciente nada mais que um "porão da alma", esse repositório sombrio e obscuro do indizível? Sua doutrina parecia dogmática e restritiva demais, especialmente à luz de minhas experiências de campo entre os índios da Nicarágua e do Brasil. Contudo, senti-me obrigado a reconhecer que a psicanálise freudiana era certamente eficaz: meu próprio caso servia como ilustração dramática. Quando jovem, eu carregava um fardo inexplicável e visível: embora eu já estivesse dando palestras e falando em público, essa atividade era incrivelmente dolorosa. Quando se aproximava minha vez de falar, eu enrubescia, tremia, tinha suores frios e, às vezes, não conseguia me expressar de maneira nenhuma. Essa condição desapareceu depois de minha análise — outro exemplo do poder misterioso do inconsciente.

Outro elemento da obra freudiana permanece até hoje como fundamento para a maior parte dos psicanalistas: suas teorias sobre a interpretação de sonhos. Para Freud, não se sonha por acaso; o conteúdo do sonho consiste basicamente de dois elementos. O primeiro deles é baseado em elementos retirados da vida real do sonhador nos dias anteriores ao sonho. Por exemplo, se você sonha com um cachorro enorme e peludo, é provável que tenha visto ou ouvido falar num animal semelhante na vida real, pouco tempo antes de sonhar com ele. Mas o cachorro não importa realmente: o que acontece ao cachorro, no sonho, é realmente "você". Em outras palavras, o padrão é o que importa: o cachorro, em si mesmo, pode ser irrelevante.

Para mim, o poder e a originalidade da abordagem de Freud a alguns dos problemas que ele analisou foram muito mais importantes que suas teorias. Mas, após sua morte, seguidores cada vez mais dogmáticos e intolerantes começaram a tratar cada frase que ele havia dito com reverência bíblica. A doutrina freudiana tornou-se uma "verdade revelada", uma religião que intimidava até mesmo os críticos moderados. Tal questionamento da ortodoxia freudiana já se tornou rotina: suas teorias sobre o "complexo de Édipo" já foram desafiadas por antropólogos que demonstram que, em algumas tribos, a noção de "pai" era desconhecida (quem assumia o papel era um tio); e o fato de que suas descobertas foram baseadas em uma pequena classe de pacientes, quase sempre mulheres de classe média, na cidade de Viena, já foi discutido em inúmeros debates e livros.

Mas, para mim, Freud continua um "guru", mesmo se apenas por sua descoberta da importância do inconsciente individual e do seu trabalho inicial com a interpretação de sonhos — embora eu não consiga parar de pensar que, se tivessem acontecido num outro tipo de ambiente, as descobertas de Freud provavelmente teriam tomado uma direção completamente diferente.

3. Carl Gustav Jung (1875-1961)

Cedo em sua vida, como um brilhante clínico de Zurique, Jung ficou famoso pela invenção dos testes de associação de palavras. Ele mostrava a seus pacientes uma lista de palavras escolhidas, pedindo uma resposta imediata, sem pensar muito. Tinham de pronunciar a primeira coisa que lhes vinha à mente. Era um modo simples e eficaz de averiguar o inconsciente alheio, e ainda é usado até hoje, embora mais como um jogo.

Geralmente se associa Jung com o conceito de "arquétipo", mas o que a palavra significa? O próprio Jung deu a resposta, num de seus primeiros ensaios, no qual detalhava seu rompimento com Freud — para lê-lo, precisamos saber um pouco do seu relacionamento com o médico vienense.

No início, Freud e Jung eram bem próximos. Quando começaram a trabalhar juntos, Freud não apenas via Jung como o mais talentoso entre seus alunos (quase como um filho), mas como um bem valioso: as teorias psicanalíticas de Freud tinham recebido amargas críticas, às vezes sob um viés anti-semita, e Jung, que vinha de uma família de teólogos protestantes suíços, fornecia a credibilidade necessária. Freud escreveu, em 1908: "Foi apenas a sua interferência que fez com que a psicanálise não se tornasse um assunto nacional de judeus."

Mas, para o desapontamento de Freud, os dois logo tomaram rumos diferentes. Os interesses de Jung logo passaram a ser coisas que Freud considerava irrelevantes: mitos e padrões recorrentes nas religiões e nas literaturas, antigas e novas, ocidentais e orientais, incluindo os contos de fada e o folclore de "culturas primitivas". Acima de tudo, Jung e Freud separaram-se porque Jung, no começo da sua experiência clínica, começou a acreditar que Freud estava errado quanto à importância do inconsciente individual e quanto a sua convicção de que ele continha todos os nossos medos emocionais socialmente inaceitáveis e reprimidos.

Jung acreditava que o "inconsciente coletivo" era tão importante quanto o "inconsciente individual". Ademais, de acordo com Jung, não havia nada de sombrio ou vergonhoso nele; pelo contrário, a hipótese de um "inconsciente coletivo" não era fácil de se compreender. Era um conceito que pertencia a "uma categoria de idéias que as pessoas primeiro acham estranhas, mas logo passam a adquirir e usar como noções familiares". Como declarou ele num famoso artigo, "escolhi o termo 'inconsciente coletivo' porque essa parte do inconsciente não é individual, mas universal; ela abriga conteúdos e modos de comportamento que são mais ou menos os mesmos em toda parte e em todos os indivíduos — os conteúdos do 'inconsciente coletivo' são conhecidos como arquétipos".

Freud partia do pressuposto de que, já que o inconsciente de cada indivíduo era único, todas as pessoas são infinitamente diferentes. Jung

276 OS 7 SEGREDOS DO MARKETING

queria apaixonadamente provar que todas as pessoas eram, no fundo, psicologicamente semelhantes. Ele tentou provar essa tese por meio do estudo dos "arquétipos universais", embora até mesmo Jung percebesse, apesar da intensidade de suas convicções, que encontraria resistência considerável na atmosfera dos anos 30 — por exemplo por parte daqueles que argumentavam que, já que ele lidava com o inconsciente, como poderia se referir ao que seria, por definição, impossível de conhecer? A resposta inicial de Jung: "O arquétipo é essencialmente um conteúdo inconsciente que é alterado ao tornar-se consciente e ser percebido, e que retira sua cor do inconsciente individual em que venha a se manifestar."

Anos mais tarde, ele escreveu: "Nenhum arquétipo pode ser reduzido a uma simples fórmula. O arquétipo é um receptáculo que nunca podemos esvaziar ou encher completamente. Ele tem existência puramente potencial e, quando assume forma material, deixa de ser o que era. O arquétipo persiste ao longo das eras e exige ser continuamente interpretado. Os arquétipos mudam de forma continuamente."

Um "conteúdo arquetípico", continua ele, "expressa-se antes de tudo sob a forma de metáforas."

A pergunta obsessiva que orientava as investigações de Jung era: "Quais são os traços arquetípicos da natureza humana?"

Jung afirmava que todas as características psíquicas essenciais que nos distinguem como seres humanos são determinadas geneticamente e nos acompanham desde que nascemos. A esses atributos tipicamente humanos Jung deu o nome de arquétipos. Ele enxergava os arquétipos como a base de todos os acontecimentos comuns da vida humana. Embora partilhasse da visão freudiana de que a experiência pessoal tem importância crítica para o desenvolvimento de cada indivíduo, para Jung o papel essencial da experiência pessoal era desenvolver o que já está lá — ativar o que está latente ou dormente na própria substância da personalidade, desenvolver o que está codificado na constituição genética do indivíduo, de maneira semelhante a um fotógrafo que, por meio de produtos químicos e da sua habilidade, faz aparecer a imagem impregnada numa chapa fotográfica.

Jung preparou uma lista de "arquétipos universais" que, segundo ele, são comuns a toda a humanidade: a "Mãe", o "Pai", a "Hetaira" ou "Deusa do Amor", a "Amazona", a "Médium", o "Homem Sábio", o que ele mesmo denominou de *Trickster* (que pode ser representado como o "bobo da corte" ou "bobo", no sentido shakespeariano do termo), o "Filho" e o "Herói", para citar apenas os mais essenciais. Ele acreditava que alguns arquétipos não eram exclusividades dos humanos, pois mesmo os animais tinham pai e mãe.

Jung creditava sua descoberta, em parte, ao seu hábito voraz de leitura e a sua curiosidade intelectual ilimitada: tudo era digerível em seu apetite intelectual, mas principalmente aquilo que não podia ser explicado racionalmente — o que incluía não apenas os mitos e as religiões, mas também a filosofia tântrica, a ioga, e até cartas de tarô. Ele também baseou-se muito, no entanto, nas suas experiências clínicas, descobrindo, por exemplo, que não só muitos de seus pacientes tinham sonhos semelhantes, mas que esses padrões de sonho ocorriam, de acordo com os antropólogos, entre membros de tribos do Quênia e em outras comunidades "primitivas".

O mesmo poderia ser dito de padrões recorrentes em diferentes religiões, mitos, contos folclóricos e arte visual — mesmo da própria psicanálise. "A água", escreveu ele, "é o símbolo comum do inconsciente." Seus pacientes suíços sonhavam com conhecidos lagos da Suíça, mas nas tribos africanas e asiáticas a água poderia ser o "espírito da floresta", e na China a água era o "dragão da água", que continha tanto o yin quanto o yang, os opostos constantes na filosofia taoísta. Os "arquétipos universais" recorrentes, afirmava Jung, podiam ser encontrados nos lugares mais inesperados. Citou o caso de um de seus pacientes, um homem profundamente perturbado, com alguma educação, a quem um dia encontrou em pé à janela, balançando a cabeça e piscando por conta da forte luz solar. "Ele me disse para fazer o mesmo, pois então eu veria algo interessante. Quando perguntei-lhe o que via, ficou surpreso por eu não ter visto nada de mais e disse: 'Pode-se ver claramente o pênis do sol — quando balanço a cabeça de um lado para o outro, ele também se move, e é de lá que surge o vento'."

À época, Jung julgou que aquilo fosse apenas uma amostra da esquizofrenia de seu paciente. Apenas muitos anos mais tarde ele descobriu que um "ritual mitra", desencavado por um filólogo em um manuscrito grego, há mais de 2.000 anos, continha exatamente a mesma explicação para a origem do vento, e que a passagem relevante começava assim: "Você verá, pendendo do disco solar, algo que se assemelha a um tubo." Houve outras descobertas surpreendentes. Ele descobriu, por exemplo, que, profundamente enraizado na maioria dos mitos e das religiões, havia uma noção recorrente que envolvia o espaço, ou melhor, "extremos" ou "opostos". Como exemplo, o "'espírito' sempre parte de cima, enquanto de baixo surge tudo aquilo que é sórdido e sem valor".

Na verdade, todos os arquétipos, concluiu Jung, "têm um aspecto positivo e outro negativo". Com o tempo, ele acrescentou isso a sua teoria do "eixo" e das "quaternidades" — e com isso ele queria se referir a "pontos cardeais" metafísicos, uma "malha" vertical e horizontal pela qual os arquétipos poderiam ser medidos e avaliados. Como estudante e aspirante a psicanalista, incluí Jung no meu currículo, embora eu nunca tenha sido um especialista, e menos ainda um "junguiano" ortodoxo. Mas era impossível não ficar intrigado pela tese junguiana de que, independente-

278 OS 7 SEGREDOS DO MARKETING

mente de diferenças raciais, nacionais, lingüísticas, intelectuais, de diferentes ambientes e níveis de sofisticação cultural — em outras palavras, independentemente de os indivíduos analisados serem esquimós, moradores de Nova York ou aborígines da Nova Guiné — certos padrões comuns poderiam ser discernidos em todos eles, em todos nós.

O que era ainda mais fascinante era sua convicção ainda mais ousada de que todos nós fomos geneticamente programados, praticamente desde a origem da espécie humana, a abrigar em nosso inconsciente um certo número de arquétipos universais.

O que descobri, quando era um psicanalista iniciante e comecei a fazer análise junguiana, foi uma euforia: era tudo muito diferente do infeliz e passivo processo freudiano.

O inconsciente, eu percebia, não precisa ser o "porão da alma" de Freud, sombrio e obscuro. Não era preciso ter medo dele. Ao contrário, ele era cheio de possibilidades, um baú do tesouro repleto com todos os mitos da humanidade e com a sabedoria acumulada dos séculos; em outras palavras, a exposição a ele poderia ser, e realmente deveria ser, uma experiência gratificante e enriquecedora.

Havia algo mais: na análise junguiana, você não se deita num sofá; você fica cara a cara com o analista. A natureza do processo é muito mais semelhante a um diálogo: você está tentando entender que parte do seu inconsciente é você e que parte é derivada do "inconsciente coletivo" arquetípico, como as duas partes se relacionam e como estabelecer algum tipo de comunicação entre os diferentes níveis do seu próprio inconsciente. Ela é muito mais interessante, do ponto de vista intelectual, do que o processo rotineiro de fluxo de consciência da psicanálise freudiana.

A obra de Jung me influenciou de muitas maneiras. Em primeiro lugar, fiquei fascinado pela dualidade do homem: se por um lado, ele era um descendente "certinho" de protestantes, parecia um banqueiro e vinha de uma longa linhagem de teólogos, muito suíço, muito formal, muito consciencioso para com seus pacientes, levando uma vida irrepreensível e um tanto austera. Mas, dentro desse moralista severo, espreitava um aventureiro ousado e um pouco louco, alguém que brincava com fogo, disposto a fazer experimentos com idéias, forças ocultas, fenômenos inexplicáveis que haviam assustado outras pessoas — como a percepção extra-sensorial e o Zen Budismo. Na maturidade, o misticismo de Jung se intensificou, e ele mostrava interesse cada vez maior — e até mesmo obsessivo — pelos fenômenos que desafiavam toda explicação psicanalítica racional e convencional: alquimia, percepção extra-sensorial, feitos de levitação realizados por místicos. No fim da vida, ele se interessou até mesmo por UFOs.

Enquanto outros se contentavam em isolar problemas e lidar com eles de maneira científica e clínica, ele estava constantemente à procura de significados e padrões universais. Isso, por sua vez, o compelia a olhar além do corpo de conhecimento convencional da medicina e da psicanálise. Foi esse interesse permanente por outras culturas que me atraiu.

Eu também apreciava um traço não muito comum entre pensadores originais que acabam liderando escolas de pensamento. Ele jamais disse: "Você deve acreditar em mim e em mais ninguém; para se tornar um verdadeiro junguiano você deve descartar tudo que não se encaixe nas minhas teorias; não deve haver contestações à minha obra." Ao contrário de Freud, ele não tinha sicofantas ao seu redor, os quais estavam sempre à espreita de heresias freudianas. Pelo contrário, ele era uma espécie de eremita, constantemente expandindo, aprimorando e alterando o conjunto do seu trabalho. Suas definições de arquétipo passaram por várias mudanças.

A partir da minha experiência limitada, também percebi que, apesar de toda a incongruência em muitas das teorias de Jung, havia um grande estofo de verdade na sua crença de que os sonhos não são apenas emanações do inconsciente individual, mas também contém provas da existência dos arquétipos universais. Eu também passei a notar padrões de sonho recorrentes em pacientes de diferentes origens e línguas.

Comecei a me perguntar se esses padrões oníricos comuns, os quais pertenciam, de acordo com Jung, a todos os habitantes do planeta, talvez não fossem comuns às pessoas da mesma cultura, pois, na minha experiência clínica — lidando na Suíça com crianças criadas num ambiente trilíngüe, falando italiano, francês e alemão — comecei a perceber isso. Seus sonhos eram diferentes, mas padrões recorrentes aconteciam dentro da mesma língua. No fim de sua vida, Jung disse o mesmo: considerava que seus arquétipos "universais" talvez não fossem tão universais assim. Eles podiam, escreveu ele, "ser diferentes de uma cultura para outra". Meu próprio interesse, que logo transformou-se numa busca obsessiva por arquétipos culturais, era simplesmente o de aprofundar o que eu havia aprendido.

Tanto Freud quanto Jung descobriram um aspecto fascinante da realidade — Freud descobriu o "inconsciente individual", ao passo que Jung descobriu o "inconsciente coletivo". Mas ambos pareciam restritos em sua abordagem. O que me deixava intrigado era a suspeita de que os "arquétipos universais" representassem algo mais, embora eu não soubesse do que se tratava. Comecei a acreditar que os arquétipos culturais poderiam ser o elo perdido para se obter uma compreensão ainda maior do assunto, o que faria com que entendêssemos melhor a realidade do que esses dois gigantes, Freud e Jung, nos fizeram perceber.

4. Bruno Bettelheim (1903-1990)

Durante três anos, Bruno Bettelheim foi palestrante convidado nos seminários que eu fazia pela França, logo após começar minha prática clínica. Ele me fascinava por diversos motivos: era uma autoridade no campo das crianças autistas, que também passou a ser meu campo de atuação, mas também era um sobrevivente dos campos de concentração nazistas, e isso implicava uma resistência física e mental extraordinárias a condições as mais adversas; acima de tudo, seus métodos, no tratamento do autismo, pareciam apontar o caminho para soluções altamente originais e possíveis a esse terrível e incompreendido problema mental.

A abordagem controversa, mas altamente original, que Bettelheim fez do autismo — e das crianças emocional ou mentalmente perturbadas, em geral — sem dúvida surgiu de suas experiências pessoais em Dachau e Buchenwald, em 1938-39. À época do seu aprisionamento (por ser judeu e por falar abertamente contra idéias nazistas), ele já era conhecido nos círculos psicanalíticos como um dos mais promissores alunos de Freud. O que era ainda mais surpreendente, em Bettelheim, era seu reconhecimento dos limites da análise convencional — ele escreveu, muitos anos mais tarde, sobre seus dias no campo de concentração: "O que mais me surpreendeu foi perceber que as pessoas que, de acordo com a teoria psicanalítica como eu a conhecia, deveriam ter suportado muito mais atrocidades nos campos de concentração, eram maus exemplos do comportamento humano sob pressão extrema."

Ele também admitia que "o campo de concentração fez por mim, dentro de poucas semanas, aquilo que anos de serviço como chefe da Escola Ortogênica da Universidade de Chicago não fizeram". Considero esse reconhecimento dos limites da psicanálise clássica bastante animador, como também considero que vale a pena estudar as duras lições que recebeu em sua árdua jornada.

Em 1938-39, Dachau e Auschwitz não haviam se tornado ainda campos de exterminação sistemática, mas as condições descritas por Bettelheim são tão horríveis quanto o que ocorreu na década de 40 — sendo que a maior diferença era que os assassinatos cometidos pelos oficiais da SS aconteciam aleatoriamente, e que as câmaras de extermínio não haviam sido ainda instituídas. Faminto, física e mentalmente abalado, obrigado a trabalhar dezoito horas por dia em condições brutais, Bettelheim acreditava que devia sua sobrevivência à decisão, logo após sua chegada em Dachau, de estudar seus companheiros de campo de concentração, para melhor entender o que estava acontecendo psicologicamente, como "um exemplo de defesa espontânea ao impacto de uma situação extrema. Embora no começo eu tivesse uma percepção muito difusa desse fato, ele serviu para me proteger da desintegração de personalidade que temia".

Extremamente abatido após uma terrível viagem, na qual vários prisioneiros morreram de fome e devido a vários espancamentos, Bettelheim percebeu que suas chances de sobreviver aos três primeiros meses em Dachau eram quase inexistentes. Sua reação: "Como posso impedir de me tornar o que os outros se tornaram?" Com o tempo, sua experiência no campo de concentração o ajudou muito em seu trabalho com crianças, pois, como ele mesmo diz, "os prisioneiros deixavam de ter uma identidade, e isso significava que estavam sendo tratados como crianças desamparadas. Como as crianças, os prisioneiros viviam no presente imediato. Perdiam o sentido de tempo, tornavam-se incapazes de planejar o futuro ou de desistir de satisfações imediatas para conseguir algo maior no futuro próximo. Não conseguiam estabelecer relações duráveis. As amizades desenvolviam-se com a rapidez com que acabavam. Os prisioneiros brigavam uns com os outros e declaravam que jamais olhariam um para o outro novamente, mas logo eram amigos de novo. Eram jactanciosos. Como crianças, não sentiam vergonha quando se descobria que tinham mentido sobre seus grandes feitos".

Também como as crianças, os prisioneiros encontravam-se na situação de "saber apenas aquilo que aqueles no poder permitiam que soubessem". Mesmo as regras relativas a idas ao banheiro (os prisioneiros precisavam pedir permissão durante o trabalho e avisar sobre seu retorno) eram uma forma de "educação higiênica" que remetia à primeira fase da infância.

Em Dachau e Buchenwald, muitos prisioneiros logo regressavam à infância: "Os prisioneiros de classe média, sem ideais políticos, eram os que mais sofriam: o que mais os entristecia era ser tratados como criminosos comuns. Sua auto-estima baseava-se no *status* e respeito que advinha de suas posições, seus empregos, suas famílias. Então, de repente, tudo o que os fazia se sentir bem havia virado pó."

Bettelheim percebeu que os prisioneiros políticos eram mais bem preparados, que os "criminosos comuns" dos campos de concentração estavam protegidos até certo ponto por sua habilidade de se fazerem superiores aos prisioneiros "respeitáveis" — e que as Testemunhas de Jeová eram as que melhor se adaptavam: suas convicções impediam que regressassem a um estado infantil ou à completa desesperança. Os "fatalistas" simplesmente "consideravam toda e qualquer ação como algo inútil, e inibiam qualquer sentimento porque ele poderia ser perigoso. Isso acabava por bloquear todo e qualquer estímulo".

A experiência no campo de concentração também ajudou Bettelheim a entender a amnésia e outras mazelas que acometiam os prisioneiros, incluindo problemas emocionais: "Qualquer coisa que tivesse relação com as agruras presentes era tão perturbadora que se deseja esquecer aquilo, reprimir tudo. Apenas o que não se relacionava ao sofrimento experimentado era emocionalmente neutro, e podia, portanto, ser relembrado." Bettelheim tornou-se, após sair de Dachau e escapar para os EUA, um dos maiores especialistas em crianças autistas, e foi chefe da Escola Ortogênica da Universidade de Chicago. Seus interesses, embora muito diversos, eram basicamente clínicos — e minha dívida para com Bettelheim é considerável.

Não foi simplesmente o fato de ele ter relacionado a violência do campo de concentração com o mundo da criança emocionalmente perturbada e ter traçado um paralelo entre o totalitarismo de lugares como Dachau e Buchenwald e a violência totalitária a que as crianças eram submetidas, geralmente de modo inconsciente. A análise brutal do comportamento dos prisioneiros no campo de concentração feita por Bettelheim forneceu a evidência de que eu precisava: em situações extremas, não apenas "prisioneiros" do campo de concentração, mas indivíduos de categorias étnicas, culturais e sociais também regressavam a um estado infantil. Bettelheim provou que, em uma crise profunda, as pessoas voltavam a princípios de sobrevivência básicos — voltavam a seus arquétipos.

Como Bettelheim explicou, "Não é tanto o poder real dos pais que os fazem parecer onipotentes para a criança. No começo, a criança sente-se livre para desobedecer, para roubar doce do pote ou para pegar dinheiro na bolsa da mãe. O pai e a mãe podem proibir esses atos, mas a criança poderá tentar fazer tudo escondido. Mas, num belo dia, a criança finalmente percebe que os pais, sem estarem presentes, criaram um conflito doloroso em sua mente — o conflito entre seus interesses e as proibições passadas. Nesse momento, os pais parecem ser poderosos, e devem ser temidos como algo perigoso".

Esse poder para criar conflitos internos na criança pode ser comparado com o poder do estado totalitário de se criar conflitos semelhantes na mente dos cidadãos. A criança, como um rebelde, originalmente se ressentia do poder que a controlava. Mas qualquer poder que é forte também parece extremamente atraente. Afinal, nada é mais desejável que o sucesso. E poder sobre a criança é algo tão desejável que se torna internalizado como seus padrões e valores".

Como mais tarde afirmaria, a partir de seus distantes estudos de prisioneiros em Dachau e Buchenwald, "quase todos os prisioneiros não-judeus acreditavam na superioridade da raça alemã".

Bettelheim, seguindo a tradição de Freud, Jung e muitos outros analistas, enfatizou a importância biológica dos primeiros anos de uma criança — e seu impacto sobre o resto da vida dela. O que aconteceu, escreveu ele, foi que "o pai parece onipotente porque exerce o poder de controlar a substância da vida — o alimento. Sob Hitler, o estado tinha exatamente o mesmo poder. Vivendo nessa sociedade, os cidadãos tornaram-se dependentes como crianças".

A criança, disse Bettelheim, "teme que seus pais não aprovem seus atos, pois não quer que eles parem de alimentá-la. Esse é um temor mais básico do que o temor posterior de perder o amor e o respeito dos pais". A SS reativou esse mesmo medo ao fazer com que os prisioneiros passassem fome "de tal forma que viviam num estado ansioso, perguntando-se quanta comida obteriam. Os resultados eram semelhantes àqueles que observamos na criança que teme que seus pais deixem de alimentá-la".

Bettelheim também acrescentou que "é difícil aterrorizar pessoas que possuem lar e comida". Ele também demonstrou-me que algumas de minhas convicções intuitivas — a importância da emoção como pára-raios, sem a qual não pode haver estampagem — também tinham eco em suas experiências pessoais, e sua ênfase na importância biológica dos primeiros anos de uma criança confirmou minha crença de que as estampagens mais importantes eram aquelas que ocorriam em tenra idade.

Também fui influenciado pelas teorias subjacentes ao seu trabalho com crianças autistas. Essas crianças, afirmava, sob situações de pressão, tornavam-se fatalistas — como os prisioneiros dos campos de concentração, elas haviam "desistido" e não reagiam a mais nada. Para ocasionar uma melhoria, era preciso causar uma mudança nos seus padrões de comportamento. Mesmo que fosse uma mudança pequena ou aparentemente insignificante, qualquer novidade no seu comportamento — uma maneira nova de segurar o lápis, de traçar uma linha no papel, qualquer gesto ou mesmo uma nova expressão facial — poderia acarretar melhorias.

Bettelheim estava convencido de que mesmo as crianças autistas mais passivas ou violentas (pois essa condição inclui momentos de violência inesperada e irracional) tinham sua própria "linguagem" privada — seu código. Uma criança autista não falava a língua de outras crianças mas, a seu modo, falava; Bettelheim estava convencido de que as crianças autistas, seja por meio de comportamento catatônico, de repetição compulsiva de certos gestos ou atos autodestrutivos ou de surtos de violência, estão tentando nos dizer algo. Se conseguíssemos penetrar no mundo privado da criança autista e "decodificar a senha", poderíamos compreender sua linguagem.

Isso fez com que Bettelheim refletisse que, para as pessoas extremamente perturbadas, a psicanálise convencional não tinha o impacto necessário para promover as mudanças de personalidade desejadas: "O impacto da própria psicanálise, ou de uma vida organizada com base na psicanálise, teria de ser sentido durante todo o dia, não apenas durante uma hora a cada dia." Isso o fez acreditar que aquilo de que as crianças autistas mais necessitavam "era viver em um ambiente humano que ainda não existia, e que deveria ser inventado especialmente para elas".

Há muita coisa nas teorias de Bettelheim que permanece controvertida: por exemplo, ele acreditava que a atitude da mãe para com seu filho era um elemento-chave — que a dependência completa da criança era tanta que o autismo poderia vir a ocorrer se ela falhasse na sua tarefa de corresponder à necessidade infantil de amor e segurança. Mas, ao mesmo tempo, em seu *Love Is Not Enough* [O Amor Não Basta], ele insistia que a inteligência da mãe era tão importante quanto seu amor — talvez até mais. Ele ligou vários casos a lares e pais emocionalmente perturbados, mas não conseguia explicar por que, em muitos casos que envolviam mães neuróticas, crianças sem atenção e lares desfeitos, não ocorria autismo.

Apesar dessas brechas, fiquei impressionado com a teoria de Bettelheim, a qual dizia que as crianças autistas haviam escolhido algum tipo de "morte interior" para ficarem "biologicamente" vivas. Ele nunca se referiu diretamente a "arquétipos" ou marcas, mas teve importância inegável apoiando-me em *workshops* e endossando minha teoria da "lógica da emoção". Ele escreveu: "O que reforça a auto-estima e a verdadeira independência não é algo fixo e imutável, mas depende das mudanças do ambiente. Cada ambiente precisa de mecanismos diferentes para salvaguardar a autonomia, aqueles mecanismos que são relevantes para o sucesso de se viver e acordo com nossos valores, em um determinado ambiente." Se, no lugar de "ambiente", usarmos a palavra "cultura", podemos concluir que eu e Bettelheim pensávamos de maneira semelhante.

5. Konrad Lorenz

Os fazendeiros já sabiam do fato por várias gerações: quando pássaros como patos ou gansos são alimentados à mão, passam a preferir a companhia do seu dono à companhia de membros da sua própria espécie. Se as mães "naturais" dos passarinhos não estiverem por perto, eles desenvolverão um forte laço com qualquer animal que encontrem — uma galinha ou uma ovelha — e essa dependência continuará até que os pássaros fiquem adultos.

Konrad Lorenz, o especialista em comportamento animal que ganhou o prêmio Nobel, estudou esse fenômeno em laboratório. Ele chamou o fenômeno de "estampagem". Era algo irreversível, mas apenas se o pai ou mãe "adotivos" interviessem dentro das primeiras 24 horas da vida do pássaro. Havia outros exemplos de estampagem em animais (gralhas, ves-

APÊNDICE — SETE PESSOAS QUE ME INFLUENCIARAM **285**

pas, e mesmo formigas), mas esse era o mais espetacular de todos: Lorenz, um *showman* nato, demonstrava o fato ao entrar em salas de conferência sendo seguido por patinhos e gansinhos que ele havia "estampado" — evidência visual que certamente encantava seus alunos e assegurava a atenção da mídia.

Não é preciso dizer que achei o trabalho de Lorenz sobre a estampagem fascinante. No entanto, eu me preocupava com humanos, e Lorenz era extremamente cauteloso quanto a chegar a conclusões sobre seres humanos. Como cientista, considerava que o fenômeno não passaria de uma conjectura, no caso dos humanos. Ele disse o mesmo para um de seus admiradores, Richard I. Evans, que lhe perguntou quais seriam as implicações da descoberta para os seres humanos. A resposta de Lorenz: "É um grande salto. Acho que é uma hipótese que não pode ser verificada, mas se você considerar o trabalho de um velho psiquiatra, quase esquecido, Krafft-Ebing, sobre o fetichismo, você acaba tendo a impressão que alguns de seus pacientes demonstravam comportamento semelhante à estampagem. Obviamente não é possível validar tais afirmações."

O mais próximo que ele chegou de relacionar a estampagem humana com o comportamento animal foi no seu estudo um tanto pessimista de jovens e sua tendência a sistematicamente atacar e rejeitar os mais velhos. No começo da década de 70, quando esse conflito entre gerações estava no ápice, ele disse: "Acho que o mais perto que podemos chegar da estampagem humana é aquela fase crítica quando o adolescente começa a adotar uma postura cética quanto à cultura dos pais. Ele se liga a algum ideal, mas isso o leva à decepção. Essa frustração afeta o jovem até o ponto que ele nunca mais se liga a outro ideal com a mesma força emocional que havia exibido anteriormente."

Intuitivamente, eu achava que a estampagem poderia ser vista na espécie humana, mas ao mesmo tempo Lorenz estava certo: não se podia verificar cientificamente o fato.

Havia ainda outra área na qual eu considerava Lorenz um guru: seus breves comentários sobre uma forma de estampagem que prevalecia entre bebês recém-nascidos, e que estava relacionada ao meu tratamento de crianças autistas. Como Lorenz afirmou, enfatizando o trabalho de outro cientista não tão famoso, Rend Spitz: "Se uma criança não possui um laço pessoal com a mãe, o qual é estabelecido alguns meses após o nascimento, a criança irá se ressentir com estranhos. Se num orfanato, onde algumas mulheres representam a figura materna, esse laço se desfaz quando há a rotineira mudança de funcionárias, a criança tentará criar algum laço com a segunda ama-seca. Depois de nova mudança, a criança tenta novamente, pela terceira vez, estabelecer um novo laço afetivo. Quando perde a ter-

286 OS 7 SEGREDOS DO MARKETING

ceira figura materna, a criança retrai-se e perde a faculdade de formar outros laços sociais. Isso certamente ocorre no nível pré-cultural, e pode resultar em crianças autistas.

A contribuição de Spitz ao tratamento dessas crianças era a de insistir que elas não deveriam ser criadas por uma infinidade de amas-secas, e sim que cada criança deveria ter uma figura materna "permanente". Em todos os casos em que isso foi levado em conta, os "sintomas do retraimento" da criança eram atenuados e, em alguns casos, desapareciam completamente.

Lorenz chamou a atenção para o fato de que os gansos poderiam também ser privados de pais adotivos, e que isso resultava num "isolamento social" idêntico ao dos seres humanos: se dois gansos "autistas" eram colocados juntos num cercado, "eles se sentavam cada um num canto, de costas um para o outro, ignorando um ao outro".

O que me deixou intrigado nas experiências de "estampagem" de Lorenz foi o fato de que a estampagem em animais como patos e gansos estava geneticamente programada, e que a resposta estava na biologia.

Nesse estágio, eu estava intuitivamente convencido de que a estampagem deve ocorrer tanto em humanos como no mundo animal, mas também estava ciente de que, até que isso fosse cientificamente provado, poucas pessoas me levariam a sério. Essa evidência, no entanto, logo apareceu. Um psiquiatra internacionalmente conhecido, Dr. John Bowlby, concluiu que "o comportamento de ligação afetiva das crianças, embora mais lento, é similar àquele visto nos mamíferos". O modo como as crianças desenvolviam suas ligações afetivas, afirmou, "pode ser incluído no campo da estampagem".

Embora as teorias de Lorenz tenham feito surgir um novo interesse e novas pesquisas sobre o papel dos neurotransmissores e das diferentes funções do cérebro, a reviravolta surgiu quando Henri Laborit, que não era apenas biólogo, sociólogo e especialista na teoria psicanalítica e sociológica moderna, mas também um importante neurocirurgião. Ele pôde provar cientificamente o que eu percebera apenas intuitivamente.

6. Henri Laborit

Surpreendentemente, pelo menos nos Estados Unidos, só um pequeno círculo de especialistas conhece Laborit. Em uma época em que cada vez mais nos especializamos em uma determinada área, ele é um anacronismo: um renomado neurocirurgião (e chefe de pesquisa de um grande departamento no Hospital Boucicault em Paris) que aplicou seus conhecimentos científicos — incluindo seus impressionantes testes de laboratório sobre o funcionamento do sistema nervoso — a problemas que vão muito além do escopo dos problemas científicos.

Seu intelecto e conhecimento excepcional, não só da biologia como da antropologia, sociologia e psicologia, estão par a par com grandes gênios que lhe precederam. Os experimentos de Laborit ficaram famosos no mundo da ciência, mas o que o diferencia dos seus contemporâneos é sua habilidade para aplicar sua curiosidade científica e intelectual a questões fundamentais: o que é a memória? Seria o nosso sistema nervoso um amálgama infinitamente complexo de impulsos energéticos? Em caso afirmativo, como esses impulsos estão relacionados com o que costumamos chamar de "imaginação" e "criatividade"? Até que ponto eles são geneticamente herdados, "programados" e relacionados à necessidade biológica de sobrevivência? Como os padrões ou estruturas biológicas relacionam-se com o meio ambiente? Teriam relação com a evolução do universo? A curiosidade de Laborit centra-se em questões que continuam a nos instigar. Questões como: Como e por que os seres humanos usam o cérebro do modo que usam? Como a biologia, a antropologia e o que conhecemos da evolução do universo afeta nosso conhecimento da condição humana? Como os seres humanos se relacionam com a biologia e com a evolução do cosmos como um todo?

Até recentemente, a comunidade científica orgulhava-se de sua preocupação estranhamente "desprovida de emoção" diante de fatos que pudessem ser provados cientificamente, relacionando causa e efeito. A "emoção" não podia ser cientificamente avaliada e não deveria influenciar o pensamento racional; portanto, era ignorada. Como engenheiros mecânicos, esperava-se que os cientistas dividissem tudo em elementos separados, para melhor analisá-los.

Essa postura rigorosa foi obviamente responsável, nos séculos XIX e XX, por muitas descobertas importantes. Mas ela não abordou as áreas — e o inconsciente era uma delas — que não poderiam ser "testadas" num laboratório da mesma maneira que se observavam micróbios, vírus cultivados e átomos criados artificialmente.

Usando escaneadores cerebrais modernos, *cell staining*, computadores e experimentos com animais, uma nova geração de cientistas, Laborit entre eles, mapeou "as estradas e os padrões de tráfego do cérebro emocional". Em uma série de testes de laboratório, por exemplo, Laborit pôde relacionar a transmissão das "emoções" a diferentes áreas do cérebro "biológico". Ele demonstrou como drogas usadas para paralisar os neurotransmissores podiam "bloquear" a memória de longo prazo; e, o que é ainda mais importante, Laborit redesenhou nosso mapa mental — alterando o modo como percebemos a memória.

Baseando-se na nossa herança literária e intelectual, de Platão a Descartes, passando pelas *madeleines* de Proust, temos na nossa mente a noção de memória como uma série de imagens "gravadas", uma série de entidades encaixotadas e finitas, a que chamamos de "infância", "mãe", "sexo" e assim por diante. Graças em parte a Laborit, a memória é vista hoje em dia como algo completamente diferente. Como ele e outros cientistas demonstraram usando testes científicos, nós não "guardamos" imagens, sentimentos e emoções. O passado não existe, pelo menos não nessa forma de "despensa". Nós não o "guardamos" ou o "reativamos", como romancistas como Balzac e James Joyce nos fizeram crer. O que guardamos são processos, um número infinito de conexões entre neurônios diferentes.

Ainda que possa parecer simplista, minha analogia para a memória é que dentro de cada um de nós há o equivalente a uma série de "centrais telefônicas" operando simultaneamente. As conexões que podem ser feitas por essas centrais são infinitamente complexas e numerosas. Apertando o botão certo, podemos "fazer uma ligação", ativar uma série de seqüências envolvendo paladar, olfato, amor, ódio, nostalgia, qualquer coisa. Esses "circuitos", ao serem ativados, podem ser a evocação que fazemos de um acontecimento passado: algo que aconteceu certa vez, mas que é trazido de volta à consciência graças à existência do complexo conjunto de circuitos no corpo humano.

Todos já experimentamos a irritante busca pelo nome de um autor, de um nome de livro ou de filme. O nome fica na ponta da língua, mas não conseguimos nos lembrar. Podemos até mesmo "ver" a imagem da pessoa na nossa mente, sem ainda lembrar seu nome. Quase sempre, sem nenhum "pensamento" consciente, o título ou nome fugidio aparece: os circuitos foram disparados; a conexão foi feita. Começamos a perder nossa memória quando essas conexões se tornam falhas. Laborit ressaltava que essas conexões não duram — elas precisam ser preservadas. A memória, escreveu ele, é como um músculo. Se não for exercitada, ela se atrofia.

Laborit provou que a emoção é transmitida ao cérebro através do sistema nervoso. Ele e outros cientistas conseguiram identificar as partes do cérebro que respondiam a diferentes tipos de emoção. Experimentos em laboratório e testes com seres humanos que sofreram danos cerebrais acidentais mostraram, por exemplo, que a parte "límbica" ou "visceral" do cérebro lida com fenômenos básicos e instintivos, que as emoções são transmitidas para a região amigdaliana do cérebro, e que uma das funções da região conhecida como "córtex" é agir como um monitor racional constante de nossas emoções, organizando, avaliando e relacionando-as na perspectiva adequada. Também sabemos que, em seres humanos, o cérebro "límbico" é praticamente tudo que os bebês usam nos primeiros dezoito meses de vida; sabemos também que as funções amigdalianas desenvolvem-se mais tarde, e o córtex mais tarde ainda.

APÊNDICE — SETE PESSOAS QUE ME INFLUENCIARAM **289**

Isso também foi objeto de experimentos realizados pelo biólogo suíço Jean Piaget com seus três filhos para determinar os diferentes estágios de crescimento na vida emocional e intelectual da criança. Laborit, Piaget e o psicanalista francês Jacques Lacan, que destacou a importância da linguagem (sua tese central era a de que cada inconsciente individual abriga uma linguagem própria e, até que essa linguagem seja entendida, nenhum progresso analítico poderia ocorrer), estão entre aqueles cujas descobertas me permitiram "decifrar o código" para compreender a lógica das diferentes culturas — um passo fundamental na minha exploração pessoal dos arquétipos culturais.

7. Ruth Benedict (1887-1948)

Considero Ruth Benedict, a desbravadora e inovadora antropóloga social e professora da Universidade de Colúmbia, uma pioneira que lidou com arquétipos culturais sem se aperceber disso. No seu trabalho inicial, *Patterns of Culture* [Padrões de Cultura], escrito como comentário filosófico para seu trabalho de campo realizado anteriormente, ela escreveu: "Ninguém olha para o mundo com olhos imaculados. O mundo que vemos é editado por um conjunto definido de costumes, instituições e modos de pensar. A história de vida do indivíduo é, antes de tudo, uma acomodação aos padrões tradicionalmente transmitidos na sua comunidade. A partir do nascimento, os costumes do meio moldam sua experiência e seu comportamento. Ao chegar à idade em que se torna capaz de falar, ele já é uma criatura de sua cultura; quando chega à idade adulta e se torna capaz de tomar parte nas atividades da comunidade, os hábitos da comunidade se tornam os seus hábitos, as crenças da comunidade se tornam as suas crenças, as impossibilidades da comunidade se tornam as suas impossibilidades. Toda criança nascida no mesmo grupo irá compartilhar dos mesmos hábitos, crenças e impossibilidades, e nenhuma criança nascida do outro lado do mundo poderá jamais adquirir nem mesmo uma milésima parte deles."

Benedict escrevia numa época em que o hitlerismo começava a projetar sua sombra sobre o mundo, e uma de suas preocupações, em *Padrões de Cultura*, era com o crescimento do preconceito racial e étnico (preocupação essa refletida no seu trabalho posterior *Race: Science and Politics* [Raça: Ciência e Política] e com as maneiras de prevenir a disseminação do dogma racial. Mas sua principal fascinação era pela transmissão e perpetuação de padrões na cultura. Escreveu ela: "Uma criança oriental que seja adotada por uma família ocidental aprenderá inglês, demonstrará as mesmas atitudes para com seus pais adotivos que são usuais entre seus coleguinhas de brincadeiras, e escolherá as mesmas profissões que eles, depois de crescida. Ela aprenderá o conjunto inteiro de traços culturais da socie-

290 OS 7 SEGREDOS DO MARKETING

dade que adotou, e os traços culturais do grupo a que pertencem seus pais naturais não terá a menor influência. O homem não está preso por sua constituição biológiça a nenhum tipo específico de comportamento. A cultura não é um complexo biologicamente transmitido."

O que mantinha homens e mulheres unidos, insistia Benedict, era a sua cultura — as idéias e os padrões que têm em comum. "Se, em vez de eleger um símbolo como a hereditariedade de sangue e fazer dele um *slogan*, a nação voltasse sua atenção para a cultura que mantém seus habitantes unidos, enfatizando seus méritos e reconhecendo os valores diferentes que podem aparecer em uma cultura diferente, isso colocaria um pensamento realista no lugar de um tipo de simbolismo que é perigoso ao mesmo tempo que é enganoso."

Em muitos aspectos, Benedict foi uma precursora dos assim chamados "estruturalistas", representados mais tarde na pessoa do francês Claude Levi-Strauss, um antropólogo e filósofo de quem os americanos geralmente desconfiam, por causa de sua arrogância intelectual e de suas teorias arrogantemente defendidas, mesmo diante de contradições com a evidência prática colhida em trabalho antropológico de campo. Levi-Strauss, um brilhante estilista literário que, apesar de todos os seus escritos iconoclastas, alegrou-se com sua eleição para a elite representada pela Academia Francesa, com seus rituais de entronização (os novos membros usam trajes luxuosos, incluindo espadas cerimoniais), estava, segundo ele mesmo dizia, muito menos interessado nas pessoas do que nas estruturas comuns às diferentes culturas e sociedades, tanto as "primitivas" como as "avançadas". Levi-Strauss iniciou sua primeira grande obra, *Tristes Tropiques* [Tristes Trópicos] (um relato da única experiência de campo que teve) com as palavras: "Odeio todas as viagens e exploradores" — uma confissão um tanto inesperada, vinda de um antropólogo.

Benedict, caso estivesse viva, certamente sentir-se-ia atraída pelas teorias "estruturalistas" de Levi-Strauss, pois ela admirava o trabalho dos psicólogos da *gestalt* (configuração) que "demonstraram que não é suficiente dividir as percepções em fragmentos objetivos. A estrutura subjetiva e as formas moldadas pelas experiências passadas são fundamentais e não podem ser omitidas". E ela ficou famosa por aplicar essas teorias *gestalt* à análise do caráter japonês, ao fim da II Guerra Mundial, a pedido do Departamento de Estado dos EUA, o que acabou por se tornar um sucesso de vendas no pós-guerra — sua obra *The Crysanthemum and the Sword* [O Crisântemo e a Espada].

Em 1945, o conselho de ministros do presidente Roosevelt estava obcecado com o problema de um Japão humilhado e derrotado. Muito antes das bombas de Hiroshima e Nagasaki, ficou claro que o Japão havia perdido o jogo e que poderia ser ocupado militarmente. Deveríamos fazer com que o Imperador Hirohito abdicasse e respondesse por crimes de guerra em um julgamento? Deveríamos permitir a continuidade do sistema de imperadores? Qual seria a reação dos japoneses à ocupação militar? Haveria atos de violência kamikaze contra os militares? Com uma clareza de visão que lhe é incomum, o Departamento de Estado dos EUA encarregou uma antropóloga, Ruth Benedict, de responder essas e outras perguntas correlatas. Suas descobertas provaram-se altamente certeiras, e o mais surpreendente era que Benedict não era uma especialista em cultura japonesa, nunca tinha ido ao Japão e, com a guerra, teve que basear sua pesquisa nos japoneses que podia investigar nos Estados Unidos.

Ainda mais surpreendente, visto em retrospecto, era o fato de que o Departamento de Estado, apesar dos conselhos contrários de outros especialistas, seguiu as recomendações de Benedict. Não se forçou o imperador a desistir do seu cargo e nem a comparecer a um julgamento, e as estruturas administrativas do Japão continuaram a funcionar sem muita interferência americana: a única grande ruptura com o passado, além, é claro, da introdução de princípios democráticos na constituição japonesa, foi a fragmentação dos *deibatsu*, os grandes conglomerados que tinham, de várias maneiras, dominado o Japão. Seu desaparecimento apenas reforçou a teoria da permanência dos arquétipos, pois novos *deibatsu* surgiram em seu lugar — e esses conglomerados imensamente poderosos rapidamente assumiram a importância dos antigos. Hoje, eles praticamente controlam o país.

O Crisântemo e a Espada marcou época não apenas porque, pela primeira vez, pedia-se a um antropólogo que aplicasse suas habilidades para prever o futuro em vez de relatar o presente, mas também por causa do modo com que Benedict abordou a tarefa em mãos. Ela estudou as lendas, a literatura e os filmes japoneses, e também o padrão da própria língua japonesa — aplicando a lição a que havia aludido no seu *Padrões da Cultura*, e dando muita atenção à "estrutura subjetiva e às formas moldadas por experiências passadas" (em outras palavras, a *gestalt*). Para compreender o Japão, escreveu ela, "tivemos de compreender os hábitos de raciocínio e de emoção dos japoneses e os padrões que organizavam esses hábitos. Como antropóloga cultural, dei inicio a meus estudos a partir da premissa de que os aspectos mais isolados do comportamento têm relação sistêmica uns com os outros. Considerei seriamente o modo como centenas de detalhes aconteciam de modo padronizado".

O Crisântemo e a Espada foi, e ainda é, um brilhante trabalho de investigação: utilizando seus conhecimentos de antropologia, o que Benedict conquistou foi uma evocação do arquétipo japonês — e de reações arquetípicas hipotéticas em face à derrota e à ocupação americana —, por meio

292 OS 7 SEGREDOS DO MARKETING

de entrevistas utilizando o fluxo de consciência com japoneses que residiam nos Estados Unidos e por meio de estudos dos mitos históricos, religiosos e literários, dos roteiros de cinema e das reminiscências familiares. Suas previsões provaram-se quase que totalmente certas.

Parte da originalidade do seu estudo deve-se ao fato de que ele foi um rompimento com as convenções vigentes — a idéia dos japoneses como monstros irracionais, predadores e inexplicavelmente cruéis — e de que demonstrava como os arquétipos culturais americanos e japoneses eram diferentes; tão diferentes que a colisão entre eles era inevitável. A filosofia americana do "viva e deixe viver", afirmou Benedict, contrastava completamente com a concepção japonesa de que era um direito do Japão eliminar da Ásia toda a anarquia e estabelecer uma hierarquia na qual todos "saberiam seu lugar", pois a "desigualdade foi, durante séculos, sua regra de vida. O comportamento que reconhece a hierarquia é tão natural [para os japoneses] quanto respirar".

Mas, para mim, havia duas lições em *O Crisântemo e a Espada* que eu considerava ainda mais importantes, e que seriam de enorme relevância para mim como futuro arquetipologista. Em primeiro lugar, Benedict provou que os intrigantes "opostos" do caráter japonês (rudeza versus educação, violência versus estética, a paixão pelas coisas ocidentais versus xenofobia e conservadorismo extremos etc.) não eram contradições e sim partes de um todo — um "eixo" cujos opostos eram, na verdade, dois lados da mesma moeda, e que o caráter japonês não poderia ser compreendido sem se considerar esses dois extremos ao mesmo tempo. Benedict afirma: "Comecei a perceber que os japoneses viam certas mudanças violentas de comportamento como partes de um sistema que fazia sentido em si mesmo."

A segunda valiosa lição tinha relação com a linguagem: Benedict foi uma das primeiras a perceber a importância de se investigar o que há por trás de palavras comumente usadas. O modo como os japoneses usam as palavras e os padrões gramaticais variam se falamos com uma mulher, ou com alguém hierarquicamente superior ou inferior. Mesmo as respostas mais comuns, como "obrigado", não têm o mesmo sentido que em inglês, pois refletem o quão desconcertados ficam os japoneses ao agradecer favores ou gentilezas, mesmo as mais triviais. Ela demonstrou que a linguagem era fundamental para se compreender qualquer padrão cultural.

Sobre o Autor

G. Clotaire Rapaille é especialista internacionalmente reconhecido no campo dos estudos arquetípicos e da criatividade, tendo escrito mais de dez livros sobre o assunto. A técnica do Dr. Rapaille para a pesquisa de mercado evoluiu a partir do seu trabalho nas áreas da psiquiatria, da psicologia e da antropologia cultural. Sua abordagem única do marketing combina a profundidade da análise psiquiátrica com a praticidade e a atenção a detalhes típica do homem de negócios. Um de seus livros, *Creative Communication*, tornou-se a referência padrão para a indústria publicitária francesa. Há grande demanda para suas palestras sobre criatividade e comunicação, e ele já participou de dois programas semanais de entrevistas na TV francesa.

Suas viagens, seu trabalho diplomático e sua extensiva pesquisa de marketing sobre arquétipos de produtos para corporações internacionais deram-lhe uma nova perspectiva sobre a sociedade e os negócios nos Estados Unidos. O autor é fluente em inglês, francês e espanhol.

É mestre em Ciência Política e em Psicologia, e possui doutorado em Antropologia Médica pela Université de Paris, Sorbonne.

Rapaille lecionou na Sorbonne, Paris, França; St. Ignace, Antuérpia, Bélgica; Esade, Barcelona, Espanha; INSEAD/CEDP, Fountainebleau, França; Thomas Jefferson College, Michigan State University, Michigan, EUA; CPSI, New York State University, Buffalo, NY, EUA; Universidade de Genebra, Suíça; University of California Los Angeles (UCLA), Los Angeles, Califórnia, EUA; HEC/ISA (Escola de

Administração), Paris; Jouy, Josas, França; Medical School UNAN, Manágua, Nicarágua.

Psicólogo, psicanalista, analista cultural, educador e especialista em marketing, G. Clotaire Rapaille leva o desafio da decodificação cultural a várias carreiras. Como fundador e presidente da Archetype Discoveries Worldwide, com escritórios nas grandes metrópoles, sua reputação internacional no campo da criatividade e das descobertas arquetípicas não tem paralelo. O conceito e os dados utilizados para escrever este livro surgiram a partir de seus 25 anos de pesquisa aplicada sobre os arquétipos culturais em todo o mundo.

Atualmente, seu trabalho envolve a consultoria para as maiores empresas e negócios internacionais, uma série de palestras nos Estados Unidos e na Europa e novos textos. Na mídia americana e internacional, Rapaille é chamado de "guru do marketing", "o novo papa da comunicação" e o "Marshall McLuhan francês".

Sobre a Archetype Discoveries

A Archetype Discoveries, fundada em 1974, na França, tem sua matriz em Boca Raton, Flórida, com escritórios em Nova York, e filiais na Cidade do México, Sydney, Tóquio, Paris, Vancouver, Cleveland, Dallas, Nova York, Seattle e Toronto.

Cerca de 150 descobertas arquetípicas foram feitas na Ásia (Japão, Taiwan), Europa (Bélgica, Inglaterra, França, Alemanha, Holanda, Itália, Noruega, Espanha e Suíça), América do Norte (Canadá, México e Estados Unidos), América do Sul (Argentina, Brasil, Venezuela) e Austrália.

A Archetype Discoveries recentemente desenvolveu um programa que permite a uma organização explorar seus arquétipos no mercado estrangeiro sem ter de sair dos Estados Unidos. Os grupos de estudo serão formados por dez imigrantes recém-chegados ao país. A Archetype Discoveries está atualmente conduzindo um teste sobre os arquétipos russos e planeja estudar os arquétipos japoneses, chineses, mexicanos e sul-americanos.

Os arquetipologistas que participam da empresa representam 15 países diferentes e falam um total de 18 línguas.

Desde 1974, a Archetype Discoveries Worldwide é um guia valioso para os interesses dos seus clientes nas áreas de marketing, publicidade, pesquisa e desenvolvimento e na área de pessoal. Sua reputação como a principal empresa no campo da decodificação de arquétipos culturais é resultado direto do seu compromisso com a satisfação do consumidor na implementação de sua metodologia única.